プーチン重要論説集

ウラジーミル・プーチン 著
山形浩生 編訳

JN053095

星海社

272
SEIKAISHA SHINSHO

Путин своими словами: Избранные речи и интервью

Владимир Путин и др.

Под редакцией Хироо Ямагата

写真、原文は明記したものを除きすべて kremlin.ru と archive.premier.gov.ru より。

Kremlin.ru のものは CC BY 4.0 International.

archive.premier.gov.ru のものは CC BY 3.0 International.

翻訳は CC BY 4.0 International.

まえがき

編訳者の口上

この本は、ウラジーミル・プーチンの、1999年ロシア連邦大統領代行就任以来の重要な論説や演説を集めて翻訳したものだ。

実物を見てものを言う人を増やそう!

さて、この編訳者は別にロシアやウクライナや軍事や国際関係などの専門家というわけでは決してない。なんでこんな面倒なことをやっているのだろうか? それは、専門家がやらないじ、また何だかみんなが、あまりまともに元の発言を見てものを言っているとは思えず、不健全だと思うからだ。

2022年2月のウクライナ侵略以来、プーチンがなぜあんな暴挙に出たのか、という分析——および単なるゴシップや憶測——は山ほど登場している。そして当然ながらそれには、プーチンのこれまでの考えやその推移について、彼自身の行動や発言を通じて理解分析するしかない。行動は、一応は各種報道などからわかる。そしてプーチンは、各種の行動についてそれなりに詳しい説明なり立場表明なりを行ってきた。それを見ることで、その背景についてある程度の示唆は得られる。その発言を盲信しろということではないけれど、少なくとも検討の出発点くらいにはなるはずだ。

だが、そうした論説や演説のまともな邦訳や報道にはほとんどお目にかかることがない。勝手な印象や言葉尻を捉えた議論ばかりが目につく。たとえば朝日新聞は、2022年3月17日に「プーチン氏『たまたま口に入ったハエのように、裏切り者吐き出せる』」という見出しで記事を出している。でもそれって、ただの例えでしょうに。実際の演説の全訳は本書に収録したが(「地方への社会経済支援をめぐる会議の開会の辞」)、もっとずっと重要な話が出てくる。ウクライナは核兵器を入手しようとしている、ウクライナで西側が生物兵器開発をしているといった妄言だ。そういうのを報道したほうがいいんじゃないだろうか。

他にもプーチンの重要な演説や論説はいろいろある。2007年のミュンヘン安全保障会議での演説は、プーチンが西側との決別を公然と述べたものとして名高いが、まともな日本語の全訳はネットにはないし、普通の人が読めるような本にも入っていないようだ。

専門家がやらないなら、素人がやるまでだ。というわけで作ったのが本書だ。

もちろん、過去四半世紀近いプーチンの、ロシアの親玉としての経歴では、演説もインタビューも無数にある。だがプーチンのキャリアや、イメージを左右してきた重要な出来事があり、それに伴う各種の公式発言やインタビューがある。本書ではそうしたものを拾った。

これらを読むと、岡目八目ながら現在のウクライナ侵略に続くプーチンの考え方について、何かヒントや理解が得られるかもしれない。それは何か一貫性のある筋の通った考え方というより、「こんなふうにこじらせてきたのね」「こんなふうに歪曲しつつ屁理屈こねるのか」みたいな手口の理解、そして何よりも「なぜプーチンがウクライナを侵略しても大丈夫と思ったか」、という理解になるとは思う。が、それは読む人次第。それでも変な見方が混じったとしても、実物を見て物を言う人が増えるほうが、ぼくは圧倒的に良いと思っている。

プーチン治世略歴

プーチンの治世は2000年元旦をもって始まった。エリツィンが、新世紀、新千年紀は自分のような古狸ではなく、新しい政治家の顔ぶれで、ロシア政治を刷新させたいと思って1999年大晦日に禅譲したからだ（新世紀や新千年紀の開始は、厳密には2001年だというのは言うだけ野暮か）。

だがその後四半世紀の世界は波瀾万丈。プーチンの各種演説や論説は、そのときの時事的な出来事に即したものも多いが、すでに記憶があいまいなものも多いだろう。したがって、簡単にプーチンの経歴と彼にとっての各種重要事件をまとめておく。

あわせてもう一つ見ておきたいものがある。ロシアの経済状況だ。

プーチンはもちろん、強権的な独裁体制でロシアをまとめてきた。だがその一方で国民の支持はきわめて高い。彼の治世下で、ロシアはすさまじい経済発展を遂げているからだ。

1999年のプーチン大統領代行就任時点ではロシアは1人当たりGDPが2000ドルを割るという、発展途上国の下から数えたほうがはやい状態だった。だが10年しないうちにそれが1万2000ドル。国内の格差はあるし、地方部は特にアレだし云々と言い出せばもちろんケチはいくらでもつけられる。が、所得倍増などというレベルではない。6倍、いやそれ以上だ。立派な中進国。しかもこれは平均だ。都市部の豊かな層は、ブランド品も買える、スタバでコーヒーも飲む、休みは外国旅行もできる。彼らは先進国の仲間入りをしたつもりでいるし、それは決して誇張ではない。

資源輸出で儲けただけだろ、というのはある程度はその通り。とはいえ、農業を始めそれ以外の産業もかなり頑張ってはいる。それに、エリツィン時代はそれすらできていない。プ

大統領第1期	1999	NATOコソボ空爆、旧東欧NATO加盟
	2000	プーチン、大統領代行／大統領就任
	2001	アメリカ9.11同時多発テロ、アフガン侵攻
	2002	ドゥブロフカ劇場占拠事件、アメリカABM条約脱退
	2003	アメリカのイラク侵略、ジョージア・バラ革命
大統領第2期	2004	ベスラン小学校襲撃事件、ウクライナ・オレンジ革命、バルト諸国NATO加盟
	2005	
	2006	
	2007	世界金融危機
首相期	2008	北京オリンピック、ジョージア戦争、コソボ独立
	2009	
	2010	
	2011	アラブの春
大統領第3期	2012	西側によるリビア空爆
	2013	シリア毒ガス攻撃、スノーデン事件
	2014	ソチオリンピック、マイダン革命、クリミア侵略／併合、MH17撃墜、ウ東部侵攻
	2015	ミンスクⅡ合意、ISIL勢力拡大、欧州難民危機、ロシアのシリアISIL空爆
	2016	アメリカでトランプ大統領選出、Brexit可決
	2017	
大統領第4期	2018	
	2019	
	2020	コロナ禍
	2021	アメリカのアフガン撤兵
	2022	ウクライナ侵略
	2023	

ーチンですべては一気に変わった。ロシア国民からすれば、プーチン様々だ。そしてもちろん、経済力は国力だし、プーチン自身の自負と誇りの源だ。2014年のクリミア侵略／併合の暴挙は、そうした国力に対する自負の反映でもある。

が、クリミア侵略／併合での制裁は大きかった。実質ベースで見ても2014年以後の経済成長はほとんど止まり、かつてのご威光は薄れている。クリミア併合は、ロシア国内では国威発揚でプーチン人気を大いに高めたが、その効果がどこまで続いたか？　2022年ウクライナ侵略は、その影響も考慮すべきかもしれない。

プーチンの変遷：本書のあらすじ

以上をふまえて、あとは実際に読んでいただければいいのだけれど、予告編もかねて、おおむねプーチン思想の変

ロシア1人当たりGDP推移

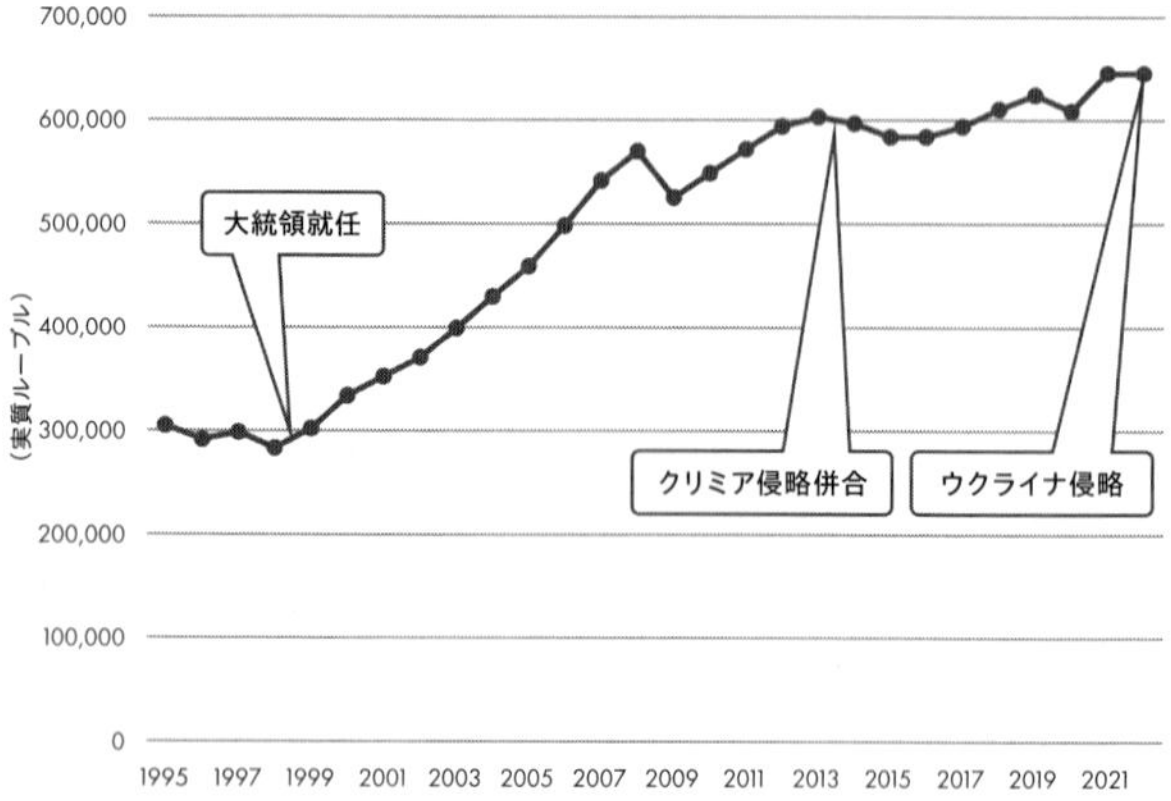

データ出所：世界銀行

遷を、編訳者なりにまとめておこう。実のところこれは、彼の公的な立場——大統領等の任期ごとにまとめられる。

大統領第1期（2000－2004年）：ロシア再興と内外のテロ対応を通じた西側協力期
大統領第2期（2004－2008年）：西側への失望と国力増大を背景とする傲慢期
首相期（2008－2012年）：ジョージア戦争に伴う西側無力の確信期、金融危機による
　ロシア経済失速と復活
大統領第3期（2012－2018年）：クリミア侵略と、紛争や難民の対西側武器化
大統領第4期（2018年－現在）：ウクライナ侵略への道

説明しておこう。

第1期、ボロボロの国を受けついだプーチンは、まずは国力増強を目指した。国を多少強権的にでもまとめ、経済を発展させねばならないし、そのためには西側の経済政治秩序への積極的な参加は不可欠だ。アメリカの9・11同時多発テロは、チェチェンやアフガンでの経験をもとに西側に恩を売り、ロシアの地位を高める絶好の機会に思えた。が、様々な分野で

ロシアの意向は無視され、プーチンは次第に失望感を高める。そして国内でも、チェチェン発のテロが次第に激しさを増す。

第2期になる頃には、チェチェンのテロ活動は、最悪のベスラン小学校占拠事件を生み出す。このあたりでプーチンは、国内、国外ともに方針を硬化させる。そして同時に、西側が悪意をもってロシアを潰そうとしている、イラク侵攻やミサイル条約廃止もすべて、アメリカがロシアを潰すためにやっていることで、チェチェンのテロすら西側の陰謀だという被害妄想の片鱗が見え隠れしてくる。経済絶好調で国力に自信を持った彼は、末期には西側への反旗を公言するようになる。

大統領は2期までという憲法規定のため、彼は2008年にメドヴェージェフに大統領を禅譲し、自分は首相に退くが、ジョージアとウクライナでのいわゆるカラー革命でプーチンの危機感は高まる。一方でこのとき、ジョージア戦争でロシアが国境を越えた派兵をしても、西側の対応が腰砕けだったことで、おそらくプーチンは西側無力の印象を強めた。さらにNATOが爆撃の末にコソボを独立させ、また国連安保理議決を歪曲してリビア空爆を強行したことで、自分が今後何をしても、公式には西側は自分たちを責められないのをプーチンは確信する。

大統領第3期、2014年ウクライナのマイダン革命に乗じた混乱をついて、プーチンはクリミアに兵を出したが、交戦は一切なく、単に住民安全確保のためと称し、しかもそれは現職ウクライナ大統領の要請だと主張、さらにその後住民投票の結果だと称してクリミアを併合。屁理屈ながら表向きの形式はそろえ、コソボを持ち出して併合への非難は打ち返すという、実に周到な建て付け。それに対して西側は予想通り何ら直接行動は起こさず、さらに各種制裁はかけたものの、シリアの毒ガス、ISIL対応や難民危機などで、ロシアは地域紛争や難民を武器化して西側を脅す手法を確立する。

そして……大統領第4期。しばらくコロナ禍もありあまり大きな動きがなかったが、2021年頃から急に軍事的な動きが見られ、そして2022年にはウクライナ侵略が始まった。が、これをめぐる各種の演説は、クリミア侵略の周到な建て付けや理屈の構築が一切見られず、そもそもこれがドンバス地方の虐殺なるものを防ぐための侵攻か、NATO西側の攻撃(の可能性)への反撃なのかさえ明確にできない混乱ぶり。かつてのプーチンでは考えられなかったこの混乱をどう解釈すべきかは、まだわからない。

これが、プーチンの実際の発言から読み取れると山形が考える、彼の考え方の大枠だ。おおむね、2000年代後半からすでに始まっていた西側への失望に、すべては(国内のテロまで！）ロシアをつぶす陰謀だ、という被害妄想が加わりはじめ、それが長い年月をかけて成長していった。そしていまや、ロシアにとって不利な動きはすべて、国内だろうと国外だろうと、西側の特にアメリカがロシアを潰すために仕掛けたものだという、被害妄想が完全にかたまってくる。

だが、少なくともクリミア侵略の頃までは、その妄想の表明の仕方はかなり巧妙かつ周到で、本当に彼がそんな妄想を持っているのか、それとも計算ずくの発言なのかはほとんど見分けがつかない。そもそもこうした被害者意識とそれを煽る陰謀論はロシア全体に蔓延しているものだ。プーチンは巧妙にそれを利用しつつも、変な陰謀論についての言及はうまくはぐらかしつつ、その背後の被害者意識は煽るという使い分けを明確に行ってきた。そして被害者意識をむき出しにして見せた後で「だがロシアは君たちのひどい手口にも動じない、国際法と秩序と国連決議に従って平和に貢献し続けるのだ！」と偉そうにふるまうための前振りに使うのが通例だ。だが、最近の演説などでは、そうした妄想がまったく整理されずに乱雑に投げ散らかされ、支離滅裂。周到な計算の結果ではあり得ず、彼が本当にそうした妄想に囚われている可能性が示唆されるのではないか。

が、みなさんがお読みになれば、またちがう印象を受けるかもしれない。それを是非ともご自身で確認してほしい。

なお、二つを除きいずれの文も、クレムリン等のウェブサイトに上がったもの（主に英語版）のプーチン発言を全訳している。おもしろいところだけを抜粋したい誘惑にかられたが、恣意的な歪曲と言われたくないし、どういう文脈で言っているのかも重要だ。

例外は、著作権上の扱いが明記されていない、就任直後の「新千年紀を迎えるロシア」と、まとまった談話ではないクリミア侵略併合直後のプーチン公開テレビＱ＆Ａの記録。前者は心残りだが、編訳者による要約、後者は注目すべき部分の抜粋とした。

また訳注は、事実関係として把握していないと理解しにくいものにとどめた。「お前がそれをどの口で言うか」といったツッコミを入れたい部分は山ほどあるが、その判断は読者のみなさんにお任せしよう。

目　次

第2章　第2期（2004－2008年）：欧米への不信と決別の時代　65

第3章　首相時代（2008－2012年）：実力行使の始まり　137

第1章

第1期（2000－2004年）：ロシア再興とテロ対応を通じた協力模索の時代

2000-2004

1999年の年の瀬に、ロシア大統領ボリス・エリツィンは、時の首相ウラジーミル・プーチンを大統領代行に指名した。

プーチンは首相でもあり、エリツィン政権の中でそれなりの地位は占めていたし、実務面ではかなり優秀ではあった。その一方で、特に有力な派閥に属しているわけでもなく、クレムリンの権力争いの中では外様ではあった。が、それがよかったのかもしれない。エリツィンはソ連から引き継いだ既存のシステムと決別したいと思っていたからだ。

それを受けた第1期のプーチン大統領の目標は、元米大統領風に言うなら、メイク・ロシア・グレート・アゲイン。強く偉大なロシアの再興ではあった。だが、彼がエリツィンから受けついだロシアは、あらゆる意味でボロボロ。1人当たりGDPは2000ドルに満たず、産業も崩壊、対外債務漬けと最悪の状態だった。だから彼は、まず経済をたてなおして、産業の国際的な競争力を確保し、生活水準を引き上げねばならないと確信していた。そしてそのためにも、国際的な秩序——政治的にも経済的にも——への統合は必須だった。そのためなら土下座する用意だってあった。自由、民主主義、法治、市民社会といった西側の基本的な価値観も、当初はそこそこ本気で信じていたようではある。だが、エリツィン時代の混乱をもたらし続けた、政治的混乱は抑えねばならない。ある程度の強権で国をまとめることも必要だ、と彼は認識していた。

同時に彼は、チェチェンの血みどろの内戦やテロにも対処する必要があった。彼が大統領代行に指名され、まっ先にやったのはチェチェンの前線にでかけ、兵士たちを励まし、共に新年を祝うことだった。

2001年9月11日のアメリカ同時多発テロは、ある意味でプーチンにとっては好機だった。国内でのイスラム系テロ対策と、国際的なロシアの地位確立とを結びつけられる。アメリカに恩を売る好機でもある。プーチンは国内の反対を押し切って、アメリカに大いに協力し……そしてまったく見返りを得られず、話もきいてもらえず、軍備削減においてもイラク攻撃においても、一方的にアメリカに利用されるだけとなり、大きな失望を味わうこととなった。

この章では、プーチンが権力の座についた瞬間から、彼の最初の真摯な政策概要、まだアメリカとの連携に希望を抱き、きちんと交渉が可能だと信じていた頃のインタビューと、そしてその後次第に希望が崩れはじめた、モスクワのドゥブロフカ劇場占拠事件の声明を紹介する。

新千年紀を迎えるロシア（1999年、要約）

エリツィンから権力を禅譲されたプーチンが、ほぼそれと同時に発表したのが、この論文だった。もちろん、もともと用意していたものではある。しかし経済産業的な立場、今後残された課題については非常に明晰で率直に述べている。GDPの数字などは、実際より少し悪目に述べて、危機意識を煽ろうとしているとのこと。一方では、強い国家の重視、アメリカ追従ではないロシア独自の思想や社会体制の主張は、後の強権支配に続く萌芽とも言える。だが全体として非常に厳しいながらも前向きで現実的な路線を採用していたことがうかがえる。

9・11同時多発テロをめぐって：アメリカABC放送インタビュー（2001年）

アメリカABC放送が、正式な大統領となって初の渡米直前に、プーチンにモスクワで行ったインタビュー。9・11の直後であり、それを機にプーチンは、国際テロとの戦いを強くうちだし、アメリカのアフガン攻撃を皮切りにかなりの支援を行った。この時点では、それをテコにしたアメリカとの国際協力体制の構築が、ロシアの国際的な地位向上などでも有効だという見通しがかなりあったらしい。インタビューとしても率直で前向き。

その一方で、このインタビューの時点ですでにアメリカとのすれちがいの種は明確に出ている。アメリカは大量破壊兵器とかわけのわからないことを言って、イラクを爆撃したがっており、イランに対してもやたらに強硬策を求めていた。また核ミサイル削減のＡＢＭ条約からも一方的な脱退を主張している。プーチンはそうしたアメリカの変なこだわりをたしなめつつも、この時点では話し合いを通じた着地点が見いだせると思っていたようだ。だが結局あらゆる面でプーチンは失望を余儀なくされる。

モスクワ・ドゥブロフカ劇場占拠事件後の大統領ＴＶメッセージ（２００２年）

国内面でも、チェチェン紛争は収束するどころか膠着状態となり、ロシア国内でのテロも一時は収束していたものの、その後激しさを増すことになる。中でも特に大きかったのが、モスクワのドゥブロフカ劇場の占拠事件だった。すでにプーチンの経済政策の成功を受けて急増しつつあった（そしてそのためプーチンの支持基盤だった）ロシア都市部富裕層が、きわめて目に見える形で直接の標的となり、しかも制圧はできたもののかなりの被害者を出したことで、プーチンもショックだったようだ。これを機に、プーチンはメディア対応を含め国内のテロ対策やチェチェン対応について見直しを迫られることになる。

新千年紀を迎えるロシア

（1999年12月30日、要約）

概　要

1999年の年の瀬、プーチンの大統領代行就任直前に発表された、ロシアの今後の政策についての概要文書。ソ連崩壊とその後の改革による経済的な低迷と社会的な混乱を省《かえり》み、自由と民主主義に基づきつつも、ロシア的な国家重視を維持した体制の強化を進め、競争と市場原理と産業高度化に基づく経済発展と生活水準の向上を目指し、そのために国の仕組みと行政府を強化しつつ、それを監視する市民社会も重視することが謳われている。

自由と民主主義を重視している部分に注目するか、国家重視の部分に注目するかで如何様にも読める玉虫色の文書だが、出発点でのプーチンは、安定重視とはいえかなりバランスの取れた考え方をしていたことはうかがえる。

ロシア政府サイトに発表されたはずだが現在はなく、著作権の扱いが不明なため、ここでは抜粋と要約にとどめた。

人類は二つの象徴的なしるしの下に生きている。新しい千年紀（ミレニアム）とキリスト教2000周年だ。この二つの出来事に対する世間の関心と注目は、単にカレンダーで赤字の祭日を祝うという伝統以上の意味を持っていると思う。

新しい可能性、新しい問題

新千年紀の開始が、過去20－30年の世界的な発展における劇的な転回と同時期だったのは、偶然かもしれない――だがそうでないかもしれない。その転回とは、我々がポスト工業化社会と呼ぶものの発展だ。その主な特徴は以下の通り：

- 社会の経済構造変化、物質生産の比重低下、二次産業、三次産業のシェア増大
- 新技術の絶え間ない刷新と素早い導入および科学集約商品の生産増大
- 情報科学と電気通信の地滑り的な発展
- 人間活動の全側面における組織とマネジメントのあり方と改善の極度の重視
- 最後に、人間のリーダーシップ。進歩を導く力となっているのは、個人とその高い教

育水準や専門訓練、事業および社会活動

ここには二つの課題がある。まず、変化にはいい面もあるが悪い面もある。経済社会は発展するが、環境問題、組織犯罪やアルコール依存症、ドラッグ、少年非行の問題なども同時に生じる。また、もう一つは格差の問題。一部の国だけが豊かになっている。他の国は発展はしているが遅れをとっている。だから、現代は希望と不安が共存する結果となっている。

ロシアの現況

この希望と恐怖の感覚は、ロシアでは特に強い。

まず、ロシアは現在、経済社会発展において、トップ水準の国ではない。そして第二に、ロシアは困難な経済社会問題に直面している。ロシアのGDPは1990年代にほぼ半減し、1人あたりGDPはG7の5分の1だ。しかも資源輸出ばかりに頼り、技術水準は低い。国内投資がきわめて少なく、外国からの投資もないし研究開発も停滞している。おかげで工業製品の市場競争力も低い。実質所得も下がる一方となっている。

これはソ連時代の偏った産業投資のツケである。ロシアは、市場経済化を導入して発展を強化しなければならない。

ロシアはそのための最初の移行段階を終えつつあるところだ。問題やまちがいはあったが、人類すべてが旅している高速道路には入れた。ダイナミックな経済成長と高い生活水準の可能性を提供してくれるのは、この道だけだ。これは世界の経験が説得力ある形で示す通りだ。これに代わる方法はない。

ロシアが学ぶべき教訓

そのためにはロシアはこれまでの歴史から教訓を学ばねばならない。

1　共産主義はそれなりに成果もあったが、かなりの失敗ももたらした。いまの経済的な遅れは共産主義の誤りからきている。

2　90年代のロシアは政治的混乱ばかりで社会が乱れた。社会と政治の安定なしには発展など望めない。

3　他国の経験を機械的に真似るだけでは成功は保証されない。ロシア独自の道を探さねばならない。市場経済と民主主義を、ロシアの現実とすりあわせるべき。

まともな未来の可能性

ではそのための戦略はどうあるべきか？　年10％程度の成長を維持し、ポルトガルくらいの水準には到達したい。そのための長期計画は現在立案中だが、単なる経済の話だけでは足りない。政治や、それ以上にイデオロギー、精神、道徳の問題でもある。

（A）ロシアの思想

ロシアには有意義で創造的な仕事が必要だが、そのためには社会のまとまりが不可欠だ。そのためには価値観やイデオロギーが社会として統合されねばならない。

とはいえ公式国家イデオロギーの復活にはどんな形であれ反対だ。自主的な選択が重要である。そして実際問題として、国民は最近安定性を求め、結果として超国家的な普遍的価値観を認識し、表現の自由、海外旅行の自由など、各種の基本的な政治的権利と人間の自由を受け入れている。
その一方で、以下のような重要なロシア的な価値観がある。これを普遍的価値観と融合させて市民的合意として育むべきだ。

愛国心。これは決して悪い意味ではない。自分の国を改善し、豊かで幸福にしようと努力する気持ちは、むしろよいものだ。

ロシアの偉大さについての信念。ロシアはこれまでもこれからも物理的、軍事的に大国であり続ける。だが今後はさらに先進技術の開発と使用でのリーダーシップ、国民の高い厚生水準の確保、安全保障の確保、国際的な舞台での自国利益の守護が重要だ。

国家主義。ロシアは英米的なリベラル価値観の二番煎じにはならない。ロシアでは常に国家が重要であり、国家が秩序の源泉である。国家の主導力は重要である。

社会的連帯。ロシアでは、常に個人より集団が重視されてきた。それが現実なのだから仕方ない。個人主義ではなく、社会重視＝全体主義的な発想が国民の間にあるので、それを社会政策で考慮すべきだ。

（B）強い国家

ロシアは強い国家を持たねばならない。といっても全体主義ではない。民主主義が重要である。ロシアにおける強い国家権力は、民主的、法治的で、有能な連邦国家なのだ。

（C）効率の高い経済

1　まず国の迷走を避けるために、15－20年かそれ以上にわたる長期開発戦略が必要である。

2　計画経済や統制経済はダメだが、すべてを自由放任にすることはできない。社会経済プロセスに国家がもっと深く関与する必要がある。「国家は必要なだけ存在し、自由は必要な限りにおいて与えられる」というのが基本原理である。

3　第三の教訓は、我々の条件に最適な改革戦略への移行だ。投資、特に外国からの投資を重視しよう。さらにハイテク輸出産業を育成するため、産業政策として税制や融資などの優遇を行う。また大企業ばかり偏重せず、さらに金融システムの整備も行う。そして経済と金融信用分野における裏の経済や組織犯罪と戦う。さらに世界経済との統合のため、輸出促進とWTO加盟を行う。一方、地方振興のための農業近代化も目指そう。さらに貧困が激増しているのでその対応も行う。

こうした困難にもかかわらず、政府は科学、教育、文化、保健を支える新しい手段を講じる決意を固めている。人々が心身共に健康ではなく、教育水準が低く識字率も低い国は、決して世界文明の頂点には上がれないのだ。

ロシアは歴史上で最も困難な時期の一つのただ中にある。過去200–300年で初めて、ロシアは本当に世界国家の二流、ヘタをすると三流グループにすべり落ちちかねない危険に直面している。我々は国民のあらゆる知的、物理的、道徳的な力を動員しなければならない。我々は協調した創造的な仕事を必要としている。それを肩代わりしてくれる人は他にだれもいない。

すべては我々次第であり、我々だけにかかっている。脅威に直面する我々の能力、力をためて、つらく長い仕事に専念する我々の能力にかかっているのだ。

9・11同時多発テロをめぐって

：アメリカABC放送インタビュー（2001年11月7日）

概要

9・11同時多発テロで、プーチンはだれよりも早くブッシュ大統領に電話をかけて全面支援を表明した。国際テロへの対応を軸に、アメリカとロシアは協力体制を築ける。しかしアメリカはアフガン爆撃で、かつてのロシアの教訓を十分学んでいない。特にアフガン国内の協力体制樹立と情報戦の面が弱いのではないか。またアメリカによるイラク攻撃はもっと状況を把握してからにすべき。イランについても同様。さらにアメリカのＡＢＭ条約廃止は理解し難いが、ブッシュ大統領としっかり話し合いたい。

質問：（9・11事件を知ったときの印象は？）[*1]

ウラジーミル・プーチン（以下プーチン）：執務中でしたよ、普通の仕事日でした。気持となると、様々な気持がめぐりました。まず、奇妙かもしれませんが、この悲劇で何か不思議な罪悪感を覚えました。ご存じの通り、私たちはいろいろ、様々な場所で国際テロの脅威について話しましたし、アメリカなどへの脅威もあり得ることは話しましたが、具体的にだれが、どこを攻撃するかは予想できませんでした。だから最初の衝動は失望と、繰り返しますが、ある種の罪悪感すら覚えたんです。

しかしそれとは別に、そのときアメリカの国民と指導層がどう感じたかについては、はっきり認識していました。というのもその少し前、1999年に、私たち自身もテロリスト攻撃の標的になったからです。北コーカサスやチェチェンでの出来事に限った話ではありません。ロシアの首都モスクワやその他ロシア連邦の都市での住宅街区の爆破で、何百人もの無実の被害者が死傷したのです。だからアメリカ国民がどう感じたかわかったし、きわめて強い共感を覚え、きわめて情緒的になりました。

*1　訳注：念のためABCの質問部分は要約にした。

質問：（なぜ罪悪感を？　もっと警告しておけばよかったと思ったから？）

プーチン：同僚の行動についてあれこれ決めつけたくはありません、元アメリカ大統領についてもね。彼もまたむずかしい立場にあったのですが、もちろん、それでも私たちは国際テロとの戦いでもっと積極的な協力を当てにしていました。アメリカに対するテロリスト攻撃が防げたかどうかはわかりませんが、繰り返すと、もっと密接な協力が得られるものとは思っていました。

そして繰り返しておきますが、私たち、我が国の特務機関がこうした攻撃の計画についてタイムリーな情報を得られず、アメリカ国民やアメリカ指導層に、来る悲劇について警告できなかったのは残念なことです。

質問：（9・11後に最初に電話したのはあなただったそうだが、何を話したか？）

プーチン：まず、アメリカの人々との連帯を表明しました。いま、ロシア自身もテロリスト攻撃を経験していると言いましたね、特にモスクワの住宅が爆破されたときです。だから私は、アメリカ国民やアメリカ大統領の気持ちについて、きわめてはっきりわかりました――ほかのだれよりもよくわかったでしょう。アメリカ国民との連帯を示したくてたまらなかった。それは私個人についてだけでなく、ロシア国民としての連帯です。それがとても重要なのはわかっていたし、衝動的ではなく、これは正直に申し上げておかねばなりませんが、実利的な配慮をもって行動したのです。当時もよくわかっていたし、今日でも思うことですが、テロとの戦いにおいて国際社会の活動をまとめるのはきわめて重要なんです。アメリカ国民に我々の連帯を報せて、この困難な時点でアメリカが孤立していないことを報せるのが重要だったのと同じくらい。

質問：（アメリカに協力したらあなたの国内的な立場が悪化したのでは？）

プーチン：こう言うと驚くかも知れませんが、ロシアははるか昔にその選択をしていたんです。残念ながら、みんながそれに気がついてくれたわけではありませんが。そして9・11以降はみんな嫌でもそれに気がつかざるを得なくなったというだけです。実際、ロシアが文明社会すべて、特にアメリカにとっては真に戦略的な仲間になれるし、ならねばならないというのが、だれにも得心できたはずです。9・11の悲劇的な出来事は、その点について万人の目を開いたと思います。効果的に対応したいなら力を合わせる必要があると教えてくれたのです。

質問：（ロシアと米国は第三次世界大戦で力をあわせるということ？）

プーチン：いやね、ロシアとアメリカは長いプラスの関係を持っているんですよ。何世紀もの間、ロシアは伝統的にアメリカに共感してきました。歴史を振り返るなら、1775年にイングランド王は、北アメリカで戦う傭兵を積極的に集めていて、エカチェリーナ二世にロシアから義勇兵を送ってくれと頼みました。彼女は私信でそれを、穏やかながらかなりきっぱりと断ったんです。ロシアは旧世界で、南部と北部の戦争から生じかねなかったアメリカ合衆国分断に、全面的に反対した数少ない国の一つでした。逆にアメリカのほうは、クリミア戦争でロシアに肩入れしてくれた唯一の列強です。そして他にもいろいろよい事例はありますよ、もちろん第二次大戦と第一次世界大戦では、私たちは同盟国で、共通の敵と戦うためにいろいろやりました。

そして今日、国際状況が根本的に変わった今日、まったくちがった種類の大規模脅威に直面しているとき、私たちはこうした問題でお互いに支え合うしかない。そしてそれをかなりうまくやれると確信しています。

質問：（冷戦は終わったとみているか？）

プーチン：もうとっくの昔に終わったんじゃなかったですか？　問題は、冷戦時代に作られ冷戦の利害に貢献するためのすべては、そうした道具の多くがまだ生き残っていて、独自の命をもって生き残ろうとしているということです。世界で起きた深遠な変化を理解して、協力の邪魔になるあらゆる障害をなくして力を合わせるのが私たちの任務です。

質問：（すると答はイエスなのか？）

プーチン：それは疑問の余地がありません。冷戦は終わっただけでなく、ロシアと米国が手を取り合って、現代の多くの問題解決で協力する環境が作られています。経済と安全保障の両方の分野での問題解決です。

質問：（ブッシュ大統領は、あなたの魂を見たと言っているが？）

プーチン：ブッシュ大統領が私の魂の中に何を見たか、私には説明しかねますねえ。ブッシュ大統領自身にあなたが何か誘い水の質問を投げかけてみたらどうですか？ でもその台詞を聞いて笑った連中をどう思うかわかりますか？ それを私がどう思うか？ アメリカ大統領になったのがそういう連中ではなく、ブッシュ大統領だったのは、偶然ではないと思いますよ。彼のほうがその連中よりも物が見えていて、問題への深い洞察力を持っているということなんですから。

9・11の悲劇的な出来事でロシアと米国の関係が動揺しなかったのは、ブッシュ大統領の立場のおかげが大きかったというのは、是非言っておきたい。

最初に電話したのが私だと繰り返しのべたりしてくれたことはありがたく思っていますが、

私がそれをやったのは、彼のロシアについての立場のおかげも大きいので、これについてはブッシュ大統領の役割が大きかった。

だから彼は、テロに対する国際同盟がこれほどうまく形成されていることに大きく貢献したし、ちなみにその方向への第一歩はリュブリャナでの私たちの会談で、彼が私や我が国へのいろいろ親切な言葉を向けてくれたことでした。

もっと言いましょう。えーとですね、ブッシュ大統領とのやりとりは短いものですが、私は彼がしっかりしたパートナーだと確信しています。いろいろな問題では論争もするし、意見が合わないこともある。でもすでに気がついたことですが、何かに合意して「イエス」と言ったら、必ず「その問題を最後までやりとげる」。いつも到達した合意が実行されるようにします。私だけでなく、ロシア指導層すべてが大統領のその性質には注目しています。これは重要な性質であり、私たちはそれをとても高く評価します。この人物とは取引できるとわかるし、複雑な交渉や意見交換を経て到達したものでも、合意は遵守してくれるとわかるからです。

質問：（ブッシュは有言実行の人なのか？）

プーチン：はい、まったくその通りです。

質問：（あなたはいかが？）

プーチン：努力はします。

質問：（核兵器削減とABM条約についてアメリカとの着地点は？）[*2]

プーチン：断言するのはむずかしいですね。妥協というのは激しい交渉の結果としてしか見つからないので。でも攻撃兵器と防衛兵器システムについて言えば、ええ、それが我々のアプローチです。我々は両方の要素をまとめて考慮し、まとめて交渉すべきだと考えます。両者は密接に関係しているからです。

攻撃兵器についての合意を得るための、あるプラットフォームがあります（これは攻撃兵器をある上限以下に削減するという話で、これについてはすぐにお互い受け入れられる合意に到達できるはずです）。この文脈に基づいて、防衛システムについても共通のアプローチが見い

＊2　訳注：この頃、アメリカはレーガンのスターウォーズ計画の遺物ともいうべきミサイル防衛システムの構築にこだわっており、その邪魔となるABM条約からの一方的離脱を通告していた。ロシアはABM条約の改訂で対応したがっていたが決裂。これが後にNATO拡大と共に、プーチンのアメリカ不信と自国の軍事展開の口実として使われることになる。ここではまだ、それが決定的には決裂しておらず、ロシアはかなりの歩み寄りの姿勢を見せていた。

だせます。いずれにしても、私たちの立場はかなり柔軟です。我々は、1972年の対ミサイル防衛についての条約が重要で、有効で有用だというのを基盤に話を進めますが、合意を達成するための共通の交渉プラットフォームがあります。少なくともそう願いたい。

質問：（もっと詳しく！）

プーチン：まずABM条約はすでに防衛システム構築の可能性を含んでいます。我々はモスクワ周辺にそれを作り、アメリカは主要な核基地の周辺に作っています。条約では他にも、共通のアプローチを見つけるための条項を持っています。とにかく、こうした条項から出発することで既存条約の範囲内で条件を構築できると専門家たちは確信していますよ。そしてその本質を変えなくても、現代の課題に対する適切な対応を盛り込み、アメリカの主導部が戦略防衛の分野で持っている懸念を取り除けるような条件を作れるはずです。

質問：（アメリカの防衛システムを容認する可能性があるのか？）

プーチン：ブッシュ大統領の立ち位置も変わるし、その意見は凝り固まってはいません。今日我々の相方は、限定的な防衛システムでお互いに被害を生じさせず云々と述べています。しかし繰り返しますが、これは専門家同士の問題です。正直に言わねばなりませんが、この問題について決断するにあたっては、ロシア連邦の国家安全保障の利害から出発し、同時に国際的な安全保障の哲学と我々が考えるもの、その一般的な発想から出発しなければなりません。

質問：（アメリカのテロ反撃支援をしているが、アメリカに恩を売りたいだけでは？）[*3]

プーチン：だれがそんなことを言ってるんですかね。チャーチルだったと思いますが、きわめて適切なことを言っています。政治家は次の選挙のことを考え、国士は将来世代のことを考える、とね。この台詞は現在の状況を適切に表していると思います。ロシアはテロとの戦いでアメリカを支援するにあたり優遇やごほうびは期待していません。テロリズムと戦いそれを制圧するのは我々の共通の目標なんです。私たちには国際テロリズムという共通の敵がある。

私たちがいっしょにやっている作業は共通の利害に基づくものです。しかし、信じてほしいのですが、ロシアを現在の国際社会にあらゆる意味で統合させるのも、やはり私たちの共通の利益に資するのです。それは防衛システムや政治システムにも統合してほしい。西ヨー

---

*3　訳注：プーチンは9・11直後に、軍事演習の中止、アフガンその他の手持ち諜報の提供、周辺基地の使用権やテロ対策に関連した上空飛行許可など、きわめて鷹揚な協力をアメリカに提供している。ロシア国内のタカ派（通称シロヴィキ）にはそれについて、西側追従の弱腰と非難されたのは事実。

ロッパ指導者やアメリカの指導者たちとの最近の議論から判断するに、みんなそれは十分に承知しています。この先もお互いに役に立つことがしばしば生じると私は確信しています。

ついでに言えば、ロシアの西側やアメリカとの融和についての話ですが、ロシアだけでなく西側社会自体もそれに関心があるので、ロシアが現在占める地位についてのロシアからの支払いなのだという見方はまったくできません。ロシアは交渉しているのではない。協力を申し出ているのです。

質問：（アフガニスタンでアメリカの作戦は成功しているか？）

プーチン：あなたの質問は行間に含みがありますね。最近、西側メディアの人々からそういう質問をよく受けますよ。表現こそちがえ、それは要するに、アメリカのアフガニスタンにおける対テロ作戦の有効性をどう見るのか、足踏み状態じゃないか等々といったことです。そういう質問は、地上の現実を知らない人しかできない。何が起きているか知らず、即座に輝かしい即効性ある結果が可能だと思っている人たちです。アフガニスタンでの軍事行動は、生やさしいものではありえないし、そんな約束はだれもしていない。ブッシュ大統領は、アフガニスタンへの攻撃にあたり、ロシア空軍の支援を受けたらあらゆる問題を2～3日、3～4週間、あるいは数ヶ月ほどで解決します、なんて言ったことがありますか？　そんなことは一言も言っていない。それが長期にわたる、ヘタをすると身動きとれない紛争になって犠牲も必要になるかもしれないと言いましたが、なぜかだれもそれを思い出してくれませんね。

しかしロシアの手持ち情報から言えます。我が国の経験とアフガニスタンでの戦争と、コーカサスでの出来事から言えることです。国際社会がアフガニスタンで起きていることにまともな注意を払わない状態が何年続いたでしょうか。長年かけてテロリストたちは、実質的にアフガニスタン全体をバーゲン価格で買い取ったばかりか、そこに定着して、今日起きていることに十分な用意を整えたのです。彼らは手をこまねいてはいませんでしたよ、それは保証します。現在の行動の準備を整えるのに十分な人力とリソースを持っていたんです。

さらにいまや明らかですが、彼らは対テロ紛争での活動を別の領域、つまり宗教間の戦い、イスラムに対する戦いにシフトさせようとしてきて、決して成功していないわけではない。これは決して許してはならないことです。実際、連中はトランプの山のカードをすり替えるカード詐欺師のようなものですが、おかげでアフガニスタンでの我々の仕事もアメリカの活動もややこしくなります。

かつてロシアが直面し、いまアメリカが直面しようとしている別の側面があると思います。

ちょっと言いにくいことではあります。私はすぐ訪米予定で、これから言うことは批判っぽいものだからです。アメリカはある意味で、軍事面ではなく情報圏で戦争に負けつつあると思います。向こうのほうが積極的で、自分たちの主張をもっと鮮明に提示している。もっと感情的で、相手と何も共通点がないのに普遍的な人間的価値に訴えることでテロと戦おうとする者たちより、うまく目標を達成できています。ロシアとの戦いでもこれを実にうまく使ったし、みんなそれで負けていると思う。この分野ではまだまだやることがあります。

軍事的な面でいえば、我々から見ると、すべてはなるべくしてなっている感じで、アフガニスタンに秩序を回復し、アフガン人が自国領土でのテロを克服して、民主主義の原理を取り戻す支援をするためには、かなりの手間暇とおそらく犠牲もかかるでしょう。この点で私はアメリカの指導層に同意します。これはアメリカや、テロとの戦いに共通のコミットメントを行った国々だけでなく、国連の努力も必要だし、これは経済、社会、政治的な対応の複合体を必要とします。

質問：（それは広報面での話か？）

プーチン：ええもちろん。何が起きているか見て下さいよ。テロリストが人々を殺し、拷問し、テロリスト芝居を仕立てるやり方は、一回放映されたらすぐに忘れられますが、もし残念ながら民間人の死傷者が出たら、それがやたらに喧伝されて誇張されます。そしてもちろんその狙いはただ一つ。アフガニスタンには敵対勢力がいて、敵の狙いは国際同盟を内部から揺るがせて、アメリカの政治指導層に圧力をかけ、アメリカ内部の国内状況を不安定化させることです。そしてアメリカを支援する国の政治指導層に圧力をかけることです。それがあの活動の狙いですし、時にはそうした目標を設定する連中は成功しおおせているんです。

質問：（つまりアメリカは情報戦に負けている？）

プーチン：明らかに勝ってはいませんねえ。

質問：（ビン＝ラディンの発見は？）

プーチン：見つけることは可能だとは思いますが、むずかしいでしょう。もちろん重要ですよ、首謀者は罰せられねばなりませんから。しかし全体として、それでテロリズムの問題が解決するわけではない。国際テロと世界的な規模で有効に戦うには、すでに述べたように、軍事力だけでなく他の手段も使わねばならない——政治、経済、社会的な。あの邪悪と戦うには国際社会による多面的な対応が必要なんです。

質問：（ロシアのアフガニスタンでの経験をアメリカは活かせるか？）

プーチン：アメリカも含め、私たちみんなが教訓を引き出すべきでしょう。ロシアがアフガニスタンでの戦争に負けたとは言いません。全体としては成功裏に兵を撤退させましたよ——かなりの大軍勢をですよ。そしてカブールに親ソ的な政権を残しました。しかし旧ソ連指導部のまちがいは、まさに親ソ政権を残していったということです。アフガニスタンはだれにも民営化などできない国です。アフガニスタン指導部は、成功したいならばアフガニスタン国内のあらゆる社会民族集団の支持を得なければならない。未来のアフガン指導層は、広い国際支援に頼らざるを得ないんです。

繰り返します。だれもアフガニスタンを民営化などできません。アメリカだろうと、ロシアだろうと、その近隣諸国だろうと。みんなそれは理解しなければならない。それがまっ先に学ぶべき教訓です。そして第二に、アフガン国民に武力で意思を押しつけてはならない。アフガン国民が自ら問題を解決する支援をすべきなんです。ありがたいことに、アフガニスタンにはそうした勢力がいます。国際的に承認されたラッバーニー博士の政府と、その軍事勢力の通称北部同盟です。他にも支援してよい反対勢力があり、是非支援すべきです。こうした考察から出発すれば、ソ連の活動から得られた負の体験すべてに留まらず、ずっと以前の、たとえばイギリスのアフガニスタンにおける経験も考慮するなら、将来的な成功も十分に期待できるでしょう。

質問：（ロシアのアフガン派兵はあり得るか？）

プーチン：それは選択肢としてありえませんよ。きわめて困難だし、その理由を説明しましょう。ロシアがアフガニスタンに兵を送るのはあなたたちアメリカにとって、ベトナムに兵をまた送り直すのと同じ話なんです。いやもっとむずかしいかもしれない。アフガン戦争が終わったのは、ベトナム戦争ほど昔のことではありませんから。しかし別の話もしなければなりません。ロシア軍はすでにアメリカを支援しているんです。これはバーチャルな話ではなく実質的な支援です。まず諜報を提供していますし、しかもきわめて良質で高品質な諜報です。アフガニスタン情勢の知識で手助けしているし、北部同盟も助けています。北部同盟には何千万ドル相当もの兵器を提供しました。アメリカの人々、アメリカ国民やアメリカ軍人を助けるのを支援する用意はあるし、これはアフガン領内でも同様です。

しかしもう一つ指摘すべき状況があります。今日のロシア軍は——北コーカサスやチェチェンでの大規模軍事作戦は止めましたが——いまだに傭兵たちに直面していて、アラブ諸国からの連中もいるんです。彼らはこんにちに至るまで活動を展開しようとしています。

上海での会合で——大した秘密でもないので、ばらしてもブッシュ大統領に怒られないと思いますが——彼に国際テロリストがチェチェンからアフガニスタンに移動しようとしているという作戦文書をいくつか見せました。その狙いは、引用すると「アメリカ人どもを殺すため」です。いまのは引用ですよ。アメリカ国民はこれを知る必要があります。妄想やプロパガンダではない。現実です。そしてロシアはすでに何千人もチェチェンで失っていて、多くは国際テロリストに対する軍事行動での犠牲です（残念ながらそのテロリストのほとんどはイスラム諸国の国民で、多くはアラブ諸国から来ていました）。これであなたの質問には十分答えたと思いますが、さらに一つ付け加えておきたい。ロシア軍はすでにバーチャルではない、完全に具体的な支援をしていて、それは我が軍の行動にもあてはまるんです。

質問：（9・11テロ犯がイラクと接触していたとされるが、イラク爆撃は支持するか？）

プーチン：イラクの問題については、とっくにロシアとして立場を決めています。イラクが大量破壊兵器を持っているかどうか、そうした兵器を作ろうとしているかを、文句なしに見極めるという国際社会の望みを支援することです。これとの関連で、イラクの関連施設に対する国際査察は再開されるべきだと考えており、それに関連する提案もして、アメリカの仲間を含め同輩たちと議論しているところです。

遺憾ながら、イラク指導層に我々の提案が受け入れ可能なものだと説得するのには、残念ながら成功していません。だから複雑なプロセスです。こうした問題はイラクを爆撃して解決するものとは思いません。ご承知の通り、英米空軍はすでに空爆を実施していて、残念ながら何も結果は出せていません。しかし何を実現しようとしているのかは、理解すべきです。イラクに大量破壊兵器がないことで満足したいなら、その目標に向けて進むべきです。繰り返しますが、我々は提案を持っています。イラクは国際査察団に施設訪問を認め、そのかわりにイラクへの制裁は解除すべきです。そういう解決策が見つかれば、多くの疑問はそれでおしまいだと思います。

質問：（それをやろうとしますか？）

プーチン：しますよ。やろうとするだけでなく、ヨーロッパやアメリカの相方とこうした相談をすでに積極的に進めています。

質問：（イランは核兵器開発をしているのか？）

プーチン：そんなのはウソですよ、現実に基づくものじゃない。二つの概念をごっちゃにしているだけです。イランとは軍事技術協力をしているし、イランに武器は売っています。しかし通常兵器です。核兵器やミサイルや、まして大量破壊兵器を作れるようなハードウェアや情報は、一切イランに売っていません。

原子力の分野でのプロジェクトはあります。アメリカも北朝鮮で類似のプロジェクトを持っていますよね。核兵器の製造とはまったく関係ない。イランの核兵器開発を助けるような技術の移転にはすべて反対しています。

イランが大量破壊兵器を作ろうとしているという報告はあります。まず、これを確認すべきです。そして第二に、国際社会が全体としてこの問題を検討すべきで、お互いに不拡散制度に違反したとか糾弾しあうべきではない。信頼を構築することで、そうした展開は避けられる。

世界がどれほど変わったか認識すべきですよ。この地域には別のパキスタンという国があり、確実に核兵器を持っています。パキスタンが核兵器を持つ手助けはだれがしたのでしょうか？　あそこでの状況がいかに危ういかは周知の通りです。みんなあの国での状況を抑えようとしているムシャラフ将軍を支援すべきですが、いずれにしても我々にとっては心配の種でしかない。

何を言いたいかというと、不拡散の問題でやりあうのはやめましょうということです。現代の大きな脅威の一つだと理解しましょう。ヘタをすると、現代最大の問題かもしれない。そして相互の信頼を構築することで、他の分野での共同活動、たとえば麻薬に対する戦いなどで協力関係を確立しなければならない。あの分野では、専門家同士がきわめて有効に協力しているじゃないですか。不拡散についても同じくらい有効になれるはずです。

質問：（アメリカの炭疽菌と天然痘テロはロシア発の可能性があるか？）[*4]

プーチン：それは不可能だと思う。そして私の知る限り、アメリカでの物質の分析によれば、それがソ連や、ましてロシアで生産されたはずがないことは、疑問の余地なく示されたはずです。第二に、この種の物質はロシアでは安全に警備されていますし、ソ連時代も同様です。だからそれはあり得ない。

質問：（それは炭疽菌の話ですね、天然痘もそうですか？）

プーチン：ええ、炭疽菌と天然痘について言えます。さらに、アメリカの相方とは連絡を取り合っていて、食い違いはありません。情報交換もしています。アメリカの相方に関心ありそうな情報は伝達して専門家が議論して分析しています。

質問：（アメリカに炭疽菌ワクチンを提供するか？）

プーチン：すでに述べましたが、アメリカとの協力全般、特に国際テロとの戦いは一時的な活動とは思っていません。多くの活動分野でロシアはアメリカの仲間か、同盟相手にすら

---

*4　訳注：2001年9~10月にアメリカで、炭疽菌が封入された手紙が議員やメディア宛に送られた事件。手紙の内容からイスラム系テロリストの関与が疑われたが2005年には米国科学者が犯人と結論されている。

なる必要があると信じていますし、その邪悪との戦いでアメリカ国民を支援し手助けするのは疑問の余地がありません。できる限りのことはしますよ。さらにアメリカ側は、そうした可能性を打診しているし、うちの専門家もアメリカのパートナーたちと作業をしています。この仕事はきわめて実務的に継続されます。

質問：（元ＫＧＢだからあなたが危険人物という見方をどう思う？）

プーチン：そういうことを言ったのは国民ではなくマスコミです。そして国民はその情報から結論を導き出したんです。しかしマスコミは、私の人生の相当部分を見過ごしたようですね。ソ連の国家公安機関、諜報局で働いていただけでなく、私はレニングラード大学で副学長として働き、後にペテルスブルク（レニングラード）議会で働き、ペテルスブルク市長補佐として6年働いているんです。大統領府で長いこと、数年働いて、ロシア初代大統領の側近でもありました――こうしたすべては、おもしろくないので見過ごされて忘れられています。世間はみんなが知りたがる「オイシイ」情報を食わされているので、そんなイメージができたんです。

私の活動のおかげでそのイメージも変わりつつあるのはありがたい。人を判断するには、その人が自分について言うことではなく行動を見なさいという格言がロシアにあります。ロシア大統領についての認識変化は、ロシア指導層の実務的な行動に基づくと思いますよ。

質問：（自分について、平静で厳しい人間で、恐怖や不安はあまり抱かないと述べているが、本当？）

プーチン：自分では言ってませんよ。勤務先のソ連外国諜報局の心理学者たちが言ったことです。でも、いまのところそれが不利には働いていませんね。

質問：（奥さんは厳しい人と評しているが？）

プーチン：それは妻の判断です。女と議論しても報われない。

質問：（子供時代は苦しかったそうだが？）

プーチン：いやあ、私の子供時代がつらかったと言われると面食らいます。豊かさの中で暮らして、現代文明の恩恵をすべて享受してきた人にはそう見えるのかもしれない。私はそんな恩恵は受けなかったが、別に恵まれないとか惨めだとか感じたことはありません。基本的には、ソ連――いまはロシア――国民何百万人と同じような子供時代です。むしろ平均よりは恵まれていたかもしれない。重要なのは、生活の物質的な条件ではなく、道徳的な条件です。そして重要なのはみんなが愛情をもって接してくれたことです。両親にはとても大事にされて、それはいつも感じたし、両親にはとても感謝しています。その愛情こそが、私の人格を形成した主な要素です。

質問：(子供の頃からスパイになりたかったというのは？)

プーチン：別にそれは秘密でもなんでもありませんよ。正直いって、私は小説や映画に影響を受けたんですよ。単にスパイになりたかったのではなく、国のために役に立ちたかったし、諜報エージェントという仕事はリスクと、ある種のロマン主義を含んでいますから。そうしたすべてに影響されての決断です。さらに私のほうも、知的な努力が必要だった。大学に入って外国語を学ばねばならず、そのすべてが私には高いハードルでした。常に自分の課題を設けてそれを解決し、自分の生活をある種の前向きな決意で満たしたんです。

全般に、私は後悔しないようにするし、一般に何も後悔しません。それについても後悔はしていないと言わざるを得ない。やり直せたとしても、同じことをしたでしょう。これまでの人生で恥じるべきことは何もない。私はかなり成功した諜報官で、ずっと国のために働いてきました。

質問：(殺人命令を下したことは？)

プーチン：いいえ。一般に、私の仕事はもっと知的な性格のものです。各種の情報、主に政治的な性質の情報を集めて分析するんです。さらに私が公安局に加わったのは1970年代半ばで、その前はペテルスブルク大学を卒業して、そこでは法律を学んでいたんです。

質問：（ええ、法学部卒でしたね）

プーチン：諜報の専門学校ではないんです。それは後に修了しました。しかし基本的な教育はペテルスブルク大学法学部でのもので、教授の一部は1917年革命以前からいる、きわめて高齢の人もいました。当時も今も、とてもいいヨーロッパの法学部です。残念ながら私の教授たちの一部は、いまはアメリカで暮らして教えています。

だから諜報局に入ったときには、ある種の背景とある種の世界観を持っていました。さらに1970年代半ばでは、1930年代のソ連のような状況とはまったくちがった。1937年には大量粛清がソ連で行われましたから。そんなものは1970年代にはまったくなかった。まして、法を逸脱した処刑命令をだれかが下せたなどというのは、思いもよらないことです——1970年代にはとにかくあり得ない。だからありがたいことに、そんなことは私には起こらなかった。

質問：（柔道の影響は？　敵の倒し方か？）

プーチン：そのスポーツに教わった最大のことは、相手に敬意を払うということです。

質問：（哲学は？）

プーチン：いやあ、正直そういう話には入り込みたくないですね。というのも哲学だの導きの思想だのの話をするなら、あなたに屈服して心を開くことになりますから。教会の懺悔みたいにね。しかし、現代道徳律の基盤となる主要な思想や主要な原理――それがあらゆるまともな人々を導く思想だと思いますよ、この私を含め。

質問：（なんでフワフワのトイプードルなんかに夢中に？　なぜロシア猟犬を飼わない？）

プーチン：まず言っておくと、昔は猟犬を飼ってたんですよ。残念ながら死んだんです。車に轢かれて。とても優しい猟犬だからみんなとても悲しい思いをしました。とても力強い、貫禄ある犬でしたが、とても優しくて、よい態度の犬でした。[*5]
あのプードルに私が夢中とは言えませんね。プードルが大好きなのは子供たちです。プードルは2匹、オスとメスがいて、子供たちと妻の犬です。でも私は別の犬を飼っている。黒いラブラドール犬で、このラブラドールとは相思相愛です。

質問：（アメリカには夫人同伴？）

プーチン：ほぼまちがいなく。何か起こらない限りはね。とにかく大統領は妻と私を招待

＊5　訳注：サンクトペテルブルク市長室勤務だった1992年頃にマィリシュという犬を飼っていたが、車に轢かれた。プーチンは深くその犬を悼んでその後長いこと次の犬を飼わなかった。

されたので、私は妻と参ります。

質問：（ファーストレディーはロシアでは重要？）

プーチン：いやあ、私たちの伝統はアメリカとはちがうんですよ。そのせいだか、あるいは彼女の心構えのせいだか、私の妻は公的な立場になろうとはしないんです。そしていずれにしても、大統領に選出されたのは私であって、妻じゃない。

でも、とても活発な女性ですよ。語学の専門家として教育を受け、今日ではロシア語の維持と促進に大いに関心を払っています。とてもいい大義だと思うし、できる限り彼女を支援して支えようとしていますよ。

質問：（イスラエルとパレスチナの関係はどうする？）

プーチン：私たちがあそこの状況について懸念している理由がいくつかあります。まず、中東の問題に対するロシアの態度は、旧ソ連のものとはまったくちがうものです。ご存じの通り、かつてソ連は外国渡航を制限していました。一般に全体主義政権は孤立しようとしますが、そうした時代はとっくの昔に終わっています。

我々は自国民――ロシア連邦領に暮らす人も、国外に出て外国に住んでいる人も含めています――を自国の人間と知的資源の拡大だと見ています。イスラエル人口の三分の一近くはソ連やロシアからきています。そして我々はそうした人々の運命に無関心ではありません。その多くはパレスチナで戦線に立っていますし、多くの死者が出ているのは公然の事実で、我々も懸念しています。しかもそうした人々は、単にソ連やロシアを離れたというだけではない。ロシア語を母語として、ロシアの文化伝統の中で育った人々で、ロシアに親戚や友人を持ち、ロシアをよく訪れる人々です。だから繰り返しますが、彼らの将来は気にかけています。

その一方で、アラブ世界やパレスチナとも昔からのつながりがずっとあります。パレスチナ国家の承認はまったく問題ないし、それは私以前に実質的に行われています。この独特の組み合わせで手打ちができるのではと信じています。とにかく、紛争解決に役立つどんな仲介役でも果たす用意があります。

質問：（ロシアのパレスチナ問題の見方は？）

プーチン：即座に暴力を止めて対話を再開する以外の道はありません。私たちの共同活動で紛争の両サイドをそういう状況に持って行ければと切望します。

質問：（独立パレスチナ国家があるべきだとお考えですか？）

プーチン：そのように述べた国連決議があるし、それに従うべきです。

一般に、地域に平和をもたらすためには、永続的な平和をもたらすためには、世界のあの爆発的な地域に住むすべての人々が侵犯されているような気持にならず、逆に安心できるようにすべきです。たぶんイスラエル人もパレスチナ人も、どちらもこれを求めていると思いますよ。

質問：（核物質がロシアから流出した可能性が言われているが事実だと思うか？）

プーチン：いや、それは現実と対応した話だとは思いません、ウソです。だれかがなにか核の秘密を売ろうとしたことはあるかもしれない。でもそうした出来事の文書証拠はありません。核不拡散の問題を論じたときに言いましたが、それが現代で最大の課題だと思うし、核技術や大量破壊兵器などの拡散を防ぐために力を合わせねばなりません。

質問：（これは訪米での重要問題の一つですか？）

プーチン：すでにこの話はブッシュ大統領としているし、もちろん議論を続けます。現代の重要問題ですから。

質問：（英語で何か一言）

プーチン：［英語で］つらいなあ。アメリカへの訪問がアメリカの人々と、私たちロシアと、両方の国に役立つものになることを期待しています。

声：（お見事。ありがとうございます）

プーチン：ご質問、ありがとうございました。

モスクワ・ドゥブロフカ劇場占拠事件後の大統領TVメッセージ
（2002年10月26日）

概　要

2002年10月に、モスクワのドゥブロフカ劇場でミュージカル観劇中の観客922人をチェチェンのテロ組織が人質に取り、チェチェンからのロシア撤退を要求した。数日後に空調に昏睡ガスが流し込まれて特殊部隊が突入し、犯人を全員射殺して制圧した。人質はほぼ無事だったものの、昏睡ガスへの対応が不十分だったため、嘔吐物などによる救出後の死者が142人にのぼった。チェチェンとテロへの強硬姿勢は打ち出せたものの、プーチンとしては予想外の犠牲者だったようで不手際を詫びている。またこの時点ではテロ対応での国際協力についても肯定的に述べている。

親愛なる同胞の皆さん！

過去数日で、私たちはひどい経験をくぐりぬけてきました。私たちの思いはすべて、武装したクズどもの手中に落ちてしまった人々とともにあります。みんな彼らの解放を祈っていましたが、みんな最悪の事態を覚悟すべきだとも認識していました。

今朝はやく、人質解放作戦が実施されました。ほぼ不可能なことが達成されました——何百人も、何百人もの命が救われたのです。ロシアを屈服させることはできないのを証明したのです。

しかしいま、亡くなった方たちの遺族や近親者のみなさんに申し上げたい。

全員を助けることはできませんでした。

許してください。

被害者たちの記憶で私たちすべてが団結しなければならない。

ロシアの全市民に、その団結と自制を感謝します。特に人質解放に参加した人々には感謝しなければなりません。何よりも躊躇することなく自分の命を危険にさらしてまで他人を救うために戦った特殊部隊のみなさんに感謝します。

共通の敵に対する道徳的、実務的な支援について、世界中の友人たちにも感謝します。この敵は強力で危険であり、非人間的で残虐です。国際テロリズムという敵です。それが破られない限り、人々は世界のどこにいても安全とは感じられません。しかしそれは必ず倒さねばならず、倒します。

今日、私は病院で被害者の一人と話をしました。彼はこう言いました。「恐いとは思いませんでした。どのみちこのテロリストたちに未来はないという気がしました」

その通りです。

やつらに未来はない。

私たちにはあります。

第2章

第2期（2004－2008年）：欧米への不信と決別の時代

2004-2008

大統領第1期の初めで、プーチンは自分たちが産業や経済面でかなり遅れを取っているという自覚を持っていた。グレートなロシアを唱えようにも、そもそもの中身がないと話にならないし、それをなんとかするには欧米主導の秩序に加わるしかないと知っていた。そして同時に、特にテロ対策を通じて欧米と連携できるという見通しを持っていた。だがそれが第1期の終わりを待たずして崩壊することになる。

そして第2期には、その期待の挫折がちがう色彩を帯び始める。失望が諦めに変わり、そしてその諦めが逆に被害妄想じみた怒りと攻勢へと転じ始めたようなのだ。

この時期には、一つ明確な事件があったわけではない。ちょっとした条約の後退、ロシアの抗議にもかかわらず進められた他国の西側接近や支援。そのそれぞれで、プーチンは西側が自分たちに対し、冷戦時代と変わらない(またはそれよりひどい)攻撃的な意図を持ち、着実に外堀から埋めてきているという確信を強める。そしてこの第2期のどこかで、その確信はいささか被害妄想的な色彩を帯び始める。西側が自分たちの希望を聞かないのは、ロシアへの攻撃である。いや、ロシアに都合が悪いことはすべて、西側の差し金であり、国内のチェチェンテロリストや、国外のジョージアやウクライナでのカラー革命もすべて、西側がロシアを潰そうとして画策している陰謀なのだ、という主題が色濃く出てくるようになる。

この節では三つの演説を採りあげる。最後のものは二つ目の補足説明なので、実質的には二つということになる。

ベスラン学校襲撃事件制圧後のTV演説（2004年）

第1期の末に起きた、モスクワ・ドゥブロフカ劇場の襲撃以後、プーチンは対テロを強化し、チェチェンでの弾圧を強化したが、市街地テロは一向に衰える気配をみせなかった。そして大統領第2期就任直後、チェチェン国境近くの田舎町ベスランで、小学校の始業式が襲われ、多数の子供を含む千人以上が人質となった。プーチンは数日後に突入を命じたが、爆発と銃撃戦で人質数百人が死亡する悲劇的な結果となった。

この事件は、その残虐さ、非人道性、規模の大きさ、凄惨さで突出していた。この演説でプーチンは不手際を認めているが、ドゥブロフカ劇場事件での演説のような悲しみの表明に終わらず、国内の安保公安体制の強化、国民生活への締め付け強化、さらに国境警備の強化までが盛り込まれている。

この事件を機にチェチェン弾圧は（ラムザン・カディロフの異様な厚遇とその傍若無人を筆頭に）さらに強まる。公安部門の権力拡大と、外国での暗殺までも容認する方針が出されている。さらに無責任なマスコミ報道が被害を増したという口実で、大本営の意向に沿わないマスコミに対する弾圧は急激に高まった。おまけにメディアを通じて政治にまで口をはさむ成金オリガルヒ（の一部）への弾圧も強化された。

一方、この中で、すでに奇妙なコメントが出始めていることには注目したい。テロは、核大国ロシアを脅威とみなして潰そうとする人々――どう考えても西側の欧米――の道具だ、という部分だ。チェチェンの蜂起は西側の煽動だ、というわけだ。

これはどう考えても常軌を逸している。西側は現地の状況を理解せずロシアを悪者視する な、という主張ならわかる。だがずいぶん前から続くチェチェンの紛争や壮絶なテロが外国の手先でしかなく、ロシアを潰すのが真の狙いだ、という主張はもはや被害妄想の域に入り始めている。その後のインタビューで、プーチンは別にテロを西側の策謀だと言うつもりはないと述べたが、明確な説明は言葉を濁した。

文脈からして唐突な国境防衛強化の話も、西側対応として考えると意味深長だ。もはやドゥブロフカ劇場事件のコメントにあった、テロと戦うための国際協力などという話は一切消え、テロ対策と西側への敵意が妙な被害妄想じみた形で合体しはじめていることがうかがえる。

ミュンヘン安全保障会議での演説と質疑応答（2007年）

ミュンヘン安全保障会議は、毎年開催されている一応は民間の会議だ。ダボス世界経済フォーラムの安全保障版、とも言われる。どっちも別に公式の位置づけはないのに、なんとなく世界中の要人が集まり、関係者の重要な会談の場にもなっている。地域紛争、テロ、サイバーセキュリティ、最近ではパンデミックや経済セキュリティなども論じられている。が、特に冷戦後は、欧米中心の正規軍による全体的な安全保障の骨格自体は前提とされていたらしい。が、その第43回にあたる2007年、プーチンの演説はその基本的な前提を完全に否定し、それがアメリカの押しつけであり覇権主義にすぎないと批判したうえで、新しい多極構造の世界が生まれつつあると述べる（もちろんロシアもその「極」の一つだ）。アメリカは軍備削減においてもごまかしばかりだし、彼らが国際ルールを無視ばかりするからこそ、テロも大量破壊兵器も蔓延するのだと述べ、行きがけの駄賃でNGOを使った内政干渉や市場開放への文句まで盛り込んでいる。

これまでロシアは西側（＝アメリカ）主導の秩序に参加しようと頑張ってきたが、もうやめた、アメリカ主導の秩序はまやかしだ、ロシアはもうそれに従うつもりはない（かもしれないぞ）という、宣言および恫喝としてきわめて名高い演説。個別の論点はあちこちで出ていたものの、まとまった形で出てきたのは初めてで、しかもそれを居並ぶアメリカや欧州の高官たちに、ほとんど外交的な遠慮なしにぶつけたという点で、プーチンの転換点として必読とされる。

ミュンヘン演説などをめぐる記者会見（2007年）

この記者会見は、ミュンヘン会議での演説について、プーチンが意図説明をしているのが興味深いところ。本気だし、それをアメリカ高官に面と向かって言ったのが意義だし、もうアメリカがロシアに配慮するとは一切気にしないことにした、とプーチン自身が述べている。ついでに、宗教がかった最後の回答は、後のロシア正教会肩入れの先駆けとして理解できるかもしれない。

このミュンヘン演説は、内容的にはアメリカ一極の世界体制を疑問視するものだが、もってまわったほのめかしだらけの、要領を得ない外交政治発言に慣れない（＝嫌いな）人からすれば、むしろ率直で理性的に聞こえる。また、同様のことはすでにアメリカにはいろいろ言ってきたというのはプーチンの後日のインタビュー発言通り。この演説の中身自体は2007年時点でも決して目新しいものではない。

目新しいのは、プーチンがそれを、公の場で、これほど遠慮のない形で公言したということだ。それはつまり、その発言でアメリカの機嫌を損ねても、もはや気にしないぞという態度表明でもある。抽象的な世界構造の変遷をめぐる理念レベルの話ではない。もうアメリカの言うことなど聞かない、自分たちの好き勝手にやるという宣言だ。そして、ベスランでの話で出てきた、欧米はあらゆる面でロシアを裏から攻撃しているのだ、という被害者意識とあわさると、これはある意味でロシアの攻撃開始を告げたものでもある。

この主張からすれば、一極体制に従属する他の国（含むヨーロッパ）はさらに無力で公然と見下すべき存在だ。そしてまさにプーチンはヨーロッパに対して公然と侮蔑を示すようになる。それを示すエピソードが、この直前の1月におけるドイツのアンゲラ・メルケルとの会談だ。メルケルはもともとアメリカの暴走をあまり快く思っておらず、ロシアの立場に同情的だったし、またロシアをあまり刺激したくはないと思っていた。ロシアにとっては、EU筆頭国における理解者として、それなりに気を遣ってもよい相手だ。

ところがそのメルケル相手に、プーチンは会談の途中で犬をけしかけ（メルケルは犬に噛まれたことがあり、犬が恐い）、彼女が怯える様子を見てせせら笑うという暴挙に出ている。味方に対する敬意などかけらもない。みんなの前で、相手を侮辱してどっちの立場が上かを見せつけるいやらしいやり口だ。そこまでおおっぴらに嫌がらせをするのは、尋常なことではない。この時点ですでにプーチンは、ヨーロッパは自分より立場が下であり、何でも言うことを聞かせられると確信していたのは確実に思える。西側との交渉にあたってドイツの協力が必要になるといった配慮はない。少なくともその際に、メルケルとの個人的なつながりに頼る必要があるなどとはまったく考えていなかった。

さらにこの年6月のハイリゲンダムでのG8会合で、彼は新任のフランス大統領ニコラ・サルコジと会っている。だがプーチン面会後に記者会見に臨んだサルコジは、YouTube の映像を見てもわかるとおり、明らかにろれつがまわらず、異様にヘラヘラしていて、[*1] 冒頭で会談のまとめすらせずに質疑に突入し、酔っ払っているという疑いさえかけられた。

だが、彼は酔っていたのではなかった（そもそも彼は酒が飲めない）。その舞台裏が、臨席していただれかによって後に明らかにされている。

フランス側の出席者は3人と通訳だけだった。口火を切ったのはニコラ・サルコジだ。

＊1 https://www.youtube.com/watch?v=CVCpwfwExBM

彼はまだ自分の理念に自信を持っており、対等な立場の相手との率直な対話が可能だと信じていた。「私はジャック・シラクとはちがう。私が相手だから、アンナ・ポリトコフスカヤ（訳注：プーチンに暗殺されたと言われるジャーナリスト）の話もしてもらう［通訳に身ぶりで警告されて、彼はこの名前をごまかした］」。そのままサルコジは数分間にわたり話し続け、プーチンはずっと黙って聞いていた。やっとサルコジが口を止めて、間を取った。するとプーチンがその沈黙に冷ややかに割り込んだ。「おい、言いたいことはそれだけか？」サルコジは戸惑った。プーチンは続けた。「じゃあ説明してやろう。おまえの国はこんなだ（と手振りで小ささを示した）。おれのは――このくらいだ（と腕を大きく広げた）。おれにそういう口の利き方をしてると、ぶっつぶすぞ。だが態度を改めるなら、お前をヨーロッパのお山の大将にしてやるよ」。プーチンは発言に、罵倒語や侮蔑語を混ぜ（そして丁寧な「Vy（あなた）」ではなく、気安い「Ty（きみ、おまえ）」という外交儀礼に反した表現をして）その発言の効果を高めた。サルコジはショックを受けた。そして怒りに震えながら席を立った。精神的にノックアウトされていた。*2

*2　Nicolas Henin, *La France russe*. Fayard, 2016, pp.112–3

この翌年、サルコジはＥＵ議長国として、ジョージア戦争をめぐる交渉を任されている。自伝では、その際に話をきかないプーチン相手に決然と席を立って見せたり、エスプリの効いた皮肉で相手をうならせたりして、見事に立ち回ったと自慢している。[*3] だがこの証言が事実なら、プーチン相手にどこまで強気に出られたのかは怪しいものだ。さらにその後、サルコジは急に方向転換して、ヨーロッパでのプーチン擁護の急先鋒となる。ロシアのクリミア併合をＥＵでまっ先に認めたのもサルコジだ。彼はどこかで、「ヨーロッパのお山の大将」になる道を選んでしまったのではないか――そう勘ぐられても無理はない。

もちろんだからといって、それがすぐに、後の軍事活動につながる必要はなかったのかもしれない。当時のロシアは、資源価格のおかげで経済も絶頂期だった。もしそれが続いていれば、経済分野での活躍でプライドを保つやり方もあっただろう。またこの時点では、彼は憲法をきちんと尊重し、大統領は2期でやめて、メドヴェージェフに禅譲している。メドヴェージェフは、オバマと気が合う欧米リベラル的価値観を持っていた。彼がもう少し成功し

＊3　Nicolas Sarkozy, *Le Temps des Tempêtes*, Vol. 1, Editions de l'Observatoire, Paris, 2020, pp. 470–82.

ていたら、もう少し政治的なたちまわりを心得てもう1期大統領を務められていたら……。

が、たられば議論をしても仕方ない。おそらく、もうこの第2期の半ばくらいには、プーチンは武力による各種政治目的達成の可能性を真面目に考え始めていたのではないか。ウクライナ侵略という具体的な計画ではなかっただろう。だが、カラー革命が起きてロシアの勢力圏から離れつつあるように見えた、ジョージアとウクライナに対しては、何らかの対応が考えられるとは思い始めていたのではないか。

2022年のウクライナ侵略時には「もっとプーチン様に気遣いしてあげればよかった、彼をこんなに追い詰めなければよかった」といった話が聞かれた。確かにそうかもしれないが、それが有効だったのは第1期までだっただろう。この大統領第2期の頃には、あまりよくない結果への道は、おそらくすでにかなり確定していた。

ベスラン学校襲撃事件制圧後のTV演説

（2004年9月4日）

概要

2004年9月の始業式の日に、チェチェンのテロ組織30人ほどが、チェチェン共和国に隣接する町ベスランの小学校を襲い、千人以上の子供、その親、教師たちを拘束し、抵抗する者は即座に射殺し、水も食料もなしに監禁してロシアのチェチェン撤退を要求した。数日後にロシア特殊部隊が突入し、子供186人を含む300人以上を犠牲にして何とか制圧。このテレビ演説でプーチンはテロへの怒りと国民団結を訴える一方で、北コーカサス（チェチェン含む）への対応強化と、軍や公安への不満を述べた。同時に、こうしたテロを外国、特に西側がロシア抑制のために煽っているという糾弾を、特に脈絡もなく大きく持ち出している点が注目された。

話すのはむずかしい。つらい。

我々の世界でひどい悲劇が起こりました。ここ数日、我々一人残らず大いに苦しみ、ロシアの町ベスランでの出来事すべてを胸に深く刻んできました。そこで対決することになった相手は、ただの殺し屋ではなく、無力な子供に銃を向ける連中だったのです。

いま、まっ先に、この人生で最大の宝――子供たち、愛する大切な存在を失った人々に、支援と哀悼の言葉を述べたい。

過去数日、テロリストの手で命を失った者たちを我々全員に記憶していただきたい。


ロシアはその歴史の中で、多くの悲劇的な出来事やひどい苦労をくぐりぬけてきました。今日我々は、広大で偉大な国の崩壊に続く時代に生きています。その国は残念ながら急変する世界の中で生き残れなかったのです。しかし様々な苦労はあれ、かつてソヴィエト連邦だっ

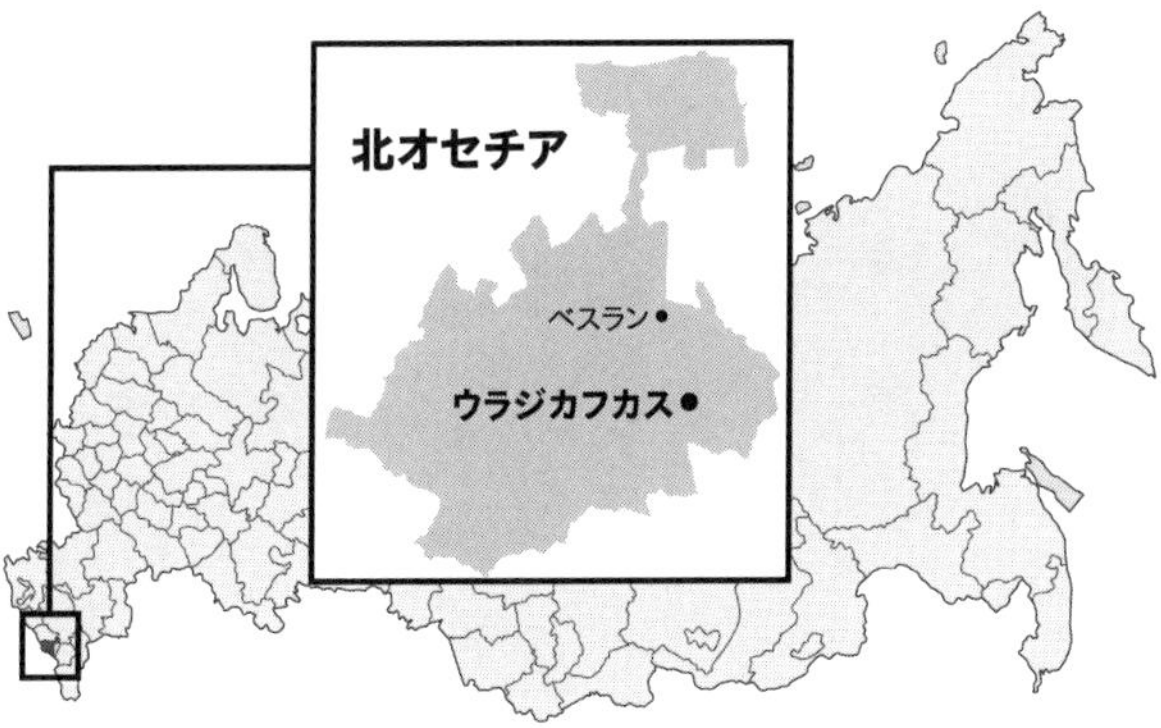

たものの核は温存できて、その新しい国を我々はロシア連邦と名付けました。

みんな変化を希望し、改善を願いました。しかし生活に起きた変化の多くについて、我々は準備ができていませんでした。なぜでしょう？

我々は移行経済の時代に生きています。まだ社会の発展状態と水準に対応していない政治体制の中で暮らしています。かつては支配的なイデオロギーによりしっかり抑え込まれていた内紛と民族間の分断が、いまや燃え上がっている。いまはそんな時代なのです。

我々は国防や安全保障問題に必要な注意を払わなくなり、汚職で司法や法執行システムが崩れるのを容認してきました。

さらに我が国は、外部の国境線の全長にわたり、もっとも強力な防衛システムで正式に保護されているはずが、いきなり東と西の両側で無防備だと思い知らされました。

新しい、近代的で、まともに防衛された国境を構築するには、長い年月と何十億ルーブルもかかります。しかしそれでも、もっとしっかりと適切な瞬間に行動していれば、もっと有効性を持てたはずです。

全体として、私たちは自国内で作用しているプロセスの複雑さや危険を十分に理解していなかったことを認めねばなりません。いずれにしても、適切に対応できなかった。弱さを見せてしまった。そして弱いものはやられるのです。

我々から「オイシイお菓子」をむしり取りたい連中もいる。それを支援する連中もいます。その支援の理由は、ロシアがいまでも世界の核大国であり、したがって彼らにとって脅威だと考えるからです。だから、この脅威を取りのぞこうというわけです。

もちろんテロリズムは、この狙いを実現するための道具でしかない。

すでに何度も述べたように、我々が危機、反乱、テロリスト活動に直面したことは何度もあります。しかしいま起きたこと、このテロリストが行った犯罪は、その非人道性と残虐性で空前のものです。これは大統領や議会、政府への挑戦ではない。ロシアすべてへの、国民全員への挑戦です。我が国は攻撃されています。


テロリストたちは、我々より強いと思っている。その残虐性で脅し、意志を麻痺させて社会の解体をもたらせると思っています。我々には選択肢が与えられているように見えます——抵抗するか、向こうの要求に従うか。屈して、連中にロシアを破壊し簒奪させて、それさえすめば立ち去って我々を平和裡に残してくれるのでは、と期待するわけです。

大統領として、ロシア国家元首として、この国とその領土的な一体性を防衛すると誓った者として、そして単にロシア国民として、私は現実には、ここには選択肢などないと確信しています。というのも強請られて、パニックに陥れば、すぐに何百万もの人々を、果てしない血みどろの紛争に叩き込むことになるからです。たとえばナゴルノ＝カラバフ、沿ドニエストルなどで見られるものです。この明らかな事実から目を背けてはいけない。

我々が相手にしているのは、脅し目的の個別行為ではない。孤立したテロリスト攻撃ではないのです。ロシアに向けられた国際テロによる直接的な介入です。我が同胞たちの命を何度も繰り返し奪っている、完全で残酷な全面戦争なのです。

世界の体験では、残念ながら、こうした戦争はすぐには終わりません。この状況では、我々はとにかくこれまでのような、気ままな生活はできません。はるかに有効性の高い安全保障の仕組みを作り上げ、法執行機関には生じてきた新しい脅威の水準と規模に対応する行動を要求しなければならない。

だが最も重要なのはこの共通の危険を前に国全体を動員することです。他の国での出来事を見ると、テロリストたちが最も効果的な抵抗に直面するのは、国の力だけでなく、組織された団結した市民社会に直面している場所なのです。

親愛なる同胞国民の皆さん、
この壮絶な犯罪を実行するようこの強盗どもを送り出した連中は、我が国民たちをお互いに反目させ、ロシア市民の心に恐怖を叩き込んで、北コーカサスに血みどろの民族紛争をもたらそうとしています。この関連で以下を申し上げておきます。

まず我が国の団結を強化するための一連の対策を講じます。

第二に、北コーカサス地方の状況に統制をかけるべく、武力や手段を統括する新しい仕組みの創設が必要だと考えます。第三に、有効な危機対応管理システムの創設が必要で、これは法執行機関の動きについてのまったく新しいアプローチを含みます。

こうした手法すべては憲法に完全に準拠して施行される点は強調しておきたい。

親愛なる友人の皆さん、
我々はきわめて困難で苦痛に満ちた日々を過ごしています。いまは市民として、忍耐と責任を示してくれた皆さんすべてに感謝します。

我々はこれまでも、これからも常に連中よりも強い存在であり続けます。道徳、勇気、連帯感を通じて強くなるのです。

それは昨夜も改めて目にしたことでした。

ベスランは、文字通り悲しみと苦痛が地に染み渡っていますが、そこで人々は以前にも増してお互いに配慮し、支援しあっていました。彼らは、他人の生命と平穏のために自分の命を危険に曝すのも辞さなかったのです。

最も非人間的な状況においてすら、彼らは人間であり続けました。

こうした損失による苦痛を受け入れるのは不可能ですが、この試練で我々の絆はますます強まり、様々なものの見直しを我々に強いることになりました。

今日私たちは力を合わせねばなりません。力を合わせるしか敵を倒す方法はないのです。

訳者追記：

数日後に、この演説の「核大国としてのロシアの脅威を排除するために外国勢力がテロ支援をしている」という部分について記者に質問されたプーチンは、「西側がテロをしかけているとは言っていないが、いろいろな出来事を見ていると冷戦思考の再演だ」というあいまいな返答をして、またイギリスやスペインが反露的なチェチェン指導層の政治亡命を認めている点などについて偽善的だと批判している。[*4]

＊4　https://www.theguardian.com/world/2004/sep/08/chechnya.russia

ミュンヘン安全保障会議での演説と質疑応答

（2007年2月10日）

概要

冷戦後の世界はアメリカ中心の一極世界に向かっていたが、これはアメリカが自分の勝手な要求を、しばしば武力により世界に押しつけるものとなっている。だがGDPでもその他の面でも今後は多極世界へと向かう。それに応じたグローバル安全保障アーキテクチャ再編が必要だ。核も含め、ロシアは軍縮してるのに、アメリカはごまかしの気配があるし、スターウォーズ計画なんか始めているしNATOは拡大しているし、OSCEはNGOなどを使って内政干渉しようとする。宇宙軍拡禁止や核不拡散の徹底、民生用原子力の核燃料サイクル確立などで対等な協力をすすめよう。また市場などの透明性やオープン性など、こっちには要求するくせに、自分たちは農作物保護その他を維持する偽善も許しがたい。対等な関係を目指したい（＝ロシアにもっと発言権を与えろ）。プーチンは西側中心の秩序に対してこれまでも不満を述べていたが、それをまとまった形で公の場で、その西側のトップ相手にはっきり言い放ったこの演説は衝撃を与えた。プーチンの一つの転換点ともされる問題演説。

プーチンの演説

親愛なる連邦首相（訳注：アンゲラ・メルケル）、テルチクさん（訳注：会議主催者）、紳士淑女の皆様、ありがとうございます！

40ヶ国以上もの政治家、軍関係者、実業家、専門家を集めたこのような代表会議に招かれたのを心より感謝しております。

この会議の構造のおかげで、過剰な礼儀正しさは避けられますし、もってまわった、聞こえはいいが空疎な外交表現で語る必要もないでしょう。この会議の形式のため、国際安全保障問題についての私の本当の考えを述べられます。そして私の発言が同僚のみなさんから見て無用に論争的だったり、手厳しすぎたり、不正確だったりするように思えても、怒らないでいただきたい。結局のところ、これはただの会議なのですから。そして演説の最初の2、3分で、テルチクさんがあそこの赤ランプを点灯させないことを願うものではあります。

さて。国際安全保障は、軍事・政治安定性に関連したものよりずっと多くのもので構成されているのは周知のことです。それは世界経済の安定性、貧困克服、経済的安全保障、文明の間の対話育成も関わってきます。

安全保障が持つこの普遍的で不可分な性質は、「一人のための安全保障は万人のための安全保障」という基本原理として表明されています。フランクリン・D・ルーズベルトが第二次世界大戦勃発の最初の数日で述べたように「どこかで平和が破られたら、あらゆる場所の万国の平和が危機にさらされているのだ」

この言葉は今日でも重要なものです。ちなみにこの会議のテーマ「グローバルな危機、グローバルな責任」にもそれが見られますね。

わずか20年前に、世界はイデオロギー的にも経済的にも分裂しており、グローバルな安全保障を確保していたのは、超大国二国間の巨大な戦略的能力でした。

このグローバルなにらみあいは、最も先鋭的な経済社会問題を、国際社会と世界のアジェンダの周辺部に押しやってしまいました。そして戦争の常として、冷戦はたとえていうなら、実弾をたくさん残していきました。ここで言っているのはイデオロギー的なステレオタイプ、ダブルスタンダードなど、冷戦ブロック思考に典型的に見られる側面のことです。

冷戦後に提案された一極世界も実現しませんでした。

人類史は確かに一極の時代を何度か経たし、世界の至高の地位を目指す動きもありました。世界史では、いろいろなことが起きるものです。

しかし一極世界とは何なのでしょうか？　どうごまかそうとも、結局のところそれはたった一つの状況を指すものです。つまり、権威の中心が一つ、武力の中心が一つ、意思決定の中心が一つ、ということです。

それは主人が一人、主権国が一つの世界です。そして結局のところ、これはその仕組みの中のみんなだけでなく、その唯一の主権国自身にとっても危険なものです。というのもそれは、その主権国を内側から破壊するものだからです。

そしてそれはまちがいなく、民主主義とはまったく相容れないものです。というのもご存じのとおり、民主主義は少数派の利益や意見を考慮しつつ多数派が権力を持つということだからです。

ちなみにロシア——我々——は絶えず民主主義についてお説教を受けています。しかしそのお説教をしたがる人々は、なぜだかそれを自分では学びたくないようです。

私は、一極モデルは容認できないだけでなく、今日の世界では不可能だと考えます。そしてこれは、もし今日の――そしてまさに今日の――世界において単一のリーダーシップがあるなら、軍事、政治、経済リソースが足りないから、というだけではありません。もっと重要なのは、このモデル自体が破綻しているということです。というのもその根底には現代文明の道徳的基盤がないし、またあり得ないからなのです。

これに伴い、現代世界で起こっていること――そしてこれについてはまさに議論が始まったところです――は国際関係にまさにこの概念、つまり一極世界の概念を持ち込むという試みです。

そしてその結果は？

一極的（一方的）でしばしば非正当な行動は問題をまったく解決していません。それどころか、新たな人間悲劇を引き起こし、新しい緊張の中心を作り出しています。ご自分で判断してください。戦争も、地域的、局所的な紛争は減っていません。テルチクさんはこれをきわめて穏健に述べられました。そしてこうした紛争で消える人々も減っていません――以前よりむしろ多くの人々が死んでいます。はるかに多く、ずっと多くの人々です！

今日、我々はほとんど抑えが効かないほどの武力行使を目撃しています——国際関係において、世界を永続紛争の深淵に叩き込んでいる武力です。結果として、こうした紛争のどれ一つに対しても包括的な解決策を見出すに足る強さを我々は持っていないのです。政治的な解決を見出すのも不可能になります。

国際法の基本原理に対する軽視がますます高まっています。そして独自の法的規範が、実際のところますますある一つの国の法体系に近づきつつあります。その一つの国とはもちろん、まずどこよりもアメリカ合衆国で、彼らはあらゆる形で自国の国境から踏み出ています。これはアメリカが他国に押しつける経済、政治、文化、教育政策にはっきり見られます。で、だれがそれを気に入っているのでしょうか。だれがそれで喜んでいるのでしょうか？

国際関係では、ますますどんな問題でも、現在の政治的雰囲気に基づいて、政治的な緊急性と称されるものに従って解決したがる様子が見られます。

そしてもちろん、これはきわめて危険です。それは我々のだれも安全に感じられないという事実をもたらします。これは強調しておきたい——だれも安全に感じられないのです！　というのも国際法が自分たちを守ってくれる石の壁のようなものだとはだれも感じられないからです。もちろんそうした政策は軍拡競争をもたらします。

武力の支配性のため、どうしても多くの国が大量破壊兵器を獲得したがります。さらに、顕著な新しい脅威——とはいえ、これらも以前からよく知られたものではありました——が登場しており、今日ではテロリズムのような脅威がグローバルな性格のものとなっています。私は、グローバル安全保障のアーキテクチャについて真剣に考えるべき決定的な瞬間がやってきたと確信しています。

そしてそれを進めるには、国際対話におけるあらゆる参加者の利益について、まともなバランスを探さねばなりません。特に国際情勢は実に多様で実に急変するからです——そうした変化は、きわめて多数の国や地域におけるダイナミックな発展を反映したものです。ドイツ連邦首相殿がすでに述べた通りです。インドや中国の購買力平価に基づくGDPをあわせると、すでにアメリカよりも多いのです。そしてBRICS諸国——ブラジル、ロシア、インド、中国のGDPで同じ計算をすると、EUのGDP合計を超えます。そして専門家によればこのギャップは今後開く一方です。

グローバルな経済成長の新しい中心が、必然的に政治的影響力に変換されて、多極性を強化するというのは疑問の余地がないことです。

これとの関連で多極外交の役割がますます高まっています。政治におけるオープン性、透明性、予測可能性の原理が必要だというのは不可侵であり、武力行使は本当に例外的な手段で、一部の国の司法における死刑の利用に相当するものになるべきなのです。

しかし今日見られるのはその正反対の傾向で、殺人者など危険な犯罪者に対してすら死刑を禁止した国々が、正当とはとても考えられない軍事作戦に平然と参加しているのです。そして実際のところ、こうした紛争は人を殺しています——何百、何千もの民間人の命を奪うのです！

しかし同時に、各国の様々な内紛に対して無関心で超然としているべきなのか、という問題が生じます。専制的な政権や圧政者や、大量破壊兵器拡散などはどうしましょうか？　実のところ、これまた我らが親愛なる同僚リーバーマン氏が連邦首相殿に尋ねた質問の核心でもありました。あなたの質問を私が正しく理解しているなら（とリーバーマン氏に向かい）、もちろんこれは深刻な問題です！　現在起きていることから見て、それに対する無関心なオブザーバーを決め込めるでしょうか？　私もあなたの質問に答えてみましょう。もちろんそんなことはできません。

しかしそうした脅威に対抗する手段は持っているでしょうか？　もちろんあります。最近の歴史を見るだけで十分です。我が国は民主主義への平和的移行を実現しなかったでしょうか？　実のところ、我々はソヴィエト政権の平和的な移行を目撃しました——平和的な移行です！　すさまじい政権ですよ！　なんという大量の兵器、しかも核兵器まであるのです！なぜ今になって、何かというと手当たり次第爆撃や砲撃を始めねばならないのでしょうか？相互破壊の脅しがなければ、政治的な文化や民主的価値観および法の尊重が不十分だという話なのでしょうか？

私は、最後の手段としての軍事力使用に関する決定を下せる唯一の仕組みは、国連憲章だと確信しています。そしてこれとの関連で言えば、我らが同僚たるイタリア国防大臣がついさっき述べたことを、私が理解できなかったのか、あるいは彼の発言が不正確だったのか。いずれにしても、私は武力行使はＮＡＴＯかＥＵか国連が行った決断の場合でしか正当ではあり得ないという話だと理解しました。もし本気でそう思っているなら、私たちの間には見解の相違があります。あるいは私がちゃんと聞き取れなかったのかもしれない。私の理解では、武力行使が正当と考えられるのは国連が認めた場合だけです。そして国連を、ＮＡＴＯやＥＵで置きかえる必要はない。国連が本当に国際社会の力をあわせて、本当に各国における出来事に対応できるなら、我々が国際法の軽視を捨て去れるなら、状況は変われます。そうでなければ、状況は単に行き詰まりに終わり、深刻なまちがいの数は何倍にも増えます。

これに伴い、国際法がその起草においても規範の適用においても、いずれも普遍的な性格を確実に持つようにすることが必要です。

そして民主的な政治行動は必然的に議論と面倒な意思決定プロセスを伴うのを忘れてはいけません。

親愛なる紳士淑女の皆様！

国際関係の不安定化が持つ潜在的な危険性は、軍縮問題に見られる明らかな停滞とも結びついています。

ロシアはこの重要な問題についての対話刷新を支持します。

兵器破壊に関連した国際法の枠組みを維持し、したがって核兵器削減プロセスの継続を確保するのが重要なのです。

アメリカ合衆国と共同で、我々は戦略核ミサイル能力を、2012年12月31日までに1700－2000核弾頭にまで減らすことに合意しました。我々のパートナーも透明性ある形で行動して、何かあったときのために、数百くらいの余分な核弾頭をどこかに寝かしておいたりしないよう期待したいものです。そして今日、新任のアメリカ国防長官が、アメリカがそうした余分な兵器を倉庫や、あるいは言うなれば枕の下や毛布の下に隠したりしないと宣言してくれるなら、みんなで立ち上がり、この宣言を直立して歓迎しようではありませんか。これはきわめて重要な宣言となります。

ロシアは核兵器不拡散条約や、ミサイル技術の多国間監視レジームを厳格に遵守しており、今後も遵守するつもりです。こうした文書に含まれた原則は普遍的なものです。

これとの関連で、１９８０年代にソ連と米国が各種の短距離および中距離ミサイル破壊の合意に署名したのに、こうした文書は普遍的な性質を持たないことは改めて想起したい。

今日では、他の多くの国がこうしたミサイルを持っています。朝鮮民主主義人民共和国、大韓民国、インド、イラン、パキスタン、イスラエルなどです。多くの国はこうしたシステムの開発を進め、それを兵器庫の一部に組み込もうとしています。そしてそうした兵器システムを作り出さない責任を負っているのはアメリカとロシアだけです。

こうした条件下では、我々が自分自身の安全保障確保を考えねばならないのは当然です。同時に、新しい不安定化を招くハイテク兵器の登場を禁止するのも不可能です。言うまでもなく、これは新時代の対立、特に外宇宙での対立を防ぐ手段の話です。スターウォーズはもはやファンタジーではありません――現実です。１９８０年代の半ばに、我らがアメリカの相方はすでに自分自身の人工衛星を迎撃できました。

ロシアの意見としては外宇宙の軍事化は国際社会にとって予想外の影響を持ちかねず、核時代の到来そのものを引き起こしかねません。そして我々は外宇宙での兵器利用を防ぐためのイニシアチブには、複数回にわたりお目にかかっているのです。

今日私は、外宇宙での兵器配備を防ぐ合意のためのプロジェクトを用意したことをお告げしたい。そして近未来には、それは公式提案として我々のパートナーたちにも送付されます。いっしょにこれに取り組みましょう。

対ミサイル防衛システムのある一部をヨーロッパに拡張しようという計画には、不安を感じざるを得ません。この場合ですと不可避な軍拡競争となるものの次のステップなど、だれが要りましょうか？　当のヨーロッパ人たち自身ですら、そんなものを求めているか大いに疑わしいものです。

問題国とされる国のどれ一つとして、ヨーロッパに本当に脅威をもたらす5000－8000キロの射程を持つミサイル兵器など保有していません。そして近未来とその先においてもそんな事態はやってこないし、当分の間はそんな事態は起こらないでしょう。そして仮想的にそんな発射があったとしても、北朝鮮のロケットがアメリカ領に向かうときにヨーロッパを通るというのは、弾道の法則に矛盾しています。ロシアの格言にあるように、左の耳に触れるのに右手を使うようなものです。

そしてここドイツにいる以上、ヨーロッパ通常戦力条約（CFE条約）の哀れむべき状態についてはどうしても触れずにはいられません。

1999年にCFE適合条約が調印されました。これは新しい地政学的な現実、つまりワルシャワブロックの廃止を考慮してのものでした。それから7年たって、この文書を批准したのはロシア連邦を含めたたった四ヶ国だけです。

NATO諸国は公然と、ロシアがジョージアとモルドバから軍の基地を引き揚げない限り、側面制約の条項（側面地域に一定数の軍を配備することへの制限）を含めこの条約を批准しないと宣言しました。我が軍はジョージアから撤退中ですし、そのスケジュールを前倒しにさえしています。ジョージアの相方と抱えていた問題を我々が解決したのは周知の事実です。平和維持活動を行い、ソ連時代からの弾薬が残っている倉庫を保護するために兵員1500人は残っています。この問題については絶えずソラナさん（訳注：当時のNATO事務総長）と議論して、彼も我々の立場を知っています。我々はこの方向でさらに作業を進める用意があります。

しかし同時にどんなことが起こるでしょうか？　同時に、柔軟前線とか称するアメリカの基地が、それぞれ最大5000人も配備されてあちこちにできています。実はNATOは我が国の国境に沿って前線軍を設置しているのに、我々のほうは条約の義務を遵守して、こうした行動には一切反応せずにいるのです。

NATO拡大はこの同盟の近代化だの、ヨーロッパの安全保障確保だのとは一切関係がないのは明らかでしょう。それどころか、これは相互信頼の水準を引き下げる、深刻な挑発を示すものです。そして我々には尋ねる権利がある。この拡大はだれに対して意図されたものですか？　そしてワルシャワ条約機構解体後に、西側パートナーたちが行った保証はどうなったのでしょうか？　そのときの宣言はいまどこにあるのでしょうか？　だれもそんなものを覚えてすらいません。でも私は敢えて聴衆のみなさんに、何が言われたかを思い出させてあげましょう。NATO拡大についてはNATO事務総長ヴェルナーさんが、1990年5月17日にブリュッセルで行った演説を引用しましょう。彼は当時「我々がNATO軍をドイツ領の外に置く用意がないという事実は、ソヴィエト連邦にしっかりした安保上の保証を提供するものだ」と述べました。そうした保証はどこへいったのでしょうか？

ベルリンの壁の石やコンクリートブロックは、おみやげとして配られてしまって久しい。しかし、ベルリンの壁崩壊が可能だったのは、歴史的な選択のおかげだったというのを忘れないようにしましょう――その選択は、我々の国民、ロシアの人民も行ったものなのです――民主主義、自由、オープン性、大ヨーロッパ一家に属する国々との誠実なパートナーシップを支持する選択です。

それがいまや、彼らは新しい分割線や壁を我々に押しつけようとしている――そうした壁はバーチャルかもしれないが、それでも分割はするし、大陸を分断するものです。そしてこうした新しい壁を解体して取り壊すには、またもや何年も、何十年も、さらに何世代もの政治家たちを必要としたりするなどということもあり得るのでは？

親愛なる紳士淑女の皆さん！

我々は、不拡散レジーム強化については文句なく賛成です。現在の国際法原理の下では、平和目的で核燃料を製造する技術開発は許されています。そして多くの国はきわめて正当な理由から自国のエネルギー自立の基盤として独自の原子力を作り出したい。でも我々は、こうした技術がすぐに核兵器に転用できることも理解しています。

これは深刻な国際的緊張を作り出します。イラン核プログラムを取り巻く状況が明らかな例となります。そして国際社会がこの利害対立を解決するための、まともな解決策を見いださなければ、世界は同様の不安定化する危機に苦しみ続けることになります。境界線上にいる国はイランだけではないからです。我々はどちらもこれを知っています。我々は絶えず、大量破壊兵器拡散の脅威に対して戦い続けることになります。

去年、ロシアは国際ウラン濃縮センターを作ろうというイニシアチブを提案しました。我々はそうしたセンターがロシアに作られるだけでなく、民生原子力エネルギーを使う正当な根拠のある他国にも作る可能性にはオープンです。自国の原子力エネルギーを開発したい国々は、そうしたセンターへの直接参加を通じて燃料供給の保証を受けられます。そうしたセンターは、もちろん、厳しいIAEA監督下で運用されます。

アメリカ大統領ジョージ・W・ブッシュが提案した最新のイニシアチブは、ロシアの提案にも沿うものです。私はロシアと米国が客観的に等しく、大量破壊兵器の不拡散レジームとその配備（訳注：を阻止する）レジーム強化に関心があると考えています。新しいもっと厳格な不拡散手法を発達させるリーダーとして行動しなければならないのは、主要な原子力とミサイル能力を持つ、まさにこの両国なのです。ロシアはそうした作業の用意があります。我々はアメリカの友人たちとの相談に取り組んでいます。

一般に、各国にとって自前の核燃料サイクルを確立しても利益にはならないが、それでも原子力エネルギーを開発してエネルギー能力を強化する機会は得られるような、政治インセンティブと経済インセンティブの総合的なシステム開発について相談すべきです。

それとの関連で、国際エネルギー協力についてもっと詳しく話しましょう。ドイツ連邦首相殿も、これについてちょっと述べています――この問題に言及、触れたのです。エネルギー部門でロシアはすべての国にとって均一な市場原理と透明な条件を作り出そうとしています。エネルギー価格は政治的な投機や経済的圧力や恫喝にさらされるのではなく、市場で決められるべきだというのは当然です。

我々は協力にはオープンです。我が国の主要なエネルギープロジェクトすべてには、外国企業が参加しています。推計にもよりますが、ロシアでの原油採掘の最大26%――是非ともこの数字を考えてください――最大26%のロシア原油採掘は、外国資本で行われているのです。ロシア企業が西側諸国の主要経済部門で大規模に参加しているような、類似の例があれば是非とも教えてください。そんな例はありません！　そんな例はないのです。

またロシアへの外国投資と、ロシアが外国に行う投資とのバランスも指摘したい。その比率は15対1です。そしてこれは、ロシア経済のオープン性と安定性の明らかな例です。

経済安全保障は、全員が均質な原理に準拠すべき部門です。我々は完全に公平である用意があります。

この理由から、ますます多くの機会がロシア経済に登場しています。専門家と西側パートナーたちは客観的にこうした変化を評価しています。このためロシアのOECDソブリン信用格付けは改善し、ロシアは第四グループから第三グループに昇格しました。そして今日ミュンヘンにいるので、この機会にこの決定についてはドイツの同僚たちに感謝を述べておきたいと思います。

さらにご存じの通り、ロシアのWTO加盟プロセスは最終段階まできています。長い困難な議論の間に、言論の自由、自由貿易、対等な機会についての発言を一度ならず耳にしましたが、なぜだかそうした発言はロシア市場についてのみ行われていました。

そしてグローバル安全保障に直接影響する重要な主題が、まだもう一つ残っています。今日では、多くの人々が貧困に対する闘争について語ります。この分野では実際に何が起きているのでしょうか？　一方では、金融リソースが世界最貧国支援のために割り当てられています――そしてときにはそれがかなり巨額の金融リソースです。しかし正直言って――そしてここにいらっしゃる多くの方はご存じのことですが――その同じドナー国の発展と紐付いているのです。そしてその一方で、先進国は同時に農業補助金を維持して、一部の国がハイテク製品にアクセスするのを制限しています。

そしてありのままに語りましょう——片方の手で慈善に満ちた支援を配りつつ、反対の手では経済的後進性を温存するだけでなく、そこからの利益をピンハネするのです。停滞地域における社会的緊張増大はどうしても、急進主義、極端主義の発展をもたらし、テロリズムと地域紛争を後押しします。そしてこうしたすべてが、たとえばですよ、ますます世界全体が不公平だという感覚を抱くようになっている中東のような地域で起これば、グローバルな不安定化の危険が生じます。

世界の先進国がこの脅威を見るべきだというのは明らかです。そして、だから彼らがグローバルな経済関係におけるもっと民主的で公平なシステムを構築すべきだというのも明らかです。万人にチャンスが与えられ、発展の機会が与えられるシステムです。

親愛なる紳士淑女の皆さん、安全保障会議で話をするからには、ヨーロッパ安全保障協力機構（OSCE）について言及しないわけにはいきません。ご存じの通り、この組織は安全保障のあらゆる——そしてこの「あらゆる」は強調したい——側面を検討するために作り出されました。軍事、政治、経済、人道、そして特にこれらの領域の間の関係です。

今日見ると、何が起きているでしょうか？　このバランスが明らかに破壊されています。人々はOSCEを、ある一つの国、または限られた国々の外交利益促進用に設計された粗野な道具に変換しようとしています。そしてこの作業では、各国の創建者たちが考えもしなかったような、ＯＳＣＥの官僚的な仕組みも一役買っています。意思決定の手順と、非政府組織（ＮＧＯ）と称するものの関与はこの作業のために仕組まれています。こうした組織は形式的には独立していますが、魂胆を持って資金提供され、したがって牛耳られているのです。

創建文書によると、人道領域でＯＳＣＥは各国の要請に基づき国際人権規約遵守について加盟国を支援するよう設計されています。これは重要な作業です。我々はこれを支持します。しかしこれは、他国の国内問題に干渉するということではないし、特にそうした国々が生きて発展するやり方を決めるレジームを押しつけるということではないのです。

そうした干渉が民主国家の発展を促進しないのは明らかです。それどころか、そんな干渉はそうした国の依存性を高め、結果として政治的かつ経済的に不安定にしてしまうのです。ＯＳＣＥはその主要な任務に則り、独立国とは尊敬、信頼、透明性に基づいて関係構築をするよう期待します。

親愛なる紳士淑女のみなさん！

終えるにあたり、私は以下の点を述べたい。我々はあまりにしばしば――そして個人的には私自身があまりにしばしば――ヨーロッパを含む各種パートナーたちから、ロシアは世界問題においてますます活発な役割を果たすべきだといった訴えを耳にします。

これとの関連で、一つちょっとした所感を述べさせてもらうことにします。そんなことを我々に対して煽る必要などないも同然です。ロシアは千年以上の歴史を持つ国であり、ほぼ常に独立の外交政策を実施する特権を利用してきました。

今日になってこの伝統を変えたりはしません。同時に、世界がどう変わったかについては十分に認識しているし、自分自身の機会と潜在能力については現実的な感覚を持っています。そしてもちろん、我々は責任ある独立したパートナーたちとやりとりを続けたい。共に働いて、公平で民主的な世界秩序を構築し、それにより選ばれた少数だけでなく万人にとっての安全保障と繁栄を確保するようにしたいのです。

ご静聴、ありがとうございます。

質疑応答

ホルスト・テルチク：重要な演説、まことにありがとうございました。新しい主題が出てきました。グローバル安全保障アーキテクチャ——過去数年にわたり前面には出てこなかった話——軍縮、兵器管理、NATOロシア関係の問題、技術分野の協力です。

まだ山ほど質問があるので大統領が回答してくれます。

質問：大統領閣下、演説ありがとうございます。強調しておきたいのですが、ドイツ議会はヨーロッパのパートナーとしてのロシアの重要性を確信しており、あなたの果たす役割の重要性も認識しております。ドイツ連邦首相も演説で述べた通りです。

経験から、あなたの演説で二つの問題について言及したい。まず、NATOとNATO拡大についてのご意見についてです。あなたはこれをロシアにとって危険な現象と見ていますね。この現象は実務的には拡大ではなく、それを求める民主国の自決なのだという点はお認めになりますか？　そしてNATOは、そうした用意を宣言しない国は受け入れ難いのだという点もお認めになりますか？　NATO拡大のおかげで東部の国境がもっと信頼できる安全なものになったと認めてもいいのではありませんか？　なぜあなたは民主主義を恐れるのですか？　民主主義国だけがNATOに加盟できると私は確信しています。これは近隣国を安定させます。

あなたのお国の中で起きていることについてです。アンナ・ポリトコフスカヤの殺害（訳注：この会議の前年2006年）が象徴的です。これは多くのジャーナリストに影響し、万人を恐れさせると言えますし、NGOについての法律も警鐘を鳴らすものと言えます。

質問：不拡散についてのコメントはよくわかります。特に冷戦の終わりには核兵器配備の削減を見たのに、テロの増加も見られました。核物質はテロリストから遠ざけねばなりません。

質問：ドイツ連邦首相への質問に戻ります。コソボとセルビアの未来はどうなりますか？アーティサリ氏（訳注：コソボ問題の国連特使）についてはどう思われますか？　ロシアはこの問題解決にどう影響力を行使されますか？

質問：チェチェンのロシア兵の経験について一言お願いします。そしてエネルギーに関するご意見についてです。エネルギーが政治で果たす市場の役割について少し触れられましたね。ＥＵは固定した政治原則を含むパートナーシップ合意をまとめるのに関心があります。この合意内容を含め、信頼できるエネルギー供給を保証する用意はありますか？

質問：大統領閣下、誠実かつ率直な演説でした。私の率直で直裁な質問もご理解いただければと思います。１９９０年代にロシアの専門家は、イランのミサイル技術開発を積極的に支援しました。イランはいまや、ロシアやヨーロッパの一部を攻撃できる先進的な中長距離ミサイルを保有しています。またこうしたミサイルに核弾頭を搭載しようと作業を進めています。貴国はこの問題についてイランと交渉努力をしてきて、イランがそうした政策を実施するのを阻止する国連安全保障理事会決議も支持しておられます。

私の質問は以下の通りです。こうしたイランにおけるきわめて深刻な出来事を止めるために、ロシアは——国連を通じてであれそれ以外であれ——どんな努力をされますか？

質問：未来の歴史研究者たちがこの会議を、第二次冷戦の宣戦布告だったと言わないだろうとは信じております。が、そうなりかねない。イランに圧力をかけてプラスのインセンティブを提供するのが重要だとおっしゃいましたね。しかしロシアは制裁を通じて強い圧力をかけるプロセスを邪魔しているのは事実ではありませんか？　第二に、武器の配送について。ロシアはイランを後押しししています。特にそうした兵器がレバノンとガザに登場して以来それが顕著です。これについてのコメントは？

質問：率直さは理解しますし、こちらの率直さも受け入れてくれると願いますよ。まず、軍備制限について。新しい軍拡競争などだれも求めていません。指摘させてもらいますと、アメリカは20年以上にもわたり新しい戦略兵器を開発してないのに、ロシアはトポルMミサイルを試験していますし、それをすでにサイロや移動発射装置で配備してるじゃないですか。アメリカの一方的行動を非難され、軍事行動が正当なのは国連の承認を得た場合だけだと二度にわたりおっしゃいましたね。イラクとアフガニスタンでは、アメリカは国連の決断に沿って軍事行動を行っているし、今日のコソボでは兵の大半はそこでの平和実現作戦を支持しています。

私の質問は以下の通り：あなたはロシアが国際的利害にとっての脅威をどう受け止めようとも、国連の承認なしには軍事行動を行わないと言うんですか？

質問：一極世界の危険性として、ある主権国が他のだれにも相談せずに決断を下すという話をされました。多くの人の意見では、ロシア国内ではますます一極化した政府が見られ、国家院だろうと地域指導部だろうとメディアだろうと実業界だろうとNGOだろうと、競合する影響力の中心が党の公式主張に従うよう強制されていると言われます。エネルギー安保がかかっているとき、一極化した政府はそれほど信頼できるパートナーに成り得るでしょうか？

プーチン：まずみなさんの質問にお礼を申し上げたい。実に興味深い。残り時間がほとんどないのが残念ですよ。全員と個別に議論したかった。これは実に楽しい。すばらしい。

最後の質問、ロシア政府の一極的な性質から始めましょう。今日、ロシア連邦共産党、統一ロシア党、自由民主党、さらにそれ以外の政治勢力もロシア議会で議席を持っています。そしてその基本的な立場は大いに異なっています。これをご存じないなら、ロシア連邦共産党の指導部と話をして、それから自由民主党の指導者ジリノフスキー氏と話をしてみるだけでいい。すぐにちがいがわかるでしょう。いまそれを理解できないなら、是非彼らと話をしてください。何も問題はありません。ササッとモスクワに行って話をしてください。

将来の計画について。成熟した政治システムはほしい。多数政党システムで、責任ある政治家たちが、国の発展を予想して、選挙前と直後だけに責任ある形で行動するのではなく、長期の未来についても責任を持てるようなシステムです。それが我々の目指しているものです。そしてこのシステムはまちがいなく多数政党のものとなります。ロシア国内の我々の行動すべては、国家院選挙のレジーム変更も含め、ロシアの多数政党システムを強化するよう設計されています。

そして今度は、政府の内閣がエネルギー供給につながる問題を解決するにあたり責任ある行動ができて、エネルギー安保を確保できるかという点について。できるに決まってるでしょう！　さらに我々がこれまでも今もやっていることの目標はたった一つ、つまり消費国やエネルギーを輸送する国々（訳注：主にウクライナのこと）との関係を、市場ベースの透明性ある原理と長期契約に基づくものへと移行させることなのです。

あなたに思い出させてあげましょう。私の並びにすわっている我が同僚ウクライナ大統領

（訳注：ヴィクトル・ユシチェンコ）もご存じのことです。2006年までの15年間にわたり、我々の困難な会談の間に、それに対応する決断をしなかった長期にわたって、ロシアのエネルギー配送と、まずなによりもヨーロッパへの天然ガス供給は、ロシアの天然ガスを当のウクライナに配送するときの条件と価格に依存していました。[*5] そして我々が何の合意にも達することができないなら、ヨーロッパ消費国はすべて、天然ガスなしですわっているしかできない。そんなことになってほしいんですか？　そうは思わないんですがねえ。そして各種スキャンダルはあるし、利害の保護もあるし、意見の相違もあるけれど、ユシチェンコ大統領とは合意に達することができています。私は彼が責任ある、絶対的に正しく市場ベースの決断を下したと考えています。今後五年間のウクライナへの天然ガス配送と、ロシアの天然ガスのヨーロッパ輸送について、別々の契約に調印しました。この決断については、あなた方

＊5　訳注：ロシアからヨーロッパへの天然ガスはウクライナ経由で送られていた。ウクライナなど旧ソ連国は、ロシアから国際市場価格の三分の一以下の友邦優待価格でガスを融通してもらっており、さらにウクライナはヨーロッパ向けのガスを途中でかすめ取ったりして、ロシアの怒りを買っていた。これを国際価格での販売にしろという交渉は、ロシアとウクライナの昔からの大紛争ネタで、両者のけんかで欧州向けのガスが止められる事態も頻発していた。ロシアがウクライナを見下す遠因でもあり、ウクライナを経由しないノルドストリームが開発された理由でもある。

は我々両方、ロシアとウクライナに感謝しなさいよ。そして、あなたのご質問にも感謝します。

あなたの質問にまとめて答えた方が良かったですね。

NATOの東方拡大に関する我々の見方ですが、すでに行われた保証と、それが今日遵守されていないことは述べました。なんですか、あなたはこれが国際関係で普通のやり方だとでも思ってるんですか？　が、いいでしょう。忘れましょう。そんな保証なんか忘れちまうがいい。民主主義とNATO拡大について。NATOは国連とはちがい、ユニバーサルな組織ではありません。それはまず何よりも、軍事および政治同盟なんです。軍事と政治ですよ！　ええ、自国の安全保障確保はあらゆる独立国の権利です。それに反対はしてませんよ。もちろんそれに反対はしない。でもなぜこの拡大の間に、軍事インフラをうちの国境に置く必要があるんですか？　だれかこの質問に答えてくれませんか？　軍事インフラの拡大が、今日のグローバルな脅威と戦うことと関連しているのでない限りですよ？　別の言い方をしましょう。今日、こうした脅威の中で最も重要なものは何でしょうか――ロシアにとって、アメリカにとって、ヨーロッパにとってです。それはテロリズムと、それに対する戦いです。テロとの戦いでロシアは必要ですか？　当然必要です！　テロとの戦いでインドは必要ですか？　当然必要です！　でも我々はNATO加盟国ではないし、他の国もちがう。でもこの問題について効果的に対応するには、力を合わせるしかない。だからインフラ、特に軍事インフラを我々の国境に拡大するのは、個別国の民主的な選択とはいささかも関係していない。だから、この二つの概念をごちゃ混ぜにしないようお願いしたい。

やれやれ、質問のメモがあまりにぐちゃぐちゃで、自分でも何を書いたか読めないほどです。読める範囲でお答えして、何か答え忘れたら、質問が何だったか思い出させてください。

コソボとセルビアがどうなるか？　コソボ人とセルビア人にしかわかりませんね。そして彼らに、どう生きるべきかお説教はやめましょう。我々は共に、神さま役を演じて、こうした人々の問題すべてを解決してやる必要はないんです。我々は共に、ある必要条件を作り出して、人々が自分の問題を解決するのを手伝うことしかできません。必要条件を作り、ある種の合意の保証人として行動することです。でもそういう合意を押しつけてはいけない。そうでないと、単に状況を行き詰まらせるだけです。そしてこの困難なプロセスで参加者のだれかが気分を害したり侮辱されたと感じたりしたら、問題は何世紀も尾をひきます。行き詰まりを作り出すだけです。

我々の立場はどういうものか？　立場はまさにこの原則に従うというものです。そしてある側が明らかに状況解決の提案に不満を抱いているようなら、その選択肢は支持しません。

チェチェンでの兵員の経験についてお尋ねになったのがどういう意味なのか、よくわかりませんでした。彼らの経験は快いものではありませんが、広範なものです。そしてチェチェン全般の状況に興味がおありなら、議会と大統領が選出され、その政府は機能しているとは申し上げられます。権力と行政の機関はすべて形成されました。チェチェンの政治勢力はほぼすべて、共和国の業務に参加しています。一例として、アスラン・マスハドフ政府の元国防大臣は、いまやチェチェンの議員です。そしてかつての蜂起軍が普通の生活だけでなく、共和国の政治活動にも戻れるようにするための、実に様々な決定を下しました。だから今日、我々は経済政治手法を使って行動するほうを好みますし、実務面でも、安全保障確保の責任はほぼ100%チェチェン人に移転しました。チェチェンで形成された法秩序の執行機関はほぼ100%が地元市民、チェチェンに永住している人々で構成されているのです――チェチェン人でね。

レバノンの話も、やはり何をおっしゃっているのかよくわかりませんでした。でも、はい、我々がレバノンに軍事建設労働者を派遣して、イスラエルとの紛争で破壊された橋やインフラの再建を行ったというのは、周知の状況、いま私が述べたものを裏付けるものです。イスラム教徒が暮らす地域で我が国の兵が活動するのであれば、イスラム教徒の兵員部隊を派遣するのは悪くない考えだと思いました。そして、それは当たりでした。地元民たちは、うちの軍事建設者たちを本当に温かく歓迎してくれました。

さてEUとのエネルギー合意の話です。私は質問をそういうものだと理解しましたよ。我々は何度となく、EUとのエネルギー関係の根底にある原則への合意には反対していないと述べてきました。さらに、憲章に含まれた原理はおおむね理解可能なものです。しかし憲章自体は我々にはあまり受け入れられない。というのもロシアだけでなくヨーロッパの相方たちもその原理を遵守していないからです。核物質の市場はいまだに我々には閉ざされていることを考えるだけで十分でしょう。だれもその市場を我々に開放してはくれません。

いまここで注目を集めるのはとにかく控えたい他の瞬間もあります。しかし原則それ自体についていえば、そうした原理はすでにドイツ企業との作業で使っていますよ。ガスプロムとBASFとの取引を思い出していただきたい。実のところ、これは資産スワップでした。こういう形で仕事を進める用意はあります。準備万端。でもそれぞれの具体的な事例で、我々が何を与え、相手が何を与えるかを理解し、計算して、独立国際専門家の評価を受けて、決断を下さねばなりません。我々はこの仕事に取り組む用意はあります。実はイタリアのパートナー、ENIという企業とごく最近にも似たようなことをやっています。そして2035年――だったかな――までの供給についての合意に、単に調印する以上のことをやりました。資産スワップについても話をしたんです。そしてこの種の協力をウクライナの友人たちとも検討しています。これは進んでいます。

そしてこうした原理については、ロシアとEUとのあいだで考えられる将来的な根本文書で修正する必要があるでしょうか？　この問題については意見がちがうかもしれません。私は必要ないと思います。というのもエネルギーにとどまらず、EUとの協力は他の分野もあるからです。農業、ハイテク、運輸などです。そしてこれらはすべて、とても重要でとてもおもしろい。そしてこのすべてを、枠組み文書として機能するようなたった一つの根本法に詰め込むことはできない。あるいは、そっちの必要とするものだけを文書に入れて、こっちが必要とするものは枠組みの外に置いてほしいということですかな？　お互い正直に話し合って、相互に受け入れられる決断を下しましょう。

「1990年代にロシアはイランのミサイル技術開発を手伝った」。この質問をしたのはあなたでしたっけ。「今日のイランはヨーロッパに到達できるこうしたミサイルに核弾頭を載せたがっている。ロシアはイランの各プログラムをどうする気か？」そういう質問でしたね？

えー、そもそも1990年代のロシアがイラン独自のミサイル技術開発を手伝ったというデータは手元にありません。それについてきわめて積極的に活動したのは他の国々でした。そして技術移転は別の経路で行われています。そして我々はその証拠も持っています。当時私はそうした証拠をアメリカ合衆国大統領に直接渡しましたよ。そして技術はヨーロッパやアジア諸国からもきています。

だからロシアのせいにされるのは心外ですね。保証しましょう。ロシアはここで最も関与の少ない国なのです。当時私はまだサンクトペテルブルクで働いていましたが、我々はこんなものに関わっていない。これについては保証します。でも事業レベルでは何かあったかもしれませんねえ。我々は研究所などで専門家を養成しました。そしてアメリカの相方の要求と情報にしたがって、我々はこれに厳しい対応をしました。即座に、厳しく、ですよ。ヨーロッパを含む我々の他のパートナーでは、そんな対応は見られませんでしたね。さらに、ご存じかどうか知りませんが、軍事技術や特殊設備はいまだにアメリカからきています。いまだにF－14戦闘機のスペアパーツは、米軍やペンタゴンからきています。私が知る限り、この問題についてはアメリカで捜査さえ行われているはずです。そしてこの捜査が進行中で、こうしたスペアパーツが国境で押収されて送り返されたという事実にもかかわらず、しばらくたつと、私の手持ちのデータによれば――そしてそれが不正確ならチェックしてくださいーーその同じ貨物が、またもや国境で押収されています。そして「物理的証拠」なるレッテルまで貼られていましたよ。

いやあ、こういう流れは本当に止めにくい。止めるには我々同士の協力が必要なんです。イランがヨーロッパを脅かすミサイルを持っているかの話。あなたがまちがっている。今日のイランは持っています――ゲイツさんが今日いらしているので、まちがいなくこのデータについて私より詳しいでしょう。ロシア国防大臣も来ていますね――2000キロの射程距離を持つミサイルがあります。

ロシア国防大臣セルゲイ・イワノフ：1600－1700キロです。

プーチン：1600－1700キロ。わずか。では、ミュンヘンとイラン国境との間は何キロあるでしょうか。イランにはそんなミサイルはありません。射程2400キロのミサイル開発計画はあります。それだけの技術がイランにあるかははっきりしません。そして射程4000、5000または6000キロとなると、これは単純に、ちがう経済を必要とすると思いますよ。だから一般的に考えにくい。そしてイランはヨーロッパを脅かしてはいない。彼らが核弾頭を準備しているという考えについてですが、我々はそんなデータを持っていない。核弾頭についてのデータはないのです。

北朝鮮は核デバイスの試験をしました。イランは絶えず自分たちの核プログラムは平和的な性格だと言い続けています。しかし国際社会はイランの核プログラムの性質と中身について懸念を抱いているという点は合意します。そしてエルバラディ氏（IAEA事務局長）は最近こうした懸念について、六ヶ条だか七ヶ条だかで述べたはずです。この点についてはあなたに同意します。そしてなぜイランの党が、エルバラディ氏が述べた懸念にポジティブで建設的な形で対応せず、そうした懸念を収めなかったのか、私には理解できない。あなたに理解できないのと同様、私にも理解不能なのです。

それをどうするつもりかって？　我々は共に辛抱強く慎重に行動すべきだと思いますよ。そして、おっしゃる通り、インセンティブを作ってイラン指導層に、国際社会と協力するほうが対立するよりずっといいのだと示すことです。

そう、そしてイランへの武器提供の話に戻ります。提供よりも話ばかりなのはご存じでしょう。イランと我が国の軍事的、技術的な協力は最小限のものです。もうひたすら最小限。どの程度の最小限の数字で推計されているか、ちょっとはっきりしません。一般には、アメリカを含め他の国と比べても、中東に提供している軍備ははるかに少ない。まったく比べものにならない。最近、イランに対空兵器システムは提供しました——それは事実です。中距離の、およそ30－50キロの射程です。これは事実です。なぜそれをやったか？　これは説明できます。イランが隅っこに追い詰められたと感じないようにやったのです。何か敵対的な環境にいると感じたりしないようにするためです。むしろイランが、対話のチャンネルを持っていて信頼できる友人もいると理解できるようにするのです。我々はイランの党が我々の信号を理解して聞いてくれるものと大いに期待しています。

レバノンとガザにある我々の兵器の話。我々の武器がガザにあるとは聞いたことがありません。そんな事例は寡聞にして知らない。まあ、カラシニコフは一般に世界で最も広く使われている小火器です。おそらくどこにでもあるでしょうね。そしてドイツや、いずれにしてもまだ破壊されていない自動カラシニコフもまだあるでしょう。これは100％確実です。

レバノンには確かにあります。我々の対戦車システムの要素がそこでは見られます。それは確かです。我々のイスラエルの相方がこれについて一度話してくれました。何が起きたかについて、徹底した調査を行いました。そして、こうしたシステムがシリア軍撤退後にレバノン領に残されたのだと見極めました。将来のシリアとの軍事技術協力は、武器が本来の対象である国以外のどんな手にも陥る可能性を排除するものにします。いろいろありますが、たとえばロシアの専門家の都合でいつでも倉庫査察ができる仕組みなどです。ロシア兵器システムがシリアに提供された後で倉庫を査察します。

「アメリカは戦略兵器を開発していないがロシアはしている。ロシアは国連の承認なしに将来軍事力を使うか？　ロシア戦略兵器システム開発中」

いい質問です。すばらしい！　この質問をしていただいて大いに感謝します。何が起きているかの要点について話す機会ができますから。二大超大国の間と二つの仕組みの間でにらみ合いが過去数十年にあったが、それでも大戦が起きなかったのは何のおかげでしょうか？　この二大超大国の間のパワーバランスのおかげです。均衡と相互破壊の恐れがあったのです。そして当時は、片方は相手に相談せずに追加の一歩を踏み出すのを恐れていました。そしてこれは確かに脆い平和で危なっかしいものではありました。しかし今日考えると、十分に信頼できるものでした。今日では、平和はそんなに信頼できるようには思えません。

そう、アメリカは見かけ上は攻撃兵器を開発していません。いずれにしても、世間はそれについて知らない。もちろんまちがいなく開発しているにもかかわらずです。しかし今やこれについては、尋ねることさえしません。こうした開発が進んでいるのは知っています。でも、知らないふりをするため、我々は連中が新兵器を開発していないと言うのです。でも、我々は何を知っているでしょうか？　アメリカは積極的に、対ミサイル防衛システムを開発し、すでに強化しているということです。今日このシステムは役立たずですが、それがいつの日にか有効になるかどうかははっきりわかりません。しかし理屈の上では、これはその目的のために作られています。したがって我々は、この瞬間がやってきたら、我々の核武力から考えられる脅威は完全に無力化されると仮想的に認識しています。つまりロシアの現在の核能力が、ということです。パワーバランスは絶対的に破壊され、片側だけが完全な安全保障を得ているという気分の恩恵を受けます。これはつまり、その片側の手は局地戦のみならず、いずれはグローバル紛争においてもまったく縛られなくなるということです。

我々はこれをいま皆さんと議論しています。こちら側に何か攻撃的な意図があるなどとはだれにも勘ぐってほしくない。でも国際関係の仕組みは数学と同じです。個人的な側面などない。そしてもちろん我々はこれに対応すべきです。どうやって？　あなた方と同じ、つまり何十億ドルもの対ミサイルシステムを構築するか、あるいは現在の経済財政的な可能性から見て、非対称的な答を開発するかです。それによりあらゆる人が、ロシアに対しては対ミサイル防衛システムが、それを簡単に克服できる何かの兵器を持っているので再び役立たずだと理解できるようにするのです。そして我々はこの方向に進んでいる。そのほうが我々にとって安上がりだ。そしてこれはどんな形であれ、アメリカ合衆国自身に対して向けられたものではない。

戦略防衛構想（ＳＤＩ）がロシアに向けられたものではないとおっしゃっても、私は完全に同意します。ちょうど我々の新兵器があなた方に向けられたものではないのと同じですよね。そして別の点でも、同僚や友人たちと完全に合意します。いろいろ意見の相違はあっても、私がアメリカ合衆国大統領を、友人だと思っているのをご存じでしょうか——この言葉を使うのをためらうつもりはありません。まっとうな人物です。また今日では狼たちは、国際的な舞台や国内で行われていることすべてをアメリカのせいにできるのもわかっています。それでも彼がまっとうな人物で、彼とは話をして合意に達することができると知っています。そして彼と話をしたらこう言われました。「私はロシアと米国が二度と敵や対立関係とはならないという事実から出発する」。私は彼に同意する。しかし改めて繰り返しておくと、ここには対称性と非対称性があって、何ら個人的なものはない。単なる計算なのです。

さて今度は、ロシアが国連の承認なしに軍事力を使うかという話について。我々は常に国際法の枠組みの中だけで厳密に活動します。私の基本的な教育は法学だし、私は自分に対し、自分自身と同僚たちに向かい、国連憲章によれば平和維持活動は国連と国連安全保障理事会の承認が必要なのだと告げるのを容認しています。これは平和維持活動についての話です。しかし国連憲章にはまた、自衛についての条項もあります。そしてこの場合には何の承認も必要ありません。

さて何か忘れましたっけ？

質問：私の質問はロシア自体の中の多極性と、ジャーナリストの殺害について、恐怖や不安や自由不在やＮＧＯに関連した原理を遵守しない場合の、ロシアに対する国際社会の態度についてでした。

プーチン：二言三言言っておきましょう。すでにロシア議会の構造について話したときに質問の一部には答えました。そこでだれが代表されているか、議会での指導的な立場の人々が持つ政治的な見解をご覧なさい。さてＮＧＯとなると、彼らはロシアで活発に活動しています。はい、こうした組織を登録する新しい仕組みを導入しました。しかしこれは他国での登録制度と大差ないものです。そして当のＮＧＯたちからは特に苦情はまだ出ていません。ほとんどどんな組織にも登録を拒否したりはしていません。二、三件は登録を拒否した事例がありますが、これは単に形式上の理由によるもので、こうしたＮＧＯも自分の憲章などの一部条項修正を行っているところです。だれも内容的、根本的な問題で登録を拒絶されたことはない。みんな最も活発な形で活動を続けているし、今後もそうするでしょう。

　私たちが何を気にするか？　こうしたＮＧＯが外国政府の資金を得ているときには、我々はそれを外国国家が対ロシア政策実行のために使う道具と捉える、ということは明言できるし、万人にとってそれは明らかだと思います。これが最初の点です。二番目の点。あらゆる国には、何と言うか、選挙戦の資金提供には何らかの規則があります。外国政府からの資金は、政府内でのキャンペーンを含め、ＮＧＯを通じて入り込みます。そしてそれを嬉しく思う人などいないでしょう。こんなのが普通の民主主義ですか？　社会から隠された秘密の資金提供ですよ。どこに民主主義があるんですか？　教えてくださいよ。無理でしょう！　今も教えられないし、この先も絶対に無理です。なぜならそこには民主主義などなく、単にある国家が別の国家に影響力を行使しているだけだからです。

　しかし我々はロシアの市民社会の発展に関心があり、それが当局を叱って批判し、当局自身のまちがいを見極める助けとなり、政策をロシア市民の利益にかなうよう修正する支援をしてほしいと思っています。我々はまちがいなくこれに関心があるので、市民社会やＮＧＯを支援します。

　また恐怖だなんだという話ですが、今日のロシア人は他の多くの国の市民にくらべて恐怖が少ないというのをわかってるんですか？　というのも過去数年に我々は、市民たちの経済的な厚生を改善するための根本的な変化を導入したからです。そして我々は実に多くの未解決の問題を抱えています。貧困と関連した問題もあります。そして恐怖というのは基本的にはここから発していると申し上げられます。

そしてジャーナリストたちについていえば、はい、これは重要かつむずかしい問題を示しています。ちなみに、ジャーナリストが殺されているのはロシアだけでなく、他の国々でも同様なんですよ。ほとんどのジャーナリストはどこで殺されているのか、あなたは専門家なんだから、たとえば過去一年半で最も多くのジャーナリストが死んだ国はどこなのか、おそらくご存じですよね？　最も多くのジャーナリストが殺されたのはイラクなんです（訳注：当時イラクはアメリカの侵攻を受けてアメリカの実質支配下）。

ロシア内部における悲劇についていえば、我々はもちろんこうした現象について、可能な限り最も徹底した形で格闘し、ロシアへの信頼を台無しにして政治システムに被害を与える犯罪者どもすべてに厳罰で対処します。

ご静聴ありがとうございます。

ミュンヘン演説などをめぐる記者会見

（2007年2月13日）

概要

ミュンヘン会議での演説からプーチンはそのまま中東遍歴にまわり、サウジアラビア、カタール、ヨルダンをめぐり、ヨルダンではパレスチナ代表とも会談している。この記者会見は、この中東外遊の最後にアンマンで行われた。中東諸国との関係改善に加え、ミュンヘン会議での演説について、それが本心であり、アメリカがもはやロシアの言い分を聞く気がない以上、言いたいことを率直に言うことにした、と説明している。また、ヨルダン川ほとりの宗教体験談義は、後のロシア正教会肩入れにつながるものかもしれない。

M・ペトロフ（ITAR－TASS）：ロシアは常に何らかの形で中東で存在感を発揮してきました。今回の訪問はその過去の伝統の継続なのでしょうか、それともこの地域に対するロシアの政策の新しい方向性を示すものでしょうか？

プーチン：過去の伝統の継続であると共に、この地域との接触を拡大するものだね。ソ連時代は、サウジアラビアとカタールとはかなり冷淡な関係だったし、ヨルダン相手ですら、我が国の関係は考えられるほどよいものではなかった。この状況は、最近、大幅に変わった。いまやこれらの国とは積極的な関係を築いており、そろそろそうした結果を固めてさらに進める時期になったんだ。今回の訪問の結果には大いに満足している。近年の協力結果について振り返っただけでなく、将来に向けて関係を発展させるための共同作業についても大まかにまとめた。

いろいろ合意もまとめたが、2種類に分類できる。まずこれらの諸国との協力の法的基盤を強化する合意がある。そして第二は、個別プロジェクト実施の合意だ。そうしたプロジェクトとしては、ハイテク部門、航空宇宙産業での協力計画がある。またここヨルダンではロシア製自動車の組み立てを行うプロジェクトで合意した。

今回の顔合わせは人文的なつながりの開発の面でも大いに生産的だった。ロシアでは中東文化への関心がきわめて高く、アラブ研究の優れた学校がある。これについて会合で話をした。そして最後にここヨルダンでは、ヨルダン川を訪れる機会があった。ロシア正教会はここで巡礼を迎えるよい施設を設けられると思う。こうした各種理由から、今回の訪問は成功だったと言える。

O・オシポフ（RIA－NOVOSTI）：数日前の出来事に話を戻させてください。ミュンヘン演説はいまだに大きな論争となっています。なぜいまこの瞬間にあれほど率直な発言をなさったんですか？　世界情勢についての見方を述べるのに、なぜこの瞬間を選んだんですか？　あなたの発言の発表とそれに対する反応を見ると、ミュンヘンにいた西側の出席者たちは、あなたの発言をかなりケンカ腰だと思ったようですが。

プーチン：ミュンヘン会議の主題は「グローバルな危機、グローバルな責任」というものだった。長年にわたり、もう10年以上だが、我々は相方たちが各種問題について語ることを聞いてきた。もちろん、この種の発言はロシアと米国の関係という二国間関係の面もあるのは確かだ。アメリカとの関係では多くのプラスの展開も見られたが、各種の分野で相方が行う行動と、ロシアとの関係で使う道具は、我が国に対して自分の利益を増やすことだけを追求しているのだという確信は強まるばかりだ。

我々はこの種の政策について辛抱強く寛容なアプローチを採用するが、相方の一部は我々を理解せず、ますます圧力を増すばかりだという印象がある。それが圧壊して、アメリカ議会で防衛支出を増やすときに、ありもしないロシアの脅威が使われるようになったほどだ――イラクとアフガニスタンでの軍事作戦遂行に使われる予算、高価なミサイル防衛システム構築に使われる国防支出だ。

だがそういうのは我が国の問題ではないし、いかなる形でもロシアとは無関係だ。国内政治問題を解決するときに、反ロシアのカードを切る必要はまったく理解できないね。個人的には、もうこっちが何をしようと関係ないのだ、という結論に達したよ――答や説明を提示しても、じっとすわって黙っていても関係ない――常にロシアを攻撃する口実を思いつくヤツが出てくる。そういう状況なら、自分たちの見方を述べるのに、あっさり率直かつ直裁になるほうがいい。

だが一方で指摘しておきたいんだが、ミュンヘンで言ったことはアメリカの相方との直接議論の中で、なんらかの形でこれまでも述べてきたことなんだ。私の発言に、予想外のことや普段の話から外れたものは何もない。アメリカ政府と議会代表、特にアメリカ上院議員たちが会議の最前列にいたのはありがたかった。ああいう発言を彼らのいないところで、コソコソ言いたくはなかったからね。

こうした問題はロシアで議論されているだけでなく、世界中の各地で議論されている。何がちがうかと言えば、一部の国は確かにきわめて傍若無人で攻撃的なアプローチを使い、実際、アメリカとその指導層を侮辱するということだ。そういうのは一般的に、非生産的で容認できないと思う。同じことを陰でコソコソ言う国もある。ロシアは陰で動いたり、だれかに恨みを抱いたりはできない国だと思う。むしろその見方をはっきり、開けっぴろげで、正直に述べるべき国だ。このアプローチを使うことで、正常で正直で率直な対話の道が開けると思うし、アメリカにも我々の言うことに耳を貸して、友好的な対等性と上から目線のお説教なしの関係構築を試みる人もいると思う。

最後に最も重要な点として、自分の語ったことは本当だし、私が述べた状況は本当に世界で起きていると思う。ミュンヘン演説の後ですべてが一夜にしていきなり変わるなどという幻想は抱いていない。もちろんそんなことがあるはずもない。だがここヨルダンで聖書の地を訪ねたし、聖書には「始めに言葉ありき」と書かれているのを思い出そう。次第に、正しく、必要とされる、よい変化が世界で見られるようになると思うし、もっと公平で民主的な世界を築き、アメリカの相方の直接参加との協力でそれを実現できると思う。

V・テレホフ（INTERFAX）：外国の同僚や相方からはどんな反応を期待されますか？　何と言っても、世界における関係の均衡と仕組みがひっくり返ったとおっしゃったに等しいわけで……。

プーチン：ずっと前からそうだったんだよ。我々が新世界秩序を作ったわけじゃない。ほとんどの場合、二つの超大国とその仲間の対立に基づく二極世界の状況の中で暮らし続けただけなんだ。そして新しく民主的な世界秩序も構築しなかった。私の希望は、いま述べたように、私の率直で正直な言葉が聞かれるということだ。私が述べたように、これはみんなが話していることだが、陰で言っているだけなのだ。私はそれを公然と直接的に語ることにしたんだ。

A・ニコラエワ（『ヴェドモスティ』）：訪問中に、天然ガスについてOPEC型の組織を作ろうかというアイデアを議論しましたが、現時点ではロシアはこの分野での作業の調整役しかするつもりはないとのこと。これはずばりどういう意味ですか？　また多くの人はロシアが「ガス版OPEC」というアイデアを積極的に進めていて、このアイデアの創始者だとさえ言ったり書いたりしています。これについて一言。

プーチン：天然ガスのカルテル創設というアイデアを思いついたのはうちじゃないよ。カタールの相方のイニシアチブについて言えば、この出来事はすでに五回目で、何も目新しいものはない。このイニシアチブに基づくこれまでの会合は、エネルギー副大臣が参加してきたし、そろそろ我々の参加を大臣級に引き上げる頃合いだと思う。ガスプロム社長もくるかな。世界市場で我々の活動を協調させるのは、我々の利益にかなうことだ。

またエネルギー消費者も活動を協調させる点には注目してほしい。たとえばIEAといった国際組織を通じた活動などもある。また主要な消費者が活動を協調させる他のフォーラムもある。生産者だって、活動を協調させていいはずだろう？　こうした活動はエネルギー安全保障を阻害することを目指したものとは思わない——正反対だ。いずれにしても、世界エネルギー市場の強化を狙うこのプロセスにはロシアも参加する。

質問（『ニェザヴィーシマヤ・ガゼータ』）：今回の訪問では軍事協力については何もおっしゃいませんでしたが、ロシア代表団にはロシア防衛産業代表もいました。この分野でのアラブ諸国との協力について一言お願いします。

プーチン：うん、この分野での我々の協力は良好な進展を見せていて、売上額では新記録を更新し続けている。これは自然なプロセスだ。こうした市場では世界で熾烈な競争があり、ロシアはこの分野ではっきりと、きわめてよい結果を出している。

すでに確立した市場での存在感をまとめあげたいが、同時にハイテク軍事財販売の市場を拡大したいとも思う。確かにこうした分野できわめて生産的な対話をしてきて、いくつもの合意に達している。

だが指摘しておきたいのは、軍事技術協力はきわめて繊細な分野であって、契約が調印されてからきわめて具体的な取引についてしか語れないということだ。いまのところまだまとまった契約はないが、相方と到達した合意は実現の可能性が十分にあると思う。実際の契約や合意がまとまれば、発表しよう。私が述べているのは、伝統的な協力分野に関するものだ。ハイテク機器、航空、軽火器、航空防衛システム――こうしたすべての分野で申し出をしているところだが、いまのところは相手のニーズに最も合ったものを選ぶという話だ。

質問：交渉相手や、マフムード・アッバスともお話しされたかもしれませんが、中東で大規模な会議を開くという話が組上にのぼりましたね。このアイデアに対する反応は？　またある時点でイランの参加に反対が出たと聞いています。これについて何かおっしゃいましたか？　イラン参加は現実的でしょうか？

プーチン：包括的な解決を実現するという話ならば、だれかを交渉から外すのはおそらく正しいことではあるまい。だが我々は自分たちの提案を頑固に推し進めるつもりはない。他の形式でも作業はしている――「カルテット」や、中東の相方たちとの直接交渉などでね。
この提案はいい考えだとは思うが、別にこだわりはしない。アラブ世界にいる多くの友人たちは、そうした会議がずばりどんな結果を実現したいのかをまず知りたいと考えている。だが結果を知っているならば、そもそも会議を開くまでもないかもしれない。席についてそのまますべてに調印すればすむ。協力プロセスを先に進めるためには、会議はいい考えだと思う。だが同時に、「カルテット」内部での我々の作業が、解決プロセスにおいて本物の進歩を、かなり近いうちに実現するのはまちがいないと思う。

A・ガモフ（『コムソモリスカヤ・プラウダ』）：聖なる川とイエス・キリストが洗礼を受けた場所を訪ねたあとのご感想をお願いします。

プーチン：まず、その環境自体が非常に強い印象を残すね。君はどうだか知らないが、私個人としてはしょっぱなから、自分が本当にこの聖書の地にいるんだという感覚が得られた。私の感想と印象には二つの主要な要素がある。まずもちろん、霊的な側面がある。これはなかなか言葉にしづらいよ、というのもきわめて個人的な気持だからで、それを君やお仲間のために詳しく説明する必要はないと思う。第二に、実務的な側面がある。ご存じの通り、この場所を開発したヨルダン国王と王子は、ヨルダン川のほとりそのものに、ロシアに一ヘクタールの土地をくれたんだ。キリストが洗礼を受けた場所のすぐ近くにね。我が国の実業組織には、ロシア正教会がロシア人巡礼者のためのゲストハウスをここに建てる支援を訴えたい。この仕事はかなり早めに実現できると思う。

第3章 首相時代（2008－2012年）：実力行使の始まり

2008-2012

２００８年、プーチンは大統領の座を退き、ドミートリー・メドヴェージェフに禅譲して自分は首相におさまった。後に彼は、旧ソ連「スタン」国独裁者同様、憲法を変えて大統領職に執着するようになるけれど、なぜこのときそうしなかったかについては諸説ある。居すわったら、自分に禅譲して権力の座に執着しなかったエリツィンに顔向けできないと思った、という説は、それなりに説得力はあるんじゃないかと思う。

そしてそれに加えて、ロシア経済が絶頂だったこともあるだろう。ごらん、圧倒的じゃないか。大統領の2期にわたり、ロシア経済は完全な復活をとげた。このまま突っ走ればいいんだ、メドヴェージェフくんだってできるよね、と彼は思ったことだろう。ミュンヘン安全保障会議での演説で欧米を軽視して挑発しても、何の影響もなかった。みんな口先だけで、ロシアの体力に打撃を与えるようなこと

ロシア1人当たりGDP推移

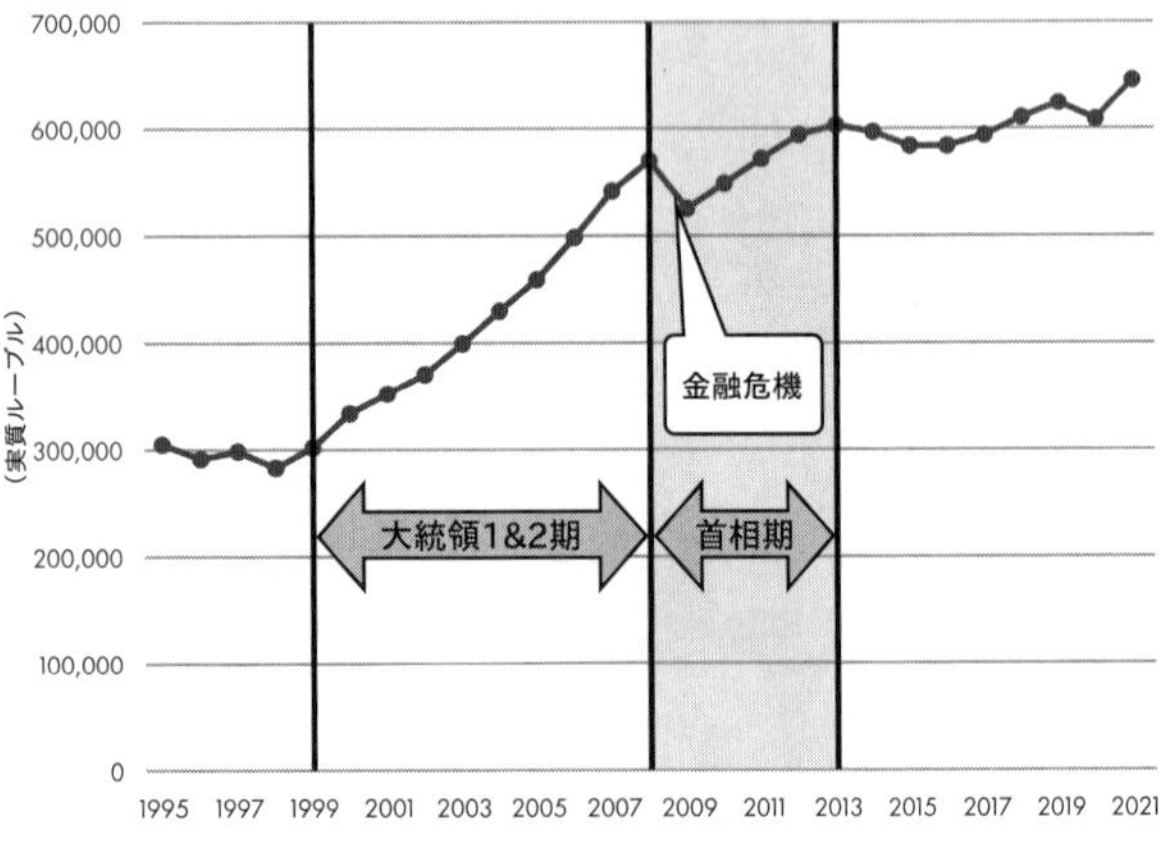

データ出所：世界銀行

は何もしない＝できない。

そう思って禅譲した直後に起きたことが二つあった。リーマンショック／世界金融危機と、ジョージア戦争だ。

金融危機の初期にはプーチンは、西側の金融システムや資本主義を嘲笑してみせ、自分たちへの影響は限定的だと強がって見せていた。だが間もなく金融危機が実体経済へ波及すると、ロシアの稼ぎ頭の資源価格は急落、ロシアは一気に不景気に叩き込まれた。すでに陰謀論的な見方に傾きつつあったプーチンとしては、これまたロシア潰しの西側の陰謀と思った可能性はある。少なくともこれがアメリカ主導の金融と経済体制の虚構を証明するものだと思ったのは確かだ。首相論説の一つ目「力をつけるロシア：迫る課題に立ち上がれ」を参照してほしい。

そしてもう一つ、きわめて重要なのがジョージア戦争だ。

背景として、ソ連解体で、かのスターリンの故郷としても名高いグルジアことジョージアは分離独立。ただその中で、ロシア系

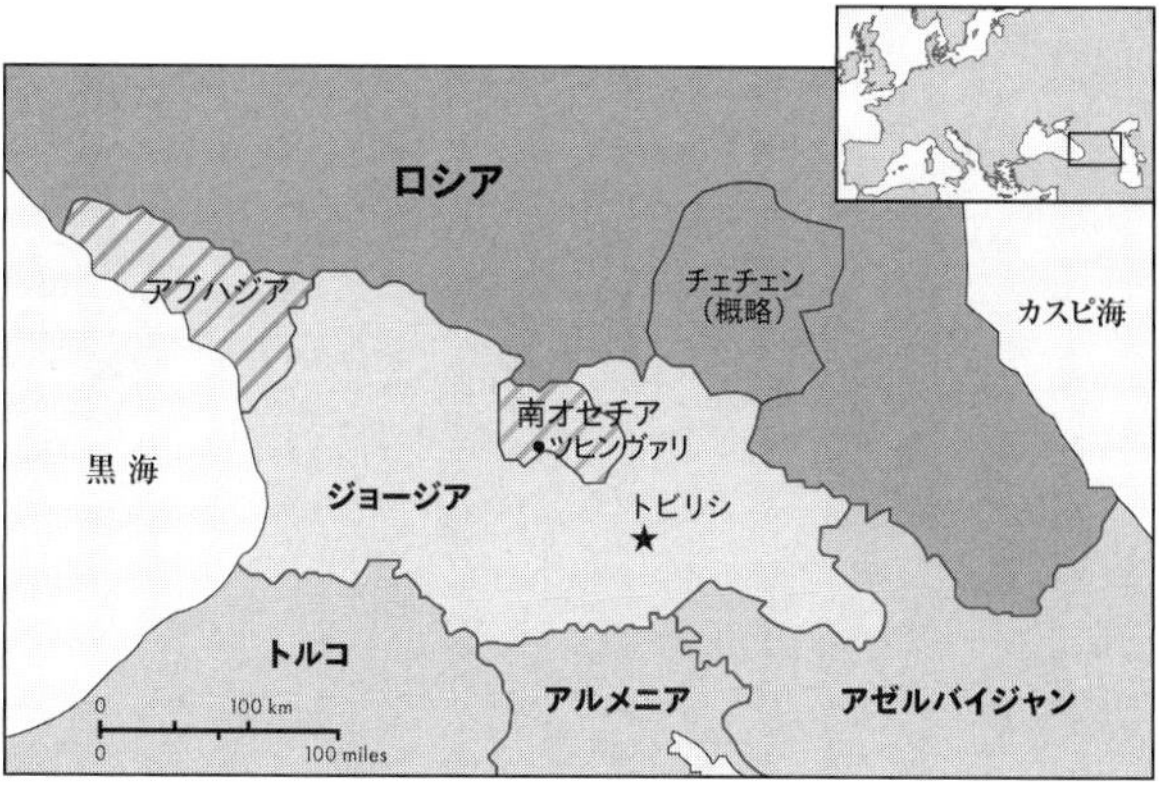

住民の多いアブハジア、南オセチアの両地域はトビリシの政権に反発して、ずっと独立を求めて紛争していた。ジョージアといい、ウクライナといい、ラトビアといい、ロシア系住民が多い地域は、なぜかみんなそうなっている。

が、そのジョージアで、2003年にバラ革命と呼ばれる民主革命が起き、当時の政権の選挙不正が暴かれ、西側で教育を受けた大統領を戴く親米的な政権が誕生した。そして彼らは、NATO加盟を目指した。

だがその政権は国内での強権的な支配を強め、アブハジアと南オセチアでも分離運動が激化して武力衝突が頻発するようになってきた。このため、平和維持軍としてロシア軍が付近に駐留。だが2008年8月、北京オリンピックにプーチンがでかけているときに、ジョージア大統領が南オセチアに先制攻撃をしかけ、首都ツヒンヴァリを爆撃する暴挙に出る。

これはプーチンにとっては願ったりかなったり。ロシアは住民保護を口実として介入し、ジョージア軍を押し戻して、そのままトビリシにまで攻撃をしかけた。そしてここで、その後のロシア武力侵攻のパターンができる。ロシアにとっては、この一連の動きで、ジョージアにおいて次の流れがあったのだと声高に述べられる。

西側（米、NATO）のテコ入れ工作＝市民蜂起（バラ革命）＝侵攻と住民虐殺

そしてそれに対するロシアの武力支援は、次の三位一体の構造となる。

虐殺阻止のための人道的侵攻＝虐殺元の政府攻撃＝その背後のNATO／米への牽制

この三点セットは、これ以降の主要なロシアの攻撃すべての定番となる。そしてジョージア戦争では、ジョージア側が先に手出しをしてくれたおかげで、この図式が完全に一体化できたし、ロシア側には武力介入の十分な正当化理由ができる。

そしてそれに対して、西側はロシアに対して何もしなかった。ジョージア側が先に攻撃したので文句が言えない、というのがもちろん決定的な理由だ。

そしてそのままロシアは、南オセチアとアブハジアの独立を承認する。

これに対しても西側はあまり文句を言えなかった。この同じ2008年の2月に、西側はコソボ独立を認めていたからだ。コソボでの民族浄化を阻止するためにNATOは1999年から虐殺元の首都ベオグラードを、国連安保理の承認なしに爆撃し、そして最終的に、第

二次大戦後の国境線はいじらないという国際的なお約束を無視して、民族自決の建前をふりかざし、紛争地帯を独立させた——何がちがうんですか、と言われて西側は口ごもるしかなかった(「いやあれは話がちがう」といろいろ言うものの、かなり苦しい主張だ)。その後、コソボはプーチンにとって錦の御旗となる。何をやっても「おまえら国連無視したじゃん」「おまえらだってコソボ独立させたじゃん」と言えるようになってしまった。

このあたり、ジョージア戦争をめぐる各種の動きについては、「ヴァルダイクラブ会合」を参照してほしい。

そして任期の最後に起きたのは、アラブの春だった。アラブの春も、中でもリビアは、2011年に国内が内戦状態になったとき、国連決議を歪曲する形で空爆が行われ、カダフィがかなり悲惨な死を迎える。ネットにでまわったこの映像は、プーチンにとってかなりショックだった、という報道もある。この段階で、すでに西側は踏みにじって自分の好きにする、外国への武力行使も遠慮しない、という方針はほぼ確定していた。それは単に、自分の希望ではなく、ロシアの存在を認めさせて発言力を確立する手段でもある。そして実力行使しても、欧米はおそらくは何もできないし、実際にやらなかった。何か制裁しようとしても、自分たちはコソボやシリアでの西側でのふるまいを盾に、自分を十分に正当化できる——プーチンはもうその腹を決めていただろう。
ここでは、彼のそうした考え方がうかがえるいくつかの文を集めた。

ヴァルダイクラブ会合：ジョージア戦争をめぐって（2008年）

ヴァルダイクラブは、外国のロシア学者や財界政界のトップを集めた私的な会合だ。当初はプーチンがかなりざっくばらんに答えてくれる場で、彼の本音が聞ける非常に稀な機会ではあった。最近では数日にわたる巨大な国際メディアイベントになってしまい、発言も公式問答に堕している面はあるが、それでもときどき本音のかけらがうかがえる。この2008年のものは、まだかなり率直で、まさに現在進行形の南オセチアにおけるジョージア戦争に関するプーチンの本音が聞けるまたとない機会。コソボ独立への怒りとともに、先に述べた対外的な武力行使の三点セットがはっきり見られる。

プーチン首相論説1・2・7（2012年）

プーチンは4年目の終わり、メドヴェージェフに愛想をつかして自分が大統領に復帰することを決めた。それに先立ち、2012年3月大統領選挙（プーチンは当確ではあった）直前の1・2月に7本の論説を毎週発表している。1999年に出した「新千年紀を迎えるロシア」に対応するものだ。ここではそのうち3本を訳した。

「**1　力をつけるロシア**」はイントロで、自分が大統領になってからの経済的成果を誇って見せつつ、増大した高学歴者向けのイノベーション社会と資源依存からの脱出を一応うたってみせる。ここで当時の発展の比較基準が、ソ連時代の絶頂たる1990年だというのはちょっと意外。西側の多くの人(編訳者含む)は、ソ連時代なんて物不足と行列の石器時代で、現在と比較すること自体あり得ないだろ、という印象を持っているもので。また金融危機が西側主導経済の虚構を暴いた、という主張がかなりまとまっている。プーチンは、サンクトペテルブルク時代に上司の予算浪費癖に苦労したせいもあり、財政均衡で債券反対派なのがうかがえる。

「**2　ロシア：その民族問題**」は、ロシアが千年前から多民族共生国家だとうたいつつ、でもロシアが中心だからロシア語やロシア史やロシア文化が第一で、それをちゃんと習得していないと二流市民扱いすべき、という目を剝く提案。ウクライナがそれをやったら、アイデンティティ否定だ文化ジェノサイドだと罵倒していたはずだが……。

「**7　ロシアと変化する世界**」は、ロシアの国際関係についてのまとめ。我々は国際ルールを守る清廉潔白な正義側、西側は汚くルールも守らないがどうせ落ち目、これからは中国やインドなどBRICSの時代だぜ、ソフトパワーもがんばろう、という内容。

いずれも「千年紀を迎えるロシア」のような切迫感はない。他の記事は、スローガンばかりで具体的な施策は皆無なので、見るだけ無駄。簡単なまとめにとどめる。

- 3 **経済問題**：技術力を高め、一部産業だけでも最先端になろう。イノベーションが重要。また経済への政府関与を減らし、生産性を上げよう
- 4 **民主主義**：民主主義は重要なので政党を作りやすくする。地方分権と連邦主義を重視する。また汚職をなくして司法を強化する
- 5 **社会**：社会保障は重要だが、低所得者を重視しよう。また教師の待遇改善などで教育改善も進めよう。医療や住宅も重視し、また子供の多い世帯を優遇しよう
- 6 **安全保障**：軍隊をアップデートしつつ、軍人の待遇を改善する。防衛産業の能力も改善しよう

ヴァルダイクラブ会合：

ジョージア戦争をめぐって

（2008年9月11日）

概要

ロシア関係の学者、指導層の重要人物などを集めて定期的に開催されている、ヴァルダイクラブ会合の討議。この頃まではかなり率直な議論が行われており、プーチンの考えを知る重要な会合の一つ。2008年9月はロシアのジョージア侵攻直後であり、その話題が中心となる。プーチン曰く：ジョージア戦争はそもそも、先に手出しをしたのも、南オセチア全土の爆撃をしたのもジョージアだった。ロシア軍はそれに対して地元住民を守っただけ。欧米メディアはそれを伝えず、ロシアのジョージア侵攻だけが批判されるのは不本意。ロシアの行動はコソボでの西側よりかなりマシであり国際法に則ったものである。ジョージアの動きは西側にそそのかされたロシアへの攻撃でもあり、なんでも爆撃すればいいと思っている西側の愚かさの表れでもある。

プーチン：まず、みなさんを歓迎したい。ようこそ。

私の理解だとすでに5回目の会合だね。そしてこのやりとり形式への関心が弱まらないなら、需要があるということなので、参加者にとってもおもしろいということだ。

すぐに言っておこう。私にとっても同輩たちにとっても、こうした会合はやはりおもしろく重要だ。というのも前回言った通り、ロシアをその主要な活動対象として選んだ人と直接しゃべることができるからね。ロシアの政治や国際問題の話だ。専門家と話をして、人類全体、特にロシアが直面している、最も喫緊の問題をめぐり、活発で直截な対話をする機会をとても嬉しく思っている。

もちろん、今日の最も喫緊の問題は、コーカサス、南オセチア、アブハジアをめぐるものだ——ジョージア指導層がこれらの国々に対して行った攻撃により引き起こされた、最近の悲劇的な出来事すべてに関連した話だ。すでに「国々」と言ったのは、みなさんもよくご承知の通り、ロシアは彼らの独立を認める決定を下したからだ。

もちろんこの話題について話をする用意はあるが、我々として南オセチア、ジョージア、アブハジアの話だけに限らず、もっと広い課題や問題について話し、議論して、討論したい。

私が提示する立場は完全にオープンで正直で直裁だということを（これまでの会合と同様に）確信してもらってかまわない。我々みんなの意見や論点があらゆる問題で一致するかどうかはわからないが、率直な答えと率直な議論が行われるのは確信してほしい。

再び、みなさんを歓迎し、ソチでの快適な時間をお祈りしよう。そして召し上がれ！

開会の辞はこのくらいにしておこう。長話は聞いていて退屈だから。直接の対話を始めよう。ご静聴ありがとう。

セルゲイ・ミロニュク：みなさん、ヴァルダイクラブを代表して、最古参の参加者の一人ジョナサン・スティールに口火を切ってもらい、最初の質問をお願いします。

D・スティール[*1]：ありがとうございます。もちろん過去五回とも私は出席してきましたよ。初めて集まったときは、おっしゃったように、ベスランで最悪の悲劇が起きたときでした。いま集まっている裏では、さらに大きな悲劇が展開しています――コーカサスで。したがって私も当然ながら南オセチアについての質問で始めねばなりません。

あなたは、あらゆるロシア高官と同様に、南オセチアでの出来事に対する西側、西側メデ

＊1　ジャーナリスト、1994年までイギリス『ガーディアン』紙のモスクワ特派員。

ィアの反応にきわめて腹立たしい思いをしたと聞いています。それでも西側メディアは本当に客観的な描写をしようと努力したんです。戦争勃発にすぐに反応しました。戦争を仕掛けて先に手出しをしたのがジョージアだと報じました。西側メディアの記者たちはウラジカフカスに出かけて、南オセチア難民たちを取材してジョージア軍の残虐行為について報道していました。

しかしその翌日かそこらで地域の状況が一変しました。ロシア軍が（まるで南オセチアに頼まれたかのように）ジョージアをそこから一掃して地域を占領しました。それからロシア軍はさらに進軍しましたね。最初は言うなれば、そうする道徳的権利があったかもしれませんが、後に状況が変わりました。ロシアの飛行機がゴリを爆撃開始して、難民（ジョージア側もオセチア側も）は増える一方です。そして作戦自体も南オセチア防衛というよりジョージアへの復讐という感じで始まりました。そこで最初の質問です。なぜロシアは南オセチア国境からあれほど入り込んで、平和なジョージア領にまで影響を及ぼしたのですか？

この質問に加え、安全保障問題のもっと広い視点から第二の質問です。というのもおっしゃったとおり、話はコーカサスだけに限ったものではないので。この危機以前から、ロシアはヨーロッパの安全保障体制のまったく新しいアーキテクチャを提案するつもりと聞きました。これが秋に議論されます。この発想はいまや特に重要性を増しています。両側からの攻撃エスカレーションの危険が見えてきたからです。これはＮＡＴＯ拡大と、ジョージア加盟、さらにはウクライナ加盟の可能性が引き起こしたものです。

この文脈で、ＮＡＴＯに代わるかそれを包含する新しい安全保障システムとして、ロシアは具体的にどんな提案を用意しているのか、お聞かせいただけませんか？　おそらくその提案では、ヨーロッパにおけるロシアの立場は現在占めている立場とはまったくちがったものになりそうだと思うのですが。

プーチン：いやあ、質問そのものは意外とはいえない。私が驚いているのは別のものだ――西側のプロパガンダ装置がいかに強力かということなんだ。いやはや、すごいね、びっくりだ！　ロシア風にいえば何か門を通っているわけではない！　だがそうした門を這ってくぐりぬけてくる。

そしてもちろんこれはすべて、人々が簡単に操られるせいだ。そして一般人は事態の展開を追っていないので、ある見方を押しつけ、実際の出来事をごまかすのは簡単だ。

この場に列席のみなさんで現実を知らない人はいないと思う。いずれにしてもこの会場にいる人はみんな、現実に出来事がどのように展開したかを理解して知っている。

だが現実には、すでに公的な演説で述べた、特にCNNやARDで述べた通り。まったく何ら挑発も受けずに、ジョージア軍（まさに正規の軍隊であり、何かその中の個別部隊ではない）が軍事作戦を起こしたのだ。連中の言い方では「南オセチアに憲法的な秩序を回復するため」だ。7日晩の時点、日中ほとんどの間、ジョージア軍はロシアの平和維持部隊の拠点に砲撃を続け、地上作戦を開始し、負傷者を収容する野戦病院を交戦地域のすぐ近辺に設置して、もちろん科学的にそうなるだろうな。そしてロシアの平和維持町を攻撃し、本当に大規模な軍事作戦を、重火器、戦車、歩兵を使って実行したんだ。

ジョージア陸軍は我が軍に比べて7：1の優位だったから、ロシア軍の兵員は南部から都心に撤退せざるを得ず、ジョージア軍は「南」と呼ばれる平和維持町を制圧した。ジョージア軍はツヒンヴァリをほぼすべて、中心部まで征服して、北部と「北部」町だけが反撃を続けていた。その後、南オセチア中心部にあるジャヴァ市を含め、南オセチア全域を爆撃したんだ。ジャヴァはツヒンヴァリからかなり遠くにある。

つまり小規模な平和維持軍と地元民兵たちが、丸二日近くにわたりこの攻撃を持ちこたえた——7日の午後にすべては始まり、我が軍がツヒンヴァリに接近したのは9日から10日の夜になってからだった。

いやはや、私は北京にいて世界の電子メディアを見ていた——放送ではまったく報道されず、何ごとも起きていないかのようだ！　まるで命令されてでもいるように！

お見事！　それを仕組んだ連中をほめてやりたい！　見事な仕事ぶりだ！　だが結果はひどい。そしてそいつらはいつもそんな具合だ。そんな作業は不正直で不道徳だからだ。不道徳な政治は常に長期的には敗北する。

だが実際、去年には何が起きただろうか。お気づきかもしれないが、ここには実際の出来事を見ている人もいて、ほとんどあらゆる国際会議で我々が注目したことなのだが、そして私個人も何度もやっていることだが、ジョージア＝アブハジアとジョージア＝南オセチア紛争の地域で緊張はずっと高まり続けてきたのは確かだ。我がアメリカの相方たちはずっとジョージア軍の訓練を続けてきた。大金を投資して、大量の教官を送りこんでそれがジョージア軍を率いた。民族間のいさかいや民族間の紛争の解決策を探すのではなく、それがかなりややこしい解決策ではあると私は思うんだがね、この紛争の片方の側だけ——ジョージア側だけ——がこの攻撃作戦を引き起こしたんだ。

起きたのはそういうことだ。

もちろん我々も反撃せざるを得なかった——だが他にどうしろと？　あるいはこの場合何

をしろ、というべきか。我々だって、こういう場合の格言に言うように「鼻血」をぬぐって頭を下げろとでも？　ロシアの北コーカサス状況における完全な不均衡を引き起こせとでも？

もっと言おうか。我々は、北コーカサスの一部共和国でのNGO創設を記録しているんだが、それは南オセチアを守るという口実で作られつつ、ロシアからの分離独立問題を提起するようになったんだ。

そういうわけだ。我々は南オセチアを防衛した――我々が防衛していなければひどいことになった――すでにロシアの北コーカサスに集積しつつあった、第二撃をくらうことになっただろう。だが傲慢さというやつは果てしないからな。

さて、なぜ我々はこういう反応をして別のやり方をしなかったのか。そう、それはツヒンヴァリやうちの平和維持軍と南オセチア全体の攻撃に使われたインフラは、ツヒンヴァリ自体をはるかに超えるものだったからだ――司令部、レーダー局、武器庫。そしてなんだ、それをポケットナイフか何かで撃退しろと？

すると今度は、使った武力が不適切とか言われる。「適切な武力の行使」って何のことだ？　戦車だの複数発射ロケットシステムや、重火器が向けられているというのに――なんだ、投石器で対抗しろとでもいうのか？　この場合の適切な武力って何だ？　もちろん、この挑発を始めた連中は、正面切って「やりかえされる」のを予想しているべきだった。もし領土外、紛争地域外に統制ポイントがあるなら、そこに攻撃をしかけるべきだ。だがどうやって？　軍事科学ではそれが必要だ。

さて今度は、全般としてロシアがそこに出向いたこと、あるいはなぜそこに出向いたかということだ。軍事面はすでに述べた。

第二次世界大戦がどう始まったかを思い出そう。9月1日にナチスドイツがポーランドを攻撃した。それからソ連を攻撃した。我々としては、自分の国境まで押し戻してそれで止めるべきだったのか？　ちなみに、ベルリン入りしたのはソ連軍だけじゃない——米軍、フランス、イギリスもいた。なんのために？　自分の国境線で鉄砲を撃って——それっきり止めるべきだったのか？　だが結局、止まりはしなかった。攻撃者は処罰されねばならない。

そして旧ソ連の各共和国の独立主権の話だ。ロシアはソヴィエト連邦の息の根を止める行動を開始した存在だ。ロシアの立場がなければソ連はいまだに続いていただろう。ずっと前にこの決断を下したのは我々なんだ。我々は、ソ連の旧共和国の独立主権を侵害したいなどとは思っていない。独立主権は支持している。だが現実はどうだ？

まず、これについてはすでに何度も話をした。国際領域における共通の行動規範を設立しなければならない。コソボでの身勝手な利害のため、民族自決権を優先させるのは不可能だ。そしてジョージアの場合、主要な原理は国家の領土的統一性であるべきだ。なんとか我々の準拠するルールについて合意しようじゃないか。

何と言っても、この話は何度もしたし、警告してきた。コソボで先例を作らないよう求めた。それがどうだ。連中は頑固にこだわった。聞く耳を持たない――国際法を忘れ、国連決議を忘れ、みんな忘れた。自分たちのやりたいことを、自分たちが適切だと思う形で、自分の地政学的な利益に基づいてやったんだ、我々の西側の相方たちは。まずだれよりももちろん、アメリカの相方たちだ。ヨーロッパ人たちはその尻馬に乗っただけだ。連中はそんな真似をしたんだよ。それをね。

だが事実として留意して欲しいんだが、その後でも我々はアブハジアと南オセチアの独立を承認したりはしなかっただろう。そんなものに合意はしなかった。ごく最近も述べたことだが、我々はそれを「飲み込んだ」。当時私がやった唯一のことは、こうした地域との経済関係発展に関する政令に署名することだった。ちなみに、これは国連の要求と整合するものだ。国連では、こうした地域を経済的に孤立させるなと言っているからね。そしてそれだけだ。原理的には、我々はさらなる対話の用意ができていた。

どうしても軍事力を使いたい連中がいる。撃ったり爆撃したりするのが大好きで、ここでも成功すると思う連中がね。他のところでも成功しなかったんだから――アフガニスタンでもイラクでも中東でも――ここで成功すると思う理由なんかないはずだ。ここでも、武力が最も有効な外交政策ツールだと信じる連中は失敗したし、今後も失敗し続けるだろう。

ロシア大統領ドミートリー・アナトリエーヴィチ・メドヴェージェフは新しい合意を実現しようと提案している。それはどんなものになるべきか？

おわかりのように、原理は一つしかないはずだ。みんな遵守すべきルールに合意しなくてはならない。単一の国が、最強の国であっても、最強の経済を持っていても、最強の軍を持っていても、世界のあらゆる問題を自分だけで解決し、そのために有能なパートナーを招かなくていいなどということがあり得ないのは絶対的に明らかだ。だがパートナーを招きたいなら、もちろんその相手の利害も考慮しないと。

ふん、世界でローマ皇帝みたいな振る舞いをしてもらっちゃ困る。相方の利害も考慮して尊重しないと。我々はそうした作業を提示してるし、そうした作業の用意もある。

次の質問どうぞ。

リチャード・サクワ[*2]：この質問で続けたいのですが。ロシアと西側の関係の歴史的背景は考慮されましたか？　これは過去15年だけや、古典的な意味での冷戦に限った質問ではありません。1892年グリボエードフがペルシャと条約を結んだときにまでさかのぼれます。[*3]これはイングランドを怒らせました。1839年に彼らはアフガニスタンでの最初の戦争を始めました——植民地戦争です。1877年、サン・ステファノ条約。200年にわたりロシアは、西側と強い信頼関係を構築できずにいました。なぜできなかったのでしょう？

ウラジーミル・プーチン：おいおい、なぜロシアが西側との安定した関係を構築できなかったのか、私にきくのか？　こっちが聞きたいよ。どうして西側はロシアと安定した関係を築けなかったのか？　これが第一点。

まあ両側ともまだやるべきことは残っているということだな。最初の質問に答えたときに言ったのもそういうことだ。努力は双方がしなければならない、とね。

＊2　イギリスのロシア問題研究者。親ロシア的な立場とされる。

＊3　訳注：帝政ロシアの外交官グリボエードフがペルシャとの間に結んだトルコマンチャーイ条約のこと。ロシアへの北アゼルバイジャンとアルメニアの割譲などを定めた。正しくは1828年。二文後のサン・ステファノ条約ではオスマン帝国が多くの領土をロシアに割譲した。これも正しくは1878年。

ご存じの通り、対等な関係というのは、お互いを尊重するということだ。そして尊重するなら、対等な相手として認めることだ。そしてアメリカが西欧と同じなら……だれかの機嫌を損ねたくはないんだが、今日の西欧は独自の外交政策路線を持っていないようだ。ロシアはそんな国際関係の仕組みの中では動けないし、動きたくもない。我々は普通のパートナーシップがほしいだけなんだ。そうした関係を構築しよう。

ずいぶん昔の話も出た。19世紀、20世紀。確かに利害の衝突があった。だが世界はいまや変わった。アメリカの政治的なやり口で何が起きているか見てみよう。そこでは、アメリカ大陸でアメリカの相方に異論を述べるようなことを言ったら、どんなめにあうことか。それは神聖極まるものと思われているんだから。そしていま我々がいるところから200キロのところにいる艦船にミサイル兵器を艤装するのが当たり前だって？　これが対等なアプローチなのか？

だからこう言おう。もちろん過去は分析すべきだ——過去を知らぬものには未来もないと言うからね。だがそれでも現実から出発しなくてはならない。結局、今日の我々には冷戦時代とはちがってイデオロギー的な対立はない。いま冷戦を行う根拠はない。

もちろん意見の対立は多少はある。競争的な争いはあるし、地政学的な利害が何か対立することだってある。だが相互に敵意を抱くべき根本的な基盤はない。とにかく私はそう思う。

それどころか、多くの共通問題を抱えていて、うまく解決するには力を合わせるしかないんだ。そういう問題はよく知られている。テロリズム、大量破壊兵器の非拡散、伝染病。これは人類に大きな脅威となる。だが今日では、他にどんなものが出てくるかわかったものじゃないぞ！

不拡散問題が今日どれほど深刻かはわかるね——北朝鮮やイランとの関連でもそうだし、他の問題との関連でも。相方がいつもこの方向でもっと積極的になれと言ってくるのは偶然ではないし、我々も対応の用意はある。

だが現実から出発する必要性は忘れないようにしよう。ここには専門家たちもいるね——繰り返そう。このオセチアがロシア帝国の一部となったのは——みんなさっき以前の世紀を思い出しただろう——18世紀のことで、そのときは単一の国、単一の領土のまとまりとして加わったんだ。そしてそのわずか100年後、単一国家の枠組みの中で、ティフリス（トビリシ）地域に割譲された。ジョージアに対してですらない。ティフリス地域にだ。単一国家の枠組みの中で移譲されたんだ。

いまや統一国家が崩壊したがオセチア人はそこ、ティフリス地域の中では暮らしたくないという。なんといっても、ジョージア自体がロシアから分離したがっているんだから。我々はその権利を承認した。だがなぜジョージアは、もっと小規模な人々、ずっと小さな人々——オセチア人——が独立して暮らしたいという権利を承認しないのだろうか？

共通のルールに合意するなら、これは世界の安定におけるきわめて本質的な要素となるはずだ。今日では残念ながらそうなっていない。今日では、軍備を増強しようとする人々ですら、まさに不安定さと国際法の与える保障の不在を挙げる。彼らはそんな保障が存在しないと考えるからだ。

双方が努力すれば、まだ関係は構築できるし、これは西側パートナーとロシアの双方に有益だと思う。

最後になるがこれを言っておこう。あなたは西側が一方にあり、ロシアがもう一方にある、と言った。だが西側は不均質だ。だが西側というのは、そんな一枚岩の構造なのか？　西側とは何だ？　地理的な概念なのか政治的な概念なのか？　ＮＡＴＯとは何だ？　日本は西側なのかそうでないのか？

ついでに、アジアでもかなり問題があるのはご存じだろう。北朝鮮だけじゃないぞ。歴史的に、そこでは国家間のきわめて困難な関係が進展している。きわめてむずかしいぞ——個別のアジア国家の力が増していることを考えるとね。これがどうでもいいなどと思うのは（そしてこの状況は世界的になりつつある）まちがっている。

西側は均一ではないし、ヨーロッパはきわめて不均質だ。結局のところ、それが一枚岩に見えるのは冷戦時代の構築物だ。かつては一体だ――「凍結されて」いた。というのも共通の、きわめて危険に思えた敵、ソ連がいたからだ。いまはそんな敵はいない。もうヨーロッパにとって恐ろしい相手ではない。

コーカサスでの出来事でどれほど脅しても、これがヨーロッパに広がることはないし、将来的にも同様というのはヨーロッパは理解している。そんなことはあり得ない。ロシアはちがうのだ。ロシアは彼らが糾弾するような帝国主義的野心はないし、今後もそんな野心は抱かない。我々の社会の中身はちがう。もう帝国主義など受け入れない。

だがヨーロッパ、アメリカ、アジアのパートナーとの建設的な関係を構築することは可能だ――そして構築せねばならない。我々はそれを求めているし、ロシア社会がそれを必要としていることも内部から知っているし、外交的な困難がいくらあろうとも、そうした政策を実現する用意があるのだ。

プーチン首相論説1

「力をつけるロシア：迫る課題に立ち上がれ」

（2012年1月16日）

概　要

ロシアは過去10年で、経済がすばらしく発達した。見事な成果だ。今後は原油を売って経済発展をするのではなく、大量に発生する大卒者のために、イノベーションで高給職をたくさん作ろう。中産階級とNGOを育てて社会を安定させよう。また、金融危機で西側の借金経済のインチキはあらわになった。政治も同様だ。前借り経済ではない、中身を伴う経済と政治を作り、さらにかつての一極構造から多極構造にして、格差や環境問題にも対応した新しい仕組みを作らねばならない。ロシアは東と西をつなげるので、その仕組み作りに貢献できる。ソ連崩壊からの回復期は終わりだ。

新しい課題に対処して発展を！

3月4日、ロシア国民は投票所に赴き、我が国の大統領を選出する。現在、社会全体で広範な議論が行われているところだ。

この広範な議論において、重要と思われる数々の議論について私の立場を述べておくべきだろう。ロシアがどうしても直面することになる、リスクや課題、世界政治や世界経済で取るべき立場だ。我々は成り行きに任せるだけなのか、それともゲームのルール作りに参加するのか？　我々の立場を強めるのに役立ち、強調するが、安定した発展を確保してくれるリソースは何か？　停滞とはかけ離れた発展とは何か？　というのも現代世界においては、安定性というのはたゆまぬ努力を通じてしか確保し獲得できず、変化にオープンで、発達した考え抜かれた熟慮に基づく改革でしか確保できない資産だからだ。

ロシア史で繰り返し登場するのは、エリートが急激な変化を実現したがることだ。持続的変化より革命というわけだ。一方、ロシアの体験も世界の体験も、こうした突然の歴史的な衝撃がいかに有害かを示している。すぐに銃に頼り、破壊したがる——創るのではない。

これに対抗する別のトレンドがある。真逆と言うべき課題だ――それは惰性、依存、エリートの低い競争力と極度の汚職への傾向という形を取る。そしてあらゆる事例で、「反逆者」たちは目の前で「尊大な上流階級」に変身し、あらゆる変化に逆らって、自分の地位や特権を死守しようとする。あるいは逆のプロセスにもお目にかかる――確立したエリートが反逆者になるのだ。

結果として、政治や政策は短期主義になり、権力や財産の目先の保護や再分配に制約されることとなる。

この状況は歴史的に、ロシアでは市民社会の発達が不十分なため、政策立案者に対する人々の統制が弱いことから生じてきた。この部分は少しずつ改善はしているが、まだきわめて緩慢だ。

政治を人々の多数が親身に捉え、多数派の利益を反映するようにならないと、本当の民主主義はあり得ない。確かに聞こえのいいスローガンや、明るい未来の幻影で社会の相当部分を一時的に味方につけることはできる。だが人々がその後、その未来の中にいる自分をどうしても描けなくなれば――その後長きにわたり、政治や社会課題に背を向けることになる。これはロシア史で幾度となく起きたことだ。

今日、人々は政治プロセスを活気づかせる様々な方法について語る。だが俎上にのぼったものとは？　国家権力をどう構築しようか？　「マシな人々」に任せればいいのか？　だがその次は？　その後は？

選挙を越え、選挙が終わると、何をやるべきかについて、もっと広い議論がほぼ何もなくなってしまうのを懸念する。これは国民の利益にならないと思うのだ。社会発展の改善に資するものではないし、教育水準や責任水準にも貢献しない。

ロシア人は、政治家個人のよしあしだけでなく（もちろんこれ自体は決して悪いことではないが）、各種の政治指導者が実践しようとしている、政策や計画の実際の中身についても議論できたほうがいいと思う。そうした計画でまっさきに挙げられるべき課題や目標も議論しよう。生活を改善し、社会システムを公正にする方法も。重視すべき社会経済発展の方向についても。

もっと広い対話が必要だ――未来、優先事項、長期の選択、国民の発展、国の見通しについて。この論説は、まさにそうした対話への招待となる。

我々は何者か、どこへ向かうのか

今日の社会経済発展の基本パラメータで見ると、今日のロシアは全体主義的な社会主義の崩壊と、それに続くソヴィエト連邦の崩壊の後に続いた深い不景気から脱出した。2008－2009年の危機では、ロシアは丸2年にわたり「迷子」だったが、それにもかかわらず我々はソ連時代に報告された最高の生活水準指標を達成し、それを超えた。たとえばロシアでの期待寿命は、1990－1991年のソ連よりもいまや高い。

経済は成長している——そしてこれは何よりも人々、その職、所得、新しい機会の話だ。1990年代に比べると、貧困は150％以上も減った。「停滞した貧困の分野」つまり活発に職探しをしている人が仕事を見つけられなかったり、何ヶ月も支払いが遅延したりする状況はもはや過去のものだ。独立研究によれば、ロシア人の5人に4人は1989年——ソヴィエト連邦発展の「頂点」——より所得があがっている。この1989年以後は国全体の社会経済組織が衰退し不均衡になったのだ。今日のロシア世帯の8割以上は、ソ連時代よりも多くを消費している。家庭用品の入手しやすさは50％も増え、先進国経済の水準に達した。2世帯に1世帯は自動車を持っている——3倍増だ。住宅状況は目に見えて改善した。統計的な平均的個人もロシアの年金受給者も、いまや1990年より基本食品を多く消費している。

だが特に重要なのは、過去10年でロシアが人口の重要な構成要素を生み出したということだ――西側で中産階級と呼ばれる人々だ。その所得により、いくら使っていくら消費するかにある程度の自由度がある。何を買って、休日をどう過ごすかも選べる。職場も少しわがままがきくし、貯金も多少はある。

最後に、中産階級は政治を選べる。一般に、教育水準もある程度高いから、「心にまかせて」投票するのではなく、候補者についてきちんと選別ができる。要するに、中産階級は各種の分野で自分の本当の要求を形成し始めている。

1998年には、中産階級は人口の5‐10%でしかなかった――ソヴィエト連邦末期より少ない。いまや中産階級は、人口の20‐30%と推計されている。こうした人々は、1990年の平均賃金や給与の3倍稼いでいる。

こうした中産階級はもっと拡大を続けねばならない。社会の多数派となるべきだ。彼らの中から、国の血脈となる人々が出てくる――医師、教師、エンジニア、技能労働者だ。

ロシアの主要な希望は、人口の高い教育水準、特に若者の高い教育水準にかかっている。これはまちがいない――我が国の教育システムに問題や不満はあっても。

25歳から35歳の人口のうち、57％は高等教育（訳注：文脈から見て大卒）を持っている――他の国でこれだけの水準を持つ国は3ヶ国、日本、韓国、カナダしかない。教育要件のこの爆発的な高まりは続いている。次世代（15－25歳）はおそらく、全員が高等教育を受けるだろう――若者の80％以上は、高等教育で就学中か卒業済なのだ。

我々はまったく新しい社会的現実に突入しつつある。「教育革命」は根本的に、ロシア社会とロシア経済の主要な特徴を変えつつある。現時点で経済が、高等教育を受けた労働者をそんなに必要としていなくても――もう後戻りはできない。人々は、既存の経済労働市場に適応しなくてもいいはずだ――経済のほうが、高い教育水準を持つ人々を活用し、彼らがそれに応じた職を得られるように変わらねばならないのだ。

ロシアの主要な課題は、この若い世代の「教育の勢い」を活用するよう学ぶことだ。経済成長と、国の安定した発展を保証するために、中産階級の拡大した要求と、自分の厚生のために責任を引き受ける準備を動員するのだ。

教育水準の高い人々ということは、寿命も延び、犯罪も減り、反社会的行動も減り、理性的な選択肢が増えるということだ。このすべてが我が国の未来にとって、有利な環境を作り出している――こうした変化自体がよいことなのだ。

だがそれだけでは不十分だ。

過去10年におけるロシアの豊かさの安定した成長は、相当部分が政府の政策のおかげだ。これは、国の資源収益の分配をもっと合理化したことも含まれる。原油収入は人々の所得押し上げに使われた——何百万人もが貧困から引き上げられた。また経済が危機や惨事でも切り抜けられるように、非常用の貯金も用意した。だが資源に基づく経済の潜在力は枯渇しつつあり、それ以上に戦略的な未来がないのだ。

経済を多角化して新しい成長源を見つけるという目標は、すでに2008年から我が国の計画や政策文書に記述されている。

イノベーションに基づく経済を、あらゆる教育を受けた責任感ある市民のために構築せねばならない。それが専門職、企業リーダー、消費者だろうと。

今後10年で、若者の最大1000万から1100万人ほどが経済的に活発となる。うち800-900万人は大卒だ。今日、大卒者の500万人は所得や仕事、キャリアの成長見通しに不満を持っている。さらに公共サービスや機関で働く200-300万人は転職したがっている。加えて1000万人ほどは、陳腐化した技術や設備を使う企業に雇用されている。古い技術など過去のものとすべきだ。それは、競争力がないからというだけではない。そうした設備はそもそも、労働者の健康にも自然環境にも有害なのだ。

この文脈で、イノベーションに基づくハイテク雇用2500万を、教育水準の高いロシア人のために用意するというのは、単なる口先のスローガンではない。これは絶対に必要なことなのであり、達成すべき最低限の水準なのだ。この国民的優先事項は、国家政策や事業戦略の焦点となるべきだ。この面で我が国の事業環境も改善すべきだ。

ロシアの現在および将来の労働者の潜在力は、強力な世界的競争をもたらせるだけの高さを持っているとは確信している。ロシアの未来の経済は社会のニーズにも応えねばならない。それは高所得を保証し、職能成長と社会改良のためにもっと広い機会を作り出すべきだ。

こうしたすべては今後数年で主要な成長の基準になるべきだ。単にGDPだの外貨準備だの、格付け機関の評価だの先進国の中でのロシアの順位だのの話で終わってはいけない。人々がプラスの変化、特に成長機会を感じるのが何より重要だ。

同時に個人のイニシアチブが成長の本当の動因となるべきだ。政府の決定や限られた投資家集団および公営企業だけに頼っていたら失敗する。ロシア人全般が受け身でいたらまちがいなく失敗する。

だから今後10年のロシアにおける高い成長は、万人にとって自由拡大を意味する。意識的な意思決定や責任なしの、他人からもらった豊かさは、21世紀ではお話にならない。

もう一つ我々が直面する課題がある。付和雷同だの慈善だのの便益に関する一般論は、国民の中の信頼欠如や、社会的な善のための努力を惜しんだり、お互いに配慮しなかったり、個人の利益を犠牲にしたがらないのを覆い隠すレトリックでしかない。これはロシア社会の古く深刻な疾病なのだ。

ロシア文化は、国家や公共の利益や国のニーズを尊重する長い伝統を持つ。ロシア人の絶対多数は、自国が強く強力であってほしいと思っているし、社会のために命をなげうった国民的英雄を尊重する。残念ながら、彼らの母国に対する誇りや愛国的な気持は、地元の政策立案、大義への貢献や本当の慈善といった日々の活動にはまるで反映されないのだ。

一般に、こうしたふるまいは無関心や利己性によるものではない。実はこれは、自信の欠如や他人への不信から生じている。

それでも、それすらゆっくり変わり始めている。人々は当局に要求ばかりする以上のことをし始めている（その要求がどれほど正当なものであっても）。彼らは、ご近所の改良、障害者支援、恵まれない者の支援、子供のレジャー活動組織などをやるようになった。

２０１２年に政府はこうした活動の支援を開始する。社会ＮＧＯを支える連邦および地方計画が採択された。こうした計画は今後拡大される。だがこうした計画が機能するためには、公共活動家に対する国家官僚の、一向に消えない偏見を克服しなければならない。この偏見は実は、役人たちがリソースを共有したがらないのを反映している。競争を避け、結果の責任を避けたいと思っているのだ。

実は宗教——ロシア正教会、イスラム、ユダヤ教、仏教など普及した宗教——は人々に奉仕し、争いを克服し、信頼を高めて、急成長社会でどうしても持ち上がる紛争を平和的に解決する意欲を高めてくれる。学校やメディア、テレビやインターネットコミュニティからも大規模で重要な貢献ができるし、また行われねばならない。

独立した個人による社会は、公共の利益に無関心な、孤独な傭兵じみた利己主義者の群集とはちがう。ロシア人はそんな国民だったことはなく、今後も決してならない。個人の自由が生産的なのは、他人を気に掛けるときだけだ。道徳性に根ざさない自由は無法状態となる。

人々の信頼は、共有の価値観と優先事項でまとまった社会でないと育たない。人々が信仰、誠実さ、公平さの感覚を失っていない社会だ。法への敬意は法が万人に適用され、万人に遵守され、真実に基づくときにのみ生まれる。

我々の未来に関する社会的な描写は、ある決定的な要素に触れないと不完全なものとなる。

国民の10%–11%は、理由は様々だが貧困ラインの下で暮らしている。この問題を、2020年までに解決しなくてはならない。貧困を克服せねば。先進国としては容認しがたいものだ。国家のリソースと、最も活発で献身的な社会要素の活動を活用しよう。社会支援を必要としている者に確実にそれを届け、慈善運動を支援しなくてはならない。

ロシアは人々が貧困から這い上がれるようにする社会移動性を発達させねばならない。これは現代社会にふさわしい仕組みだ。市場経済の負の社会的影響とそれがもたらす格差を補償しなくては。これは長い資本主義の伝統を持つ他の国が学んできたことだ。そうした支援としては、貧困世帯の児童が教育を受けられるよう支援し、低所得世帯に社会住宅を提供し、障害者差別をなくして、彼らに生活必需品やよい職への平等なアクセスを与えねばならない。ロシア社会は、市民たちが公平な社会だと納得しなければ成功しない。

世界発展の新たな段階

2008年に生じたグローバル危機は、万人に影響して様々な見直しを余儀なくさせた。この経済的な嵐が生じたのは単なる景気循環や規制の失敗だけのせいではないのは周知の通りだ。問題の根底にあるのは累積した格差で、それが無制限の借入、借金暮らし、未来の質入れ、本物ではない仮想的な価値や資産に基づいた袋小路の開発モデルにつながったのだ。それ以上に、このモデルが生み出した繁栄は、それぞれの国や個人の間にきわめて不均等な形で分配された。それはまた、世界の安定を脅かし、紛争を引き起こして国際社会が重要で根本的な課題について合意に達する能力を下げてしまう。

インチキな原理は経済だけでなく、政治や社会でも広がりつつある。先進国の危機は、危険で、私見ながら純粋に政治的でしかないトレンドをあらわにしている。国の社会的な責務を、無謀なポピュリスト的な形でひたすら増やし、それが労働生産性の上昇とまったく対応しておらず、人口の一部ではそのために社会的無責任が生じているのだ。だが多くの人は、他人の努力で作り出された繁栄の時代は終わりつつあるのに気がついている。

だれも自分の稼ぎに見合わない生活はできないのだ。この要件はロシアにも完全にあてはまる。

我々は空約束はしていない。ロシアの経済政策はしっかり考えられた堅実なものだ。金融危機の前に、我々はロシア経済を大幅に成長させ、債務を返済し、人々の実質所得を上げ、銀行の準備高を作って、このために金融危機も人々の生活水準には最小限の影響で乗り切れた。さらに、年金などの社会給付を危機のどん底でも大幅に増やせた。多くの人、特に反対派の多くは、原油収入を急いで使えと促した。そういうポピュリストに従っていたら年金はどうなっていただろうか？

残念ながら、最近の議員選挙活動では多くのポピュリスト的な物言いを耳にした。大統領選でもおそらくそれが繰り返されるだろう。それを言うのは、そもそも勝ち目がなく、したがって、何を約束しようがそれを実現しなくていい連中だ。正直に言うが、人々の生活を改善するためには、手持ちの機会すべてを積極的に活用しなくてはならない。だが以前と同じく、行き当たりばったりに活動してはならない。そんなことをすれば、気前よく最初にばらまいたよりも多くのものを、後でみんなから取り返す必要が生じてしまう。これは一部の西側諸国で起きたことだ。

現在の世界的な不均衡は、あまりに大規模なので既存システムの枠組み内では対処しきれないことは述べておこう。確かに市場の変動なら克服できる。ほとんどの国は、危機の熾烈なあらわれに対応するため、各種の戦術的な手段を講じているが、その成果は様々だ。

だがもっと深い長期的な意味で言うと、現在の問題は市場の変動性とは何の関係もないことは認めねばならない。おおむね世界が現在直面しているのは全身性の制度危機であり、世界的な地殻変動プロセスなのだ。それは、新しい文化、経済、技術、地政学的な時代への移行を示す、目に見える表出なのだ。世界は動乱の時代に入りつつあり、これは長く痛々しいものになる。幻想を抱いてはいけない。

ソヴィエト連邦崩壊後の20年で発達した仕組みの最終的な結果は、一極主義の現象を含め、同じくはっきりしている。かつての単一の権力中心は、もはや世界の安定性を維持できないし、新しい影響の中心はまだそれに取って代わる準備ができていない。世界の経済プロセスと軍事政治状況はますます予測不能となり、国家同士の自信と責任のある協力関係で対処すべきだ。具体的には国連安全保障理事会の常任理事国と、G8諸国やG20諸国となる。我々は、お互いの不信やイデオロギー的な偏見と、近視眼的な利己性を克服するために頑張り続けねばならない。

発達を後押しして世界経済システムを安定化させるどころか、世界最大級の経済中心は、ますます多くの問題やリスクを作りだし続けている。社会、民族、文化的な緊張が急速に高まっている。破壊的な勢力が劇的に強まり、世界の一部でその攻撃的な性質をあらわにして、最終的に世界の安全保障を脅かしている。軍事力を「民主主義の輸出」に使っている国々は、しばしばこうした破壊的勢力の仲間となっている。

動機がいかに気高いものだろうと、国際法と国家主権の侵害は正当化できない。さらに経験から見て、すべての例で最初の目的は達成できず、その活動すべてが予想よりはるかに高くつくものとなっている。

この環境を考えると、ロシアはその文明モデル、その偉大な歴史、地理、文化的「ゲノム」が宿命づけた役割を果たせるし、果たさねばならない。そのゲノムは、ヨーロッパ文明の根本原理と、何世紀にもわたる東洋との協力を有機的に組み合わせるものだ。その東洋こそは、新しい経済と政治的影響の中心が急速に台頭しつつある場所なのだ。

ロシアは、来る世界的変革の時代をどのように受け止めているのか?

1990年代には、ロシアは崩壊と劣化の熾烈なショックを体験し、これは社会に大きな代償を支払わせた。この文脈を考えれば仕方ないことだが、国家制度が萎縮した。実際、ほとんどそれは崩壊寸前となった。数千人のゲリラが、100万人強の軍隊を擁する国を攻撃できたという事実は——そいつらがどこぞの外部勢力に支援されていたとしても——この状況の悲劇を実証している。あまりに多くの人々は、ロシアを完全に破壊できると信じた。

FSBが傍受した、あるメッセージはよく覚えている。それは北コーカサスでのロシア人たちの死に責任がある、もっとも忌まわしく殺人的な国際テロリスト——カターブ——が外国の仲間に送ったものだ。やつはこう書いていた。「ロシアはかつてないほど弱体化している。いまや我々は北コーカサスをロシアから奪う唯一無二のチャンスを手にした」。だがテロリストどもは計算ちがいをした。ロシアの軍は、チェチェン人やコーカサスの他の人々の支援を受けて、我が国の不可侵性とロシア国家の一体性を守った。

だが我が国をその穴から引き上げ、ロシアの地政学的地位を回復し、その社会システムを再建して経済を甦らせるためには、すさまじい努力とリソースが必要だった。我々は基本的な国家の統治力も回復させた。

国そのものの権威と権限を回復しなければならなかった。深く根差した民主主義の伝統もないのに、一般政党や成熟した市民社会を再構築せねばならず、一方では地域分離主義、オリガルヒたちの圧倒的な影響力、汚職、とくには犯罪裏社会と政府機関との露骨なつながりとも戦わねばならなかった。

この状況を考えると、国家のまとまりの回復が最優先となった。これはつまり、ある特定個人や集団の傑出性よりは、ロシアの独立主権を確立するということだ。

それがどんなに困難だったか、その決断のためにどれほど努力が必要だったか、いまや記憶している人はいないも同然だ。1990年代末には、最も高名な専門家や多くの国際指導者たちが、ロシアの未来は一つしかないと考えていたのを、あらゆる人が忘れている。その未来とは、破産と解体だった。今日のロシアの姿は――1990年代のプリズム越しに見れば――あまりに楽観的で信じられないと思われただろう。

だが実はこの「忘れっぽさ」と、生活水準や民主主義の最高の基準を社会が受け入れようとしていること――これこそが我々の成功を最高に示しているものなのだ。

ロシアが世界金融危機を切り抜けられたのは、まさに近年、我々ロシア国民みんなが、最も緊急の最優先事項の解決をこれほど進めたおかげなのだ。そしていまや我々は、戦略や見通しについて語れる立場にすらなっている。

回復期はいまや終わった。ロシアと世界の歴史で、ポストソ連時代はいまや終結した。進歩の前提条件はすべて揃い、新しい基盤も生まれ、各種の条件は定性的に新しい水準となっている。ちなみに、このすべては厳しい外交政策と外国経済条件の中で達成された。そして逃れがたい世界の転換はすさまじい機会を与えてくれる。

なぜ私が2012年大統領選に立候補するのに合意したか、改めて繰り返したい。私は我が国を刷新するにあたり、だれかの優位性を矮小化するつもりはまったくない。多くの人々が関与していた。だが1999年に私が首相となったとき、そして後に大統領になったとき、我が国が厳しい全身性の危機に囚われていたというのは事実だ。そして、あなた方の忠実なる僕、この文の著者である私が集めて率いることになる、志を同じくする個人のチームは、多数派の社会の支持と、共通の目的を中心とした国民的なまとまりに支えられて、ロシアを内戦の袋小路から引っ張り出し、テロリズムの背骨をへし折り、ロシアの領土的一体性と憲法秩序を回復して、経済回復の火花をともした——そして、世界最速級の経済成長率と、一般国民の実質所得増加率を特徴とする10年をもたらした。

いまや、何が成功し、何を改善すべきかわかるし、何を始末すべきかさえわかる。

これからの年月における我々の目的は、国民的発展の邪魔になるものをすべて一掃し、ロシアの政治的な仕組みを完成させ、社会保障と安全策を社会のために構築し、単一の、生き生きとした、絶えず変わる国の経済モデルを作り上げ、しかもそれは回復力と安定性と健全さを持つものにするということだ。それはロシアの主権と、我が偉大な国の国民の繁栄を、今後何十年も保証できるようにするものだ。そしてあらゆる個人の正義と尊厳を擁護する。国と社会との間の関係における真実と信頼も回復しよう。

まだ未解決の課題は実にたくさんある。新しく困難な課題が生まれ続けるだろう。だが我々はそれをロシアのために使える立場にある。

ロシアは、挑戦を受けて尻込みするような国ではない。ロシアは力をつけ、強さを集めて、あらゆる課題に適切に応える。ロシアはどんな苦労をもくぐりぬけ、必ず勝利をおさめる。我々は、創造的で良心的な人々の新世代を持ち、彼らは未来のビジョンを持っている。彼らはすでに、産業や企業、政府機関、さらに国全体で主導的な役割を果たしているし、今後もそれを続ける。

今日の課題に我々がどう対応するか、このチャンスをどう使って強さを増し、急変する世界での地位を強化するかは、我々次第だ。

これからの数週間でこれについてもっと詳細な主張をして議論に供するものとする。

プーチン首相論説2

「ロシア：その民族問題」

（2012年1月23日）

概要

ロシアは過去1000年にわたり多民族多宗教が共存する国だった。民族自決とかいうのは、権力を狙う連中が分断を図るための口実にすぎないのだ。ロシアでは、あらゆる民族が共存するが、ただしロシアの下での話。あらゆる宗教や文化や言語も共存するが、まずは共通の基盤としてロシアの言語や文化が最優先。様々な民族の歴史もあってもちろん大事にするが、すべてはロシアとの関わりにおいての話で、まずはロシア史が優先される。学校でも、ロシア語、ロシア史、ロシア文学が最優先となるが、もちろんその上で他民族も尊重される。移民問題は重要だが、ロシア語とロシア文化の習得を要件とするのが重要だ、とこの論説は述べる。

多民族の平等と共生を謳いつつ文化も歴史も言語もすべてロシア配下だと断言し、寛容と言いつつ国家主義の弾圧で胸を張るニュースピークが見所。ウクライナがまったく同じウクライナ語優先を打ち出すと、プーチンは文化否定のジェノサイドと罵倒した。また大ロシア主義ファシズム肯定論者イリインなどへの言及もポイント。

ロシア――豊かで多様な言語、伝統、民族、文化を擁している――では民族問題は誇張なしに根源的なものだ。責任ある政策担当者や公的指導者であればすべて、公的および民族間の調和こそが我が国の要件として主要なものの一つだと認識しなければならない。

世界で起きていることを見て、どんな深刻なリスクが蓄積しているかを見よう。民族間、信仰間の緊張増大が今日の現実の一つだ。ナショナリズムと宗教不寛容が、ほとんどの過激集団や過激傾向のイデオロギー基盤を提供するようになっている。これは国を潰して破壊し、社会を分断する。

とんでもない移民の流れ――そしてそれは今後増える一方だと考えるべき理由は揃っている――はすでに「大移民」と呼ばれ、ある大陸まるごとの生活パターンや外観すら変えかねない。もっとよい生活を求める何百万人もの人々は、飢餓、慢性的な紛争、貧困、社会崩壊にやられた地域を逃れようとしている。

かつては自分たちの寛容性を誇っていた、最先端の富裕国は、「悪化する民族問題」に直面させられている。今日、一つまた一つとこうした国々は、ちがう文化を社会に統合できないと発表し、ちがう文化や地域、民族集団の紛争なき調和のとれた相互作用を確保できないと述べている。

同化のるつぼはきわめて不安定だ――それがますます増える移民の波で限界に達している。政治では、これは同化を通じた統合を否定する「多文化主義」という形で反映されている。これは「マイノリティがちがったままでいる権利」を絶対視するが、これを国民や社会全体に対する公共的、行動的、文化的なコミットメントとつり合わせる役にはまったく立たない。多くの国で形成されている、閉鎖的な民族宗教コミュニティは、同化を拒否するばかりか、適応さえ拒む。何世代もの新規到来移民が、生活保護で暮らしつつ、自分が暮らす国の言葉すらしゃべらないという地域や町まるごとも存在する。国民の中の排外主義増大と、自分の利益や雇用、社会便益を「競合する移民」から保護しようという激しい動きは、この行動モデルで見られる反応だ。人々は、自分の伝統や生き様に対する攻撃的な圧力と感じるものにショックを受け、自分たちの国民アイデンティティ喪失を本気で恐れている。

きわめて尊敬すべきヨーロッパの政治家たちも公然と「多文化プロジェクト」の破綻を語るようになった。彼らは人気を維持するために「民族カード」を濫用して、かつては周縁的とか過激とか考えていた人々の合唱に便乗する。過激な勢力はこれに対し、急速に数を増して本格的に権力を握りつつある。実際、同化強制の話もある――一方では「国境を閉ざし」て移民ルールを大幅に厳格化する話もある。各種文化の人々は選択を迫られている。「多数派に溶け込む」か、各種の権利や保護はもらえても孤立した少数民族にとどまるか、というものだ。だが実質的には、彼らは有望なキャリアを得る機会を奪われている状態となる。はっきり言おう――そうした状況に置かれている個人は、自分の国に忠誠心を持ちにくいはずだ。「多文化プロジェクトの破綻」の背後には、「民族国家」モデルの危機がある――歴史的に民族アイデンティティだけを基盤として構築されてきた国家の危機だ。これは深刻な課題であり、ヨーロッパをはじめ世界中の多くの地域が直面しなくてはならない。

「歴史的国家」としてのロシア

ロシアでの状況は、いろいろ表面的な類似はあるが、まったくくちがう。我々の民族移民問題はソ連崩壊と直結しており、それ以前は18世紀に原型が生まれた大ロシアの破壊からきている。これに続いて、国家や社会経済制度の劣化が生じたのは避けがたい。そしてポストソ連空間すべてに、巨大な発展のギャップが生じた。

ロシア・ソヴィエト連邦社会主義共和国が20年前に独立宣言をしたとき、彼らは「連邦の中心」と戦うのに夢中で、ロシア連邦自体の中に「民族国家」構築プロセスを開始させてしまった。「連邦の中心」はこれに対し、相手にかける圧力を高めようとして、ロシアの自治領への裏工作を開始し、いまより高い「民族国家としての地位」を約束した。いまやそれに関与した連中はみんな、あっさり責任逃れをしている。だが一つ明らかなことがある──彼らの行動は同じくらい、どうしようもなく、崩壊と分離主義をもたらしたということだ。彼らは、母国の領土的な一体性をしっかりと一貫性を持って擁護する勇気も、責任感も、政治的意志も持ち合わせていなかったのだ。

この「独立主権方式」創始者たちが見通せなかったらしいことを、他の連中はすぐに理解した。その中には、我が国の国境の外にいる連中も含まれる。その影響はすぐにやってきた。国の崩壊は我々を土壇場にまで追い詰め、一部の地域は民族紛争による内戦寸前にまできた。大きな努力と大量の犠牲によりこうした炎は鎮まった。だからといって問題が解決したわけではない。

だがロシアは、制度としての国が大幅に弱体化しても消えなかった。何が起きたかは、初のロシア反乱について書いた歴史学者ワシーリー・クリュチェフスキーの表現では次の通り。「公的秩序の政治的な支柱が屈したとき、国は人々の道徳的な意志によって救われた」

ちなみに11月4日の民族統一の日は、一部の人々が浅はかにも「ロシアがポーランド人どもに勝った日」と表現するが、むしろロシアが自分自身に対して勝利した日だというほうが正確だ。内紛や内輪のケンカを克服し、階級と民族集団が自分たちを単一の存在、一つの国民とみなした日だ。この日はまさに、市民国家としてのロシアの誕生日と見なせる。

歴史的にロシアは、単一民族国家でもないし、米国型のほとんどの人が大なり小なり移民であるような「人種のるつぼ」でもない。ロシアは何世紀にもわたり、多民族国家として発展し、ちがう民族集団が混ざり合い、相互にやりとりして、おたがいとつながらねばならなかった——それは国内でも専門的な環境でも、社会でも友人としてつきあわねばならなかったということだ。何百もの民族集団が、土着の土地でロシア人と並んで暮らしている。ロシアの歴史を通じた広大な領土の発展は、様々なちがう人々の協働作業だった。ウクライナ民族はカルパチア山脈からカムチャッカまで広がる地域に住んでいるし、同じことがタタール人、ユダヤ人、ベラルーシ民族についても言えるのだ、と指摘すれば十分だろう。

スラブの哲学宗教文献として最初期の正教会府主教による『法と慈悲についての説教』は、「選ばれた民」の理論を否定して、神の前の平等を主張する。そして『原初年代記』は古ルーシ国家の多民族的な性格を次のように描く。「スラブ語をしゃべる民族集団はポーラン人、ドレブリ人、ノヴォグロドスラブ人、ポロチャン人、ドレゴヴィーチェ人、セヴェリア人、ブザン人（中略）そして他の民族集団もいる――チュド、メリャ、ヴェス、ムロマ、チェレミス、モルドバ、ペルム、ペチェラ、ヤム、リトヴァ、コルシュ、ネロマ、リブ――彼らは自分の言語をしゃべる（後略）」。

まさにこのロシア国家固有の特徴についてイワン・イリインは次のように書く。「他の地を殲滅、弾圧、隷属するなかれ、他の非正教会部族の生を締め上げるなかれ、万人に息をして独自の偉大な祖国への自由を与えよ（中略）万人を尊重しお互いに和解させ、万人がスクに祈り働けるようにして、国家の政治文化発展のためにそれぞれから最高のものを選べ」

ロシア国民とロシア文化がその要、この独特な文明を結びつける糊となる。だが各種の挑発者や我々の敵が、全力を尽くしてその要をロシアから奪い取ろうとする。たとえばロシア国民の自決権だの、「人種的純粋性」だの「1991年に始まったことの完遂――つまりロシア国民を食い物にしている帝国の排除」の必要性だのといったインチキな話を通じて、この要をロシアから奪い取ろうとする。連中が本当に求めているのは結局、人々に故国を自らの手で破壊させることとなのだ。

私は「国民」または単一民族的なロシア国家という理念を説く試みは、我々の千年にわたる歴史と相容れないと確信している。さらにこれは、ロシア国民とロシア国家を破壊する近道であり、それを言うならこの惑星上のあらゆるまともな独立国家を破壊することになると考える。

その連中が「コーカサスにエサをやるのはやめろ」と叫び始めるとき、明日にはその旗印の叫びは「シベリアにエサをやるのはやめろ、極東もやめろ、ウラル地域もやめろ、ヴォルガ地域も、モスクワ地域も」となってしまう。これはソ連崩壊への道を敷いた者たちが使った手口だ。民族自決という悪名高い概念について言えば、これはウラジーミル・レーニンからウッドロー・ウィルソンまで、権力と地政学的な儲けを手に入れようとした各種政治家が使ったスローガンだが、これについてロシア人はとっくに選択を下している。ロシア人の自決結果は、ロシア文化を核とした複数民族文明になることとなのだ。ロシア人はその選択を幾度となく、その千年の歴史の中で下してきた——国民投票や住民投票ではなく、自分たちの血によって。

共通の文化コード

ロシアの国家発展体験は独特のものだ。我が国は多民族社会だ。我々は団結した民だ。おかげで我が国は複雑で多次元的となり、多くの分野における発展で独自の機会がもたらされる。だが多民族社会がナショナリズムのウイルスに感染すると、強さと安定性が失われる。民族紛争と、他の文化や信仰を持つ人々に対する憎悪を引き起こそうとする連中に甘い顔をしたら、甚大な結果が生じるのを理解すべきだ。

社会の平和と民族調和は、何世紀にもわたり不変の完成された絵画ではない。それどころか、それは絶え間ない動きと対話、国家と社会の頑張り、「多様性の中の一体性」を確保できる繊細な決断とバランスのとれた賢い政策を必要とするものだ。相互の責務を尊重するだけでなく、共通の価値観を見つけようとしなければならない。費用便益計算に基づく打算的な結婚においてすら、だれかに自分といっしょになるよう強制はできない。そうした関係は、危機がくれば崩れてしまい、そうなれば自滅的な結果となる。

多文化社会の調和的な発展を実現する自分たちの能力についての自信は、我々の文化、歴史、アイデンティティの種類に基づいている。

多くのソ連市民たちは外国に住んでいてもロシア人を名乗り、民族性にかかわらず自分たちをロシア人と考えていたのを思い出してほしい。またロシア民族は、外国にいる数も質もきわめて高いものなのに、安定した民族ディアスポラをどこでも作ったことがないのも興味深い。その理由は我々のアイデンティティが別の文化コードに基づいているからだ。

ロシアの存在で証明されるように、ロシア人は国家建設者だ。その偉大な任務は文明を統合してまとめ上げることだ。言語、文化、フョードル・ドストエフスキーが「普遍的な応答性」と定義したものこそが、ロシア系アルメニア人、ロシア系アゼルバイジャン人、ロシア系ドイツ人、ロシア系タタール人などをまとめあげており、民族性はなくても共通の文化と共有価値観により「帰属性」が決まるような国家文明を作り上げている。

この種の文明アイデンティティは、ロシア文化の優位性を温存することで実現しているが、この文化はロシア民族だけでなく、民族を問わずこのアイデンティティを持つ他の人々にも抱かれている。それは過去数年に、いつになく攻撃されている種類の文化コードだ。敵対勢力がそれを破壊しようとしてきたが、それでも生き残っている。それを支援、強化、保護しなくてはならない。

教育がここでは巨大な役割を果たす。教育プログラムで選べる選択肢、カリキュラムの多様性は、まちがいなく大きな成果だ。同時に、この多様性は世界の基本知識や理解だけでなく神聖な価値観にも基づくものであるべきだ。教育システムの社会的な目標は各市民に必要なだけ文化知識を与えることで、それを元に国民的な自己アイデンティティの基盤ができる。まず何よりも、教育プログラムはロシア語、ロシア文学、ロシア史といった重要な内容を強調すべきだ――もちろんあらゆる民族的伝統や文化の世界的な豊かさの文脈の中でそれを教えることになるが。

1920年代に、アメリカの一部主要大学は、西洋の正典と呼ばれるものを主導した。これは西側文化における最も重要で影響力の高いものとされる正典書物集だ。まともな学生であれば、西側世界で最も偉大な本として編纂された一覧から100冊を読まねばならなかった。一部の大学はまだこの伝統を堅持している。ロシア人は常に「読書の国民」とされていた。最も有力な文化人にアンケートを採って、ロシアの学校卒業生の必読書100冊をまとめようではないか――これは教室で勉強したり暗記したりするものではなく、家で読むべき本だ。そして卒業試験ではその一冊について感想文を書かせよう。少なくとも若きロシア人に、各種の学生コンペで知識や世界への見通しを示すチャンスを与えよう。

文化をめぐる国家政策は、適切なガイドラインを示さねばならない。私が言っているのはテレビ、映画、インターネット、大衆文化全般といったメディアのことだ。これらは世論を構築して行動のルールやパターンを決める。

ハリウッドがアメリカ人数世代の意識を形成してきたのを思い出そう。国民の利益や公徳心にとって、かなりプラスの価値観や優先事項を推奨してきたものだ。ロシアはこの体験から学べる。

この政策は創造性の制約や検閲や、硬直した「公式イデオロギー」とは何の関係もないことを強調したい。私が言っているのは、政府はその活動やリソースを、見極めた社会や公の課題の解決に向けて集中する権利と責務があるということだ。国をまとめる心構えを作るというのは、そうした課題の一つだ。

だからロシアに推奨されるのは、細やかな文化セラピーだ。この国では多くの人々にとって、内戦は決して終わったことがなく、過去はきわめて政治化されて、イデオロギー的な引用集だと思われている（そしてその引用がしばしば、人によって正反対の解釈となる）。我々は文化政策を必要とする——それも学校教育から歴史記録まであらゆる水準で追求すべきものだ。その政策は、各民族集団の代表や、「赤い人民委員」から「白軍将校」の子孫の代表者まで居場所が与えられる歴史理解を形成するためのものとなる。彼らはそのプロセスの中で、自分の居場所を理解し、偉大なロシア史の後継者として自認するようにならねばならない——

悲劇的で議論は分かれるが、それでも「一人は万人のために」なのだ。

我々は市民的愛国主義に基づく国民政策が必要だ。ロシアに住むだれしも、自分の宗教や民族性を忘れる必要はない。だが一義的にはロシア市民となり、それを誇りに思うべきだ。だれも自分の民族宗教的利害を国の法律より優先する権利はない。同時に、国の法律はちがった民族宗教集団の個別特性を考慮しなければならない。

連邦政府は民族開発、民族間の調和と相互作用に責任を負う専門機関を設立すべきだと思う。こうした問題は現在、地域開発省の参加にある。残念ながら同省は最近すさまじい目先の問題に忙殺されているので、こうした問題はしばしば後回しにされる。改善が必要だ。

これは型にはまった政府機関を増やすだけではいけない。むしろ大統領や政府トップと直接仕事ができるような協議機関となるべきだ。国の政策は、役人の事務所だけで起草して施行はできない。全国および公的な協会が諮問および起草プロセスに直接参加すべきだ。

また伝統的な宗教が政策諮問に積極的に関わってほしい。ロシア正教会、イスラム教、仏教、ユダヤ教――これらはきわめてちがってはいるが、それぞれ根底には同じ基本的で普遍的な道徳精神的価値を抱えている。共感、協力、真実、正義、敬老、家族と仕事の理想だ。こうした道徳的目標はかけがえがなく、強化されねばならない。

政府と社会は教育、社会福祉、軍における各種宗教の支援を歓迎すると私は確信している。同時に、ロシアは世俗国家であり続けるべきだ。

民族政策と強い制度の役割

社会の制度的な問題はしばしば民族間の緊張という形で表面化する。民族間紛争を考えるときには、未解決の社会経済問題、不公平な法執行制度、官僚主義のはびこる役人と汚職との直接的な関係があることは常に念頭に置くべきだ。最近の民族間の紛争過剰の歴史を見ると――コンドポガ（2006年にチェチェン／カフカス住民とロシア人との衝突が発生）、マネージュ広場（モスクワ、2010年にナショナリスト政党同士の紛争）、サグラ（ウラル地方の町、2011年にアゼルバイジャン系の暴徒と住民の衝突が起きた）――こうした「引き金」がほぼあらゆるところで見られる。いずれの場合にも、政府職員の不正、無責任、無対応に対する激しい反応が見られる。法の前の平等や、犯罪者への確実な処罰に対する信頼喪失が伺える。すべては腐敗しており真実などないという思い込みが見られる。

ロシア人の権利がロシアで侵害されているといった文句が、特に歴史的なロシア領で出始めるというのは、政府機関が直接的な仕事に失敗しているということだ。人々の生命、権利、安全保障を擁護できていないのだ。こうした人々の大半はロシア人だから、「ロシア人の国民的な弾圧」という話を利用できるようになるし、この当然の世間的な反応が最も原初的で粗野な民族間不穏という形を取るように仕向けられる。同時にその連中はあらゆる機会をとらえて「ロシアのファシズム」と言いつのることになる。

民族間不穏の点に到達しかねない状況に内在する、リスクや脅威は認識しなくてはならない。そして我々は法執行機関や政府当局による、民族間の緊張につながった活動あるいは無策を見極めて、最も批判的なアプローチで、階級や地位など考えずに対処すべきだ。

これはこうした状況に対するレシピのごく一部だ。拙速な結論に飛びついてはいけない。問題のあらゆる側面を考慮しよう。「民族問題」に関わるあらゆる場合は、個別に検討して、事実を明確にし、相互の不満を解決すべきだ。しっかりした事実がないところでは、プロセスを公開しよう。情報がないと噂が生じて事態が悪化するばかりだからだ。この際に中でも特に重要なのはメディアの専門性と責任感となる。

暴動や暴力の最中には対話などあり得ない。だれも暴動を道具に使って、当局を決断に押しやろうなどと思ってはならない。ロシアの法執行機関はこうした試みをすばやく効率的に断ち切る能力を証明してきた。

もう一つ原則の問題として、民主的な複数政党制を促進しなければならない。政党の登録と機能を単純化して自由化する政令が間もなく出されるはずだ。地方知事の住民投票による選出を再確立する提案も施行されつつある。こうしたステップはすべて、必要だし適切だ。だが地方政党の組織は、民族共和国でのものを含め、考え直したほうがいい。これは分離主義に直結する道だ。また分離主義の可能性を念頭に制限すべきなのは、地方知事の選出だ。ナショナリズム、分離主義といった勢力や影響に偏ろうとする者たちは、民主的、司法的な手順を通じて選挙プロセスから制限されるべきだ。

移民問題と同化プロジェクト

今日、多くの人は大量移民に伴う費用を懸念したり、いや率直に言おうか、それに苛立ったりしている。これは国際移民も国内移住も両方が含まれる。一部の人はユーラシア連合を作ったら、移民が激増し、既存の問題が拡大する結果となるのを懸念する。我々の立場を明確に概説しておく必要があるだろう。

まず、政府の移民政策の質を大幅に改善する必要性は明らかだ。これは取り組む。違法移民を完全に止めるのは不可能だ。だがそれを最小化することはできるし、それをやるべきだ。この意味で明確な政策行動と移民局の権限を強化すべきだ。

だが移民政策の単なる機械的な強化だけでは効果がない。多くの国でこうした強化は、違法移民を増やすだけに終わった。移民政策の基準は効率性であるべきだ。厳しさではない。

この関連で言えば、合法移民に関する我々の政策は、永住も一時移住も含め、きちんと区別しなくてはならない。これはつまり、明らかな移民政策の優先順位を意味する。技能、能力、競争力、文化行動的な整合性を重視する政策ということだ。この「積極的選択」と良質な移民をめぐる競争は世界中で見られる。言うまでもなくこうした移民は、受け入れる側の社会にずっとうまく容易に溶け込む。

第二に、国内移民はロシアで増えている。人々は連邦の他の構成地域や大都市に、勉強や生活や仕事のために移住するのだ。彼らはロシア連邦の完全な市民だ。

同時に、ちがう文化歴史的伝統を持つ地域にやってくる人々は、地元の習慣に敬意を払うべきだ。これはロシア人の習慣と、ロシアの他の人々すべての習慣のことだ。ちがった種類の行動――不適切で、攻撃的で、挑発的で、侮蔑的といった行動――は厳格かもしれないが正当な対応を、まずは当局から採るべきだ。今日ではこうした当局が、ひたすら無関心だったりする。行政法、刑法、内務省機関の規制がこの種の行動を取り締まるために必要な条項をすべて含んでいるか、確認しなければならない。たとえば、移民や住民登録の違反についての法律を厳格化し刑事罰を導入する話がある。だが警告が具体的な法制に基づいているなら、有効性が増す。正しく理解される——警官や役人の意見ではなく、万人が平等に従うべき法の厳密な適用と見なされることになる。

国内移住についても文明的な枠組みが重要だ。いろいろあるが、調和の取れた社会インフラの開発が必要だ。保健、教育、労働市場などだ。こうした仕組みはすでに、多くの「移民引き寄せ」地域や大都市では限界に達しつつある。これは昔からの住民にとっても「新参者」にとっても状況をいささか困難にする。

住民登録ルールと違反の処罰を強化すべきだと私は考える。当然のことだが、これは居住地選択の自由という憲法上の権利を軽視することなく実施すべきだ。

第三は司法制度の強化と有効な法執行機関の樹立だ。これは移民と、ロシアの場合には国内移住——特に北コーカサスからの移住——の両方について不可欠だ。これがないと、社会内部の紛争を解決するための客観性があり得なくなる（受け入れる側の多数派にとっても移民にとっても）。また移民が安全で公平だという認識もまったくあり得なくなる。

さらに無能で腐敗した法廷や警察は常に反発を引き起こし、移民に対して受け入れる側の社会を敵対的にする。これは移民たち自身の中にギャング文化と裏経済の発達を引き起こす。

　孤立した民族社会が発達して、その中で法律よりも犯罪者のコードが重視されるような状況は許してはならない。これは移民たち自身の権利侵害となる——犯罪集団のボスと腐敗した当局の両方がそれを侵害するのだ。

　民族関連の犯罪は、汚職が広まっているところで花開く。法の下では、民族や氏族でつながった犯罪組織は、他の犯罪組織と何もちがわない。だがここで直面している個別の状況では、民族関連犯罪は法治の問題ではなくなる。重要な点として、そこには安全保障の側面が出てくる。これには適切な対応が必要だ。

　第四の点は、移民を適切に同化させ社会化する必要性だ。ここでは教育の問題に戻らねばならない。教育制度と移民政策との個別の関係よりはむしろ、ロシアでの教育の質にもっと注目する必要がある（というのも移民政策は当然、学校の主な目的ではないからだ）。

　教育の価値と魅力は移民に、社会に同化しようという強い動機を与えるが、低い教育水準は常に移民社会の孤立と排除を悪化させ、それがずっと長く、何世代も続いてしまう。

　移民たちに社会に適応する機会を与えるのが重要だ。ロシアで暮らし働きたい人々に対する基本的な要件は、我々の文化と言語を身につける意欲でなければならない。来年から移民はロシア語の試験、ロシア史とロシア文学の試験、ロシア国家の仕組みとロシア法の試験に合格しないと居住許可を与えられない。他の先進国同様、ロシアは移民を適切な階級にわける。多くの場合には費用雇用者持ちで専門訓練義務が求められることもある。

最後の五番目、無統制な移住の真の代替案として、ポストソ連空間全体の密接な統合がある。

客観的に、大量移住はすでに述べた通り、発展と生活条件の大きなギャップから生じる。移民を減らす――あるいは完全にそれを止める――論理的な手法は、この格差を抑えることだ。これは西側の多くのリベラルな活動家や左翼が主張することだ。だが残念ながら、この美しく倫理的に完璧な見方は、世界的な観点を取るなら明らかに夢想でしかない。

だがロシア固有の社会歴史的な状況を考えると、ロシアでこのアプローチを実施するのに固有の障害はまったくない。ユーラシア統合の主要な作業の一つは、まともな生活水準と発展の機会を何百万人もに開くことだ。

人々が故郷を離れて何キロも離れたところに働きに出るのは、「良い生活」から逃れるためなどでないのはわかっている――ときにはまったく容認しがたい環境に働きに行くこともある――自分や家族のために基本的な生活賃金を稼ぎたいからだ。

この観点からすると、こうした国内問題に関して我々が設定した作業（ニューエコノミーと有効な雇用を作り、専門組織を再構築して、生産能力と社会インフラを全国に開発する）と、ユーラシア統合に関する作業は、移民フローを手に負える水準に戻すための重要な道具となる。これは一方では、移民を社会的緊張を引き起こしにくい地域に誘導すべきだということになる。その一方でこれは、彼らに普通の生活を送り、自分の故郷の地域で暮らし働く機会を与えるということだ。これは彼らが今日ではほぼ奪われていると感じている機会だ。民族政策においては簡単な決断などない。この政策の要素は国家と社会の各種側面にしっかり埋め込まれている――経済、社会問題、教育、政治体制、外交政策などにだ。ロシアを母国と考える万人にとって、魅力的でバランスが取れたものと思えるような国家と文明社会のモデルを構築しなければならない。

やるべき作業がどこにあるかはわかる。ロシアには真に独特の歴史があるのもわかる。そして我々はロシア人のもの、ロシア人だけのものである考え方、文化、アイデンティティから強い支援を引き出せる。

先祖たちから受けついだ歴史的国家を強化しよう。各種の民族や信仰を統合する内在的な能力に恵まれた、この文明を強化しよう。

我々は何世紀にもわたり共存してきた。力をあわせて、最悪の戦争にも勝利した。そして、今後も肩を並べて共存し続ける。我々を分裂させたい、分裂させようとする連中にはこう言おう——寝言を言うな、と。

プーチン首相論説7

「ロシアと変化する世界」

（2012年2月27日）

概要

ロシアは常にお行儀よく国際ルールを守り、国連決議を遵守し平和的な解決を目指すが、アメリカや西側はアフガンでもイラクでもリビアでも勝手な行動をしてけしからん。アラブの春は結局、テロリストと民族主義者をのさばらせただけ。シリアがそうならないようにしよう。イランや北朝鮮も拙速に爆撃するなよ。今後は中国・インドの存在感が増すので仲良くしよう。ヨーロッパはもっとロシアとの関係を深めよう。アメリカは落ち着け。ロシアにもっと投資と貿易機会をよこせ。NGOを使った内政干渉やめろ。あと外国でのロシア人の権利擁護と、ソフトパワー育成が重要。勢力伸長に文化やスポーツイベントを活用しよう。

これまでの論説で、ロシアがいまや直面する主要な外国からの課題の一部について論じた。この問題についてはもっと詳細な議論をすべきだ。これは単に外交政策があらゆる政府戦略の一部に内包されるからというだけではない。外部世界の課題や我々を取り巻く世界の変化は、経済、文化、予算、投資に影響する決断を我々に強いているのだ。

ロシアは経済だろうとマスコミ報道だろうと文化発展だろうと、大きな世界の一部だ。孤立したくもないし、できない。我々のオープン性がロシアにとって高い生活水準をもたらし、多様な文化と全般的な信頼水準を高めるようにすると願いたい。これはますます希少になってきた。

だが我々は、他人の決定に指図されるのではなく、自分の利益や目標から出発するという点で一貫性を持ちたい。ロシアは強さを示し、しっかり自立しているときにしか敬意を抱かれない。ロシアは一般に、常に独立の外交政策を実行できる特権を享受してきたし、今後もそれを続けるつもりだ。さらに私は、世界安全保障はロシアを背景に押しやり、その地政学的立場を弱めたりその防衛をつぶしたりする試みではなく、ロシアと協力することでしか実現できないと確信している。

ロシアの外交政策目標は、戦略的な性質のものであり、日和見的な配慮から出るものではない。それは世界の政治地図でロシアが占める独特な役割と、歴史上の役割、文明発展に占める位置づけを反映したものだ。

我々が世界安全保障を拡大する建設的な道筋を継続し、対立を否定し、核兵器拡散や地域紛争と危機、テロや麻薬取引といった課題に対抗することは、一切疑問視していない。ロシアが科学技術進歩の最新の成果を享受できるよう全力を尽くすし、起業家たちが世界市場で適切な位置を占められるよう支援もする。

新世界秩序を確保するように頑張る。それは現在の地政学的現実に対応し、無用な騒乱を引き起こさず滑らかに発展するものだ。

信頼を損なう者

以前と同様に、私はどんなまともな文明でも成立に必要な原理は、あらゆる国家への不可分な安全保障、過剰な武力行使の拒絶、国際法の基本的基準の無条件遵守を含むと信じている。こうした原理のどれであれ無視すれば、国際関係は不安定化するだけだ。

このプリズムを通して観ると、アメリカとＮＡＴＯの行いの一部は現代発展の論理に矛盾している。彼らはブロックに基づく考え方のステレオタイプに頼っているのだ。みんな私が何の話をしているかはわかるはずだ――NATO拡大、新たな軍事インフラの配備で、そこにはヨーロッパへのミサイル防衛システム確立というアメリカの描いた計画も含まれる。こうした計画がロシア国境に近いところで行われているのでなければ、そして我々の安全保障や世界の安定性全般をおびやかすものでなければ、こんな問題には触れないところだ。

我々の主張はよく知られているのでここで繰り返しはしないが、残念ながら西側の相方たちは無責任で、それをあっさり一蹴し続けている。

NATOとの「新しい」関係の概略はまだ確定していないものの、この連合はすでにロシアに対して、信頼醸成にとって非生産的な「地上の事実」をつきつけているので不安だ。同時に、このアプローチは世界的な目的という面で逆効果となり、国際関係での積極的なアジェンダでの協力をますます困難にして、建設的な柔軟性をすべて阻害する。

人道的な目標という口実のもとに行われた、最近の一連の武力紛争は、国家の独立主権という歴史的に重視された原理を踏みにじるもので、国際関係の道徳的、法的な意味合いに空白を作りだしている。

しばしば、国家の独立主権より人権が優先されると言われる。確かにその通り――人道に対する犯罪は国際法廷で処罰されねばならない。しかしこの条件を口実に国家主権があまりに簡単に侵害されたら、人権が外部から選択的に保護されるようなら、そしてある人々の同じ権利――しかも最も基本的で神聖な生命権――がこうした「保護」のプロセスで踏みにじられるなら、こうした行動は高貴な使命とは見なされず、ただのデマゴギーそのものとしか考えられない。

国際連合とその安保理事会は、一部の国のご託宣や世界という場での恣意的な行動にうまく対処できねばならない。だれも国際連合の権限や力を覆す権利はないし、特に独立主権国に対する武力行使はできない。これはNATOについて言える。この組織はその「防衛的な同盟」という名目とは整合しない態度を取るようになってきた。これはきわめて深刻な論点だ。いまや「人道的」作戦や、「ミサイルと爆弾民主主義」輸出の犠牲になった国々が、法的基準の尊重と共通の人道的な穏健性を叫びつづけてきたのが思い出される。だが彼らの声は無駄になった――その訴えにだれも耳を貸さなかった。

どうやらNATO加盟国、特にアメリカは、奇妙な安全保障の解釈を編み出してしまい、それが我々のものとはちがうらしいのだ。アメリカ人は、完全に不可侵となるという発想に取り憑かれてしまった。この妄想的な概念は、技術的にも地政学的にも実現不可能だが、それがあらゆる問題の根底にある。

定義からして、ある一国にとっての全体不可侵性は、他のすべての国について絶対的な可侵性を理論的に必要とする。これは受け入れられないものだ。多くの国は各種の理由でこれを率直には言いたがらないが、それはまた別の問題だ。ロシアは常に率直に発言するし、公然とそれを行う。改めて強調するが、安全保障の一体性と不可分性の原理は——それにコミットする各種の宣言はあっても——深刻な脅威を引き起こす。いずれこうした脅威は、様々な理由でそうした侵害を開始する国々にとっては現実となるのだ。

アラブの春：教訓と結論

1年前に世界は新しい現象を目にした——多くのアラブ諸国で専制主義政権に対し、ほとんど同時にデモが発生したのだ。アラブの春は当初はよい方向への変化の希望をもって受け止められた。ロシアの人々は、民主的改革を求める人々に同情した。

だがすぐに明らかとなったのは、多くの国の出来事が文明的なシナリオに沿っていないということだった。民主主義や少数派の権利保護を主張するどころか、敵を排除してクーデターを起こす試みが行われ、その結果としてある支配的な勢力が、もっと攻撃的な支配勢力に置き換わっただけとなった。

国内紛争で片方だけに外国が介入を行い、その介入で武力を使うのは、事態の進展に否定的な雰囲気をもたらした。多くの国は、人道的支援を口実にリビア政権を空爆して始末してしまった。ムアンマル・カダフィの怖気をふるう虐殺——中世的どころか原始的ですらあった——はこうした行動の結実だ。

だれもリビアのシナリオをシリアで使うのを許されてはならない。国際社会はシリア国内の和解を実現するよう努力せねばならない。その出所がどこであれ暴力の早期終了を実現し、国民的対話を開始するのが重要だ——事前の条件や外国の介入などなしで、同国の独立主権にしかるべき敬意を払うのだ。これはシリアの指導層が発表する民主化手法に必要な条件を作り出す。主目的は全面的な内戦を避けることだ。ロシア外交はこの目標に向けて活動してきたし、今後もそれを続ける。

悲しみは増したが賢くなった我々は、シリアの国内発展への武装介入を許すものと解釈されかねない国連安保理事会決議の採択に反対する。この一貫性あるアプローチに導かれ、ロシアと中国は2月初頭に、この国内紛争の片側が暴力に頼るのを奨励しかねなかった、あいまいな決議の採択を阻止した。

この文脈と、ロシアと中国の拒否権発動に対する極度に否定的な、ほとんどヒステリックな反応の中、私は西側の同輩たちに、これまでも使われてきたこの単純な戦術に頼るのを止めるよう警告する。もし国連安保理事会がある行動を承認したらそのまま進め、もし承認しなければ関連諸国の連合を作って、お構いなしに爆撃する、という戦術だ。

こうした行動の論理は非生産的できわめて危険だ。そこからは何もいいものは生まれない。いずれにしても、国内紛争を行っている国の中で合意に達する役には立たない。もっとひどいことに、それは国際安全保障の仕組みすべてや、国連の権威と重要な役割をもダメにしてしまう。拒否権は気まぐれではなく、国連憲章に登録された世界の合意であり分かちがたい一部なのだということを思い出そう。ちなみに拒否権にこだわったのはアメリカだったのだ。この権利が持つ意味合いは、国連安保理事会の常任理事国が一国でも反対を述べるようなら、その決断は十分な根拠がないか有効でもないのだ、ということだ。

アメリカなどの国がこの悲しい経験を考慮して、国連安保理事会の承認なしにシリアで武力行使を追求しないよう強く願うものだ。一般に私は、この軍事介入したがりを引き起こすのが何か理解できない。なぜよく考えられ、バランスの取れた協力的なアプローチを開発しようとする辛抱強さがないのだろうか。ましてそうしたアプローチはすでに、前述のシリア決議という形で形成されつつあったというのに？　欠けていたのは、武装反政府勢力が政府と同じことをしろという要求だけだ。つまり軍事部隊や兵力を都市から退却させろという要求だ。これを拒否するのは身勝手だ。もし民間人を保護したいなら――そしてロシアはこれが主な目標だ――武力対立におけるあらゆる参加者を理性的に行動させねばならない。

そしてさらに一点。アラブの春諸国では、イラクと同様に、ロシア企業は地元の商業市場における数十年にわたる地位を失い、大規模商業契約を奪われているようだ。それで空いたニッチは、支配政権変更に手を貸した国家の経済的な手先に埋められている。

悲劇的な出来事は、ある程度は人権の配慮よりも商業市場の再分配に関心がある人々に後押しされたのでは、という結論も十分に成り立つ。そうであるなら、我々も神のような平穏をもってこうしたすべてを眺めるだけではいられない。アラブ諸国の新政府と協力して、我々の経済的地位をすぐに回復させるつもりだ。

一般に、現在のアラブ世界の発展は多くの点で示唆的だ。これは武力により民主主義を導入しようと頑張ってみても、正反対の結果が生まれかねない――そして実際に生まれる――ということを示しているのだ。宗教的な過激派を含め底辺から生じる暴力を引き起こし、彼らは国の発展の方向性や政府の世俗的な性質自体を変えてしまおうとするのだ。

ロシアは常にイスラムの穏健な代表とはよい関係を維持してきた。彼らの世界に対する見方は、ロシアのイスラム教徒の伝統に近いものだ。我々は現在の状況でそうした接触をさらに発展させる用意がある。我々はアラブ諸国との政治、貿易、経済的なつながりを強化するのに関心がある。そしてそれは、繰り返すが、国内動乱を経た国も含む。さらに私には、ロシアが中東における主導的な地位を完全に保全できる本当の可能性が見えている。そこではロシアは常に多くの友人を持っていたのだ。

アラブ＝イスラエル紛争となると、今日に到るまで最終的な解決を生み出す「魔法のレシピ」は発明されていない。ロシアはイスラエルとパレスチナの指導層と密接な関係を持っているので、二国間でもかつての中東におけるカルテット内部でも、平和プロセスの再開に向けてロシアは頑張り続けるつもりだし、またアラブ連盟とも歩みを協調させる。

アラブの春は、世界的な世論が先進情報通信技術のきわめて活発な利用により形成されるのを、赤裸々に実証した。インターネット、ソーシャルネットワーク、携帯電話などが――テレビに匹敵するほど――国内および国際的な政策促進のツールになったと言っても過言ではない。この新しい変数が加わったことで考えさせられてしまう――インターネットを通じたユニークな通信の自由を発展させ続けつつ、それがテロリストや犯罪分子に使われる危険を減らすにはどうしたらいいのか？

「ソフトパワー」という概念はますます頻繁に使われている。これは武力を使わず情報などの影響力のレバーを使うことで、外交政策の目標を実現するツールや手法のマトリックスを意味する。残念ながら、こうした手法はあまりにしばしば、極端で分離主義的でナショナリスト的な態度の促進と挑発に使われ、世論を操作して、独立国の国内政策に直接介入するために利用されることが多い。

言論の自由と通常の政治活動、および「ソフトパワー」の違法な道具との間には、明確な一線がなければならない。人道的、慈善的なNGOの文明的な仕事は大いに支援すべきだ。これは現在の当局を非難する者たちにもあてはまる。だが大国支援を得て他国の不安定化を目指す「NGOもどき」などの機関は許しがたい。

私が語っているのは、NGOの活動が地元の社会集団の関心（やリソース）に基づいておらず、外部勢力の資金と支援を受けている場合のことだ。大国や国際ブロックや企業からの影響力の手先はたくさんいる。公然と活動する場合は――これは単なる文明的なロビイングだ。ロシアもまたそうした組織を使う――独立国家共同体・在外同胞・国際人道協力局、ルースキー・ミール財団、外国からの有能な学生を招く我が国の先進大学などだ。

だがロシアは自国利益の追求を目指して、他国に拠点を持つ自国NGOを使ったり出資したりはしない。中国、インド、ブラジルもそんなことはしない。我々は他国における国内政策や社会の態度への影響は公然と行使されねばならないと信じている。こうすることで、影響を与えようとする人々は責任ある形でそれを実施することになるのだ。

新たな課題と脅威

今日、イランが国際的に注目されている。言うまでもなくロシアはイランへの軍事攻撃の脅威増大を懸念している。これが起きたら、その結果はひどいものとなる。こうした事態の進展がもたらす影響の規模は想像もつかない。

この問題は平和的な手段だけで解決すべきだと私は確信している。イランが民生原子力開発計画を進める権利を認めるべきだと我々は提案する。これはウラン濃縮の権利も含む。だがこれはすべて、イランのあらゆる核活動を信頼できる包括的なIAEAの保護下に置くのが条件となる。これが行われたら、イランへの制裁は一方的なものも含め廃止しなくてはならない。西側は、一部の国を「処罰」するのにあまりに熱心すぎた。ほんのちょっとした展開があっただけで、すぐに制裁を持ち出し、ヘタをすると武力行使だ。もう今は19世紀ではないし、20世紀ですらないのを改めて指摘しよう。

北朝鮮の原子力問題をめぐる進展も同じく深刻だ。非拡散レジームに違反することで、平壌は公然と「軍事核」開発の権利を主張し、すでに核実験を二回実施した。北朝鮮の核保有国の地位は受け入れられない。朝鮮半島の非核化と六ヶ国協議の早期再開をロシアはずっと支持してきた——政治外交的な手段のみで。

だが我々のパートナーすべてがこのアプローチを共有しているわけではないのは明らかだ。今日では、特に慎重になるのが不可欠だと私は確信している。新しい北朝鮮指導者の強さを試そうとして、拙速な対抗措置をとるのは勧められない。

思い出してほしいが、北朝鮮とロシアは国境を接している。近隣国を選ぶことはできない。だから北朝鮮の指導者とは活発な対話を続け、よい近隣関係を構築しつつ、同時に平壌が核問題を解決するよう勧め続ける。当然ながら、相互に信頼関係ができていて、南北朝鮮の対話が半島で再開するほうが、これは実現しやすい。

イランと北朝鮮の核計画をめぐるこれほどの騒ぎを見ると、核兵器拡散のリスクはどうやって生じて、だれがそれを煽っているのか、と不思議に思えてくる。どうも、その国の国内問題に対して、粗野で武力すら使う外部の介入が起こると、それだけ専制主義（およびその他）の国は核兵器を持つようになるらしい。オレがポケットに原爆を持っていたら、あまりに面倒だからだれも手出しはしないだろう、というわけだ。そして爆弾がない国は、座して「人道的介入」を待つことになる。

好き嫌いを問わず、外国の介入はこうした考え方を後押しする。だからこそ「軍事核」技術まであと一歩の瀬戸際国の数は、減るどころか増えているのだ。こうした条件下では、大量破壊兵器を持たない地域が世界の各地で確立しつつあり、それがますます重要性を増している。ロシアは中東における核不在地域のパラメーターについて議論を開始している。

各国が核兵器を獲得する誘惑を阻止するために手を尽くすのはきわめて重要だ。非拡散の旗手たちも行いを改めるべきだ。特に武力で他国を懲罰したがり、外交官に仕事をさせないのに慣れている国々はそうだ。イラクはそのいい見本だ――10年近い占領の後で、同国の問題はむしろ悪化する一方だ。

核保有国になるインセンティブがやっと消えたら、既存の条約に基づいて国際非拡散レジームを普遍的でしっかりしたものにできる。このレジームはあらゆる関心ある諸国が、IAEA庇護の下で「平和な核」を完全に享受できるようにする。

ロシアはこれで大いに利益を得る。我々は国際市場で活発に動いているし、安全で近代的な技術に基づく原子力発電所を作っているし、多国間核濃縮センターや核燃料バンクの形成に参加しているからだ。

　アフガニスタンの考えられる未来は警鐘を要する。我々は同国に国際支援をするという条件で、軍事作戦を支持した。だがＮＡＴＯ主導の国際軍事行動は、その目的を達成していない。テロとドラッグ取引の脅威は減っていない。２０１４年にアフガニスタン撤退を発表したアメリカは、同国や周辺国で明確な使命も狙いも運用期間も設けずに軍事基地を建設している。おわかりと思うが、これはロシアの意向には沿わない。

　ロシアはアフガニスタンに明らかに利害関係を持っており、そうした利害は理解可能なものだ。アフガニスタンは近隣国だし、その安定した平和な発展を重要視している。最も重要なこととして、ドラッグ脅威の主要な源になるのを止めてほしいのだ。違法ドラッグ取引は最も緊急性の高い脅威の一つとなってきた。それは国の遺伝子バンクを脅かし、汚職と犯罪の温床になり、アフガニスタンの不安定化を引き起こす。アフガニスタン製ドラッグの生産は、減るどころか昨年は40％近く増えた。ロシアは悪質なヘロイン関連の攻撃にさらされ、国民の健康にひどい被害が生じている。

　アフガニスタンのドラッグ脅威の規模から見て、それを克服するには国連と地域組織——集団安全保障条約機構、上海協力機構、ＣＩＳなど——に頼る世界的な活動しかないのは明らかだ。アフガニスタン国民救援活動への参加をずっと増やす意欲はあるが、そのためにはアフガニスタンの国際組織がもっと熱心に、我々の利益に沿って活動し、麻薬作物や地下ラボの物理的破壊を行うという条件が必要だ。

アフガニスタン国内での反ドラッグ手段活性化は、外部市場へのアヘン類輸送ルートや資金の流れ、ヘロイン生産に必要な化学物質の供給を確実にふさぐのと並行すべきだ。目標は地域における反ドラッグ安全保障の包括的な仕組みを構築することだ。ロシアは世界のドラッグ脅威に対する戦争の流れを変えるため、国際社会の有効な協力に貢献する。

アフガニスタンがこれからどう展開するか予想はむずかしい。歴史的経験から見て、外国の軍がいても平和はもたらされていない。自分たちの問題を解決できるのはアフガニスタンの人々だけだ。私はロシアの役割を次のように考える——アフガンの人々を助け、他の近隣国の積極的な参加を得て、持続可能な経済を発達させて、アフガン国軍の能力を高めてテロやドラッグ関連犯罪の脅威に対抗できるようにするのだ。我々は、国民的和解のプロセスにタリバンなど武装反対勢力が参加するのに反対はしない。ただし彼らが暴力を否定し、同国の憲法を承認し、アルカイダなどのテロ組織との関係を断つのが条件だ。原理的には、平和で安定した独立中立アフガニスタン国家を作ることは可能だと思う。

この不安定は何年も何十年も続いており、国際テロの温床となっている。これはいまや世界的に最も危険な課題だと普遍的に認識されている。テロの脅威を宿す危機ゾーンは、ロシア国境近くにあり、ヨーロッパやアメリカのパートナーたちよりずっとロシアに近いのだと指摘しよう。国連はグローバル対テロ戦略を採用したが、この邪悪に対する闘争は、共通の普遍的な計画の下で行われてはおらず、一貫性もなく、最も目先の残虐なテロへの場当たり的な対応の繰り返しとして行われているようだ。つまりテロリストの無法行為に対する世論の抗議が爆発したら対応するというわけだ。文明世界は2001年9月のニューヨークへのテロ攻撃や、さらなるベスランの悲劇の繰り返しを待って、やっとそのときに集合的かつ決然と、そうした事件の衝撃に応えて動くようではいけない。

別に国際テロに対する戦争で実現した成果を否定するものではまったくない。進歩は見られる。過去数年で各国の公安局や法執行機関は協力体制を目に見えて改善させた。だがさらなる対テロ協力の余地は明らかにある。ダブルスタンダードはまだ存在し、テロリストに対する見方も国ごとにちがう――一部は「悪いヤツら」で、一部は「そんなに悪くないヤツら」なのだ。一部勢力は、後者を政治的な操作で使うのをためらわない。たとえば自分の気に入らない支配政権に揺さぶりをかけたりするのに使う。

あらゆる公的機関——メディア、宗教団体、NGO、教育機関、科学、企業——を使って世界中のテロを防がねばならない。宗教同士の対話が必要だし、もっと広い領域としては文明間の対話が必要だ。ロシアには多くの宗教があるが、宗教戦争は起きたことがない。我々はこの問題での国際議論に貢献できる。

アジア太平洋地域の役割拡大

ロシアの隣国の一つは中国であり、グローバル経済の大きなハブだ。同国がグローバル経済や国際関係で将来果たす役割について、あれこれ論じてみるのが最近の流行りだ。昨年、中国はGDPで世界第2位となり、国際——およびアメリカの——専門家によれば、いずれはアメリカを追い抜くとのことだ。中華人民共和国の全体的な力は増しており、これは各種地域に力を投射する能力も含まれる。

急速に強まる中国因子に対して我々はどうふるまうべきだろうか?

まず、私は中国の経済は決して脅威ではなく、ビジネス協力のすさまじい可能性を秘めた課題だと考える——我が国経済の帆に、中国という風を捉えねばならない。新たな協力関係をもっと積極的に構築し、両国の技術生産能力を組み合わせ、中国の潜在力を——もちろん節度をもって――活用して、シベリアやロシア極東地域の経済を開発するのだ。

第二に、中国の世界舞台におけるふるまいを見ると、同国が世界支配の野心を抱いているなどと考える根拠はない。世界での中国の声は確かにますます自信を増し、それは歓迎すべきことだ。というのも北京は生まれつつある平等な世界秩序についての我々のビジョンを共有しているからだ。我々は国際舞台でお互いを支え合い、重要な地域およびグローバルな問題解決で力をあわせ、国連安保理事会、BRICS、SCO、G20などの多国間フォーラムでも協力を促進する。

そして第三に、中国とロシアは重要な国境問題を含め、主要な政治問題をすべて解決した。両国は二国間関係のしっかりした仕組みを作り上げ、それを法的に拘束力を持つ文書で強化した。両国首脳部の間には、空前の高い信頼水準がある。おかげで我々も中国も、まともなパートナーシップの精神に基づいて行動できる。これは実務主義とお互いの利益尊重に基づくものだ。ロシア中国関係のモデルはよい見通しを作りだしている。

もちろんこれは、ロシアと中国の関係に何の問題もないということではない。摩擦の種はいくつかある。第三国における商業的な利益は一致しないこともよくあるし、生まれつつある貿易構造にも満足していないし、相互の投資が低水準なのも不満だ。また我々は中華人民共和国からの移民も慎重に注視している。

だが私は基本的に、ロシアが繁栄し安定した中国を必要としているというのが基本的な考えだ。そして中国も強く成功したロシアを絶対に必要としているはずだ。

もう一つ急成長しているアジアの巨人がインドだ。ロシアは伝統的にインドとは友邦関係を享受してきたし、両国の指導者たちはお互いを特権戦略パートナーと位置づけている。両国にとどまらず、世界で台頭しつつある多極世界すべてが、このパートナーシップから利益を得られる。

目の前にあるのは、中国とインドの台頭だけでなく、アジア太平洋地域すべての重要性拡大だ。これはAPEC議長をロシアが務めるという枠組みの中で、有望な作業の新たな見通しを開くことになった。今年9月、ウラジオストクでAPEC首脳会談を主催する。積極的な準備を進め、シベリアとロシア極東部のさらなる開発を促進する近代インフラを作り、我が国が「新アジア」のダイナミックな統合プロセスにもっと関与できるようにしている。

BRICSパートナーたちとの協力は今後も優先する。この独特の構造は2006年に構築されたもので、一極世界からもっと公正な世界秩序への移行を示す衝撃的なシンボルだ。BRICSは30億人近い人口を持つ5ヶ国をまとめ、最大級のエマージング市場、莫大な労働や天然資源、巨大な国内市場を持つ。南アフリカが加わったことで、BRICSは真にグローバルな形となり、いまや世界GDPの25％を占める。

この形式での共同作業はまだ模索中ではある。特に外交政策問題ではもっと協調を高め、国連でももっと密接に協力しなくてはならない。だがBRICSが本当に立ち上がって動き出したら、世界経済や政治への影響はかなりのものとなる。

近年では、アジア、南米、アフリカ諸国との協力は、ロシア外交や実業界の焦点として重要性を増してきた。こうした地域にはまだロシアへの誠実な善意がある。来る期間における鍵となる作業の一つは、私の考えでは貿易と経済の協力を育み、エネルギー、インフラ、投資、科学技術、金融、観光の分野で共同プロジェクトを実施することだ。

グローバル経済とグローバル金融を管理するために生まれつつある民主的な仕組みにおいて、アジア、南米、アフリカ諸国が果たす役割の高まりは、G20の作業に反映されている。私はこの組織がやがて、危機対応だけでなく、世界の金融経済アーキテクチャの長期的な再編にとっても戦略的に重要なツールとなると考えている。ロシアは2013年にはG20を主催するし、この機会を使ってG20やその他多国籍構造、特にG8と、もちろん国連の活動をもっとうまく協調させねばならない。

ヨーロッパ因子

ロシアは拡大ヨーロッパとヨーロッパ文明の分かちがたく有機的な一部だ。ロシア市民はヨーロッパ人を自認している。我々は統一ヨーロッパの発達に決して無関心ではない。

だからこそロシアは大西洋から太平洋に広がる共通の経済人間空間創設に向けて動こうと提案している――ロシアの専門家はこれを「ヨーロッパ連合」と呼び、これがロシアの潜在力を強化し、その経済的な指向を「新アジア」に向けて展開させる中に位置づける。

中国、インドなどの新興経済台頭を背景に、ヨーロッパの金融経済的な混乱――ここはかつて安定性と秩序のオアシスだった――はことさら不安だ。ユーロ圏を襲った危機はいやでもロシアの利益に関わる。特にEUが我々の主要な外国の経済貿易パートナーだということを考えればなおさらだ。同様に、世界の経済構造すべての見通しは、ヨーロッパの状況に依存するのも明らかだ。

ロシアは積極的に、苦労しているヨーロッパ経済を支援する国際活動に参加しているし、パートナー諸国と一貫して働き、IMFの指導下で集合的な決断を下そうとしている。ロシアは一部の例では直接金銭支援にも原則として反対ではない。

同時に私は、外部からの資金注入は問題の部分的な解決にしかならないと信じている。真の解決策はシステム全体に及ぶ精力的な手法を必要とする。ヨーロッパの指導者たちは、まともな財政規律を確保するため多くの金融経済メカニズムを根本的に変えるような、大規模な変化を実施するという仕事に直面している。我々も独仏が構想したような強いEUを確保するのに関心がある。ロシアEUパートナーシップの巨大な潜在力を実現するのは、我々の利益にもなる。

現在のロシアとEUの協力水準は、現在のグローバルな課題に対応したものではない。特に共有している大陸の競争力を高めていない。私は改めて、リスボンからウラジオストクまでつながる調和の取れた各国経済のコミュニティ構築に向けて努力していることを繰り返す。これは将来は、自由貿易地帯に発展し、さらに進んだ経済統合形態になる。結果として生じる共通の大陸市場は、何兆ユーロもの価値を持つ。これがすばらしい展開であり、それがロシアとヨーロッパ双方の利益になることをだれが疑うだろうか?

またエネルギー面での協力をもっと拡大しなければならない。これは共通のヨーロッパエネルギー複合体の構築まで含む。バルト海海底のノルドストリーム天然ガスパイプラインと、黒海海底のサウスストリームパイプラインは、その方向に向けた重要なステップだ。こうしたプロジェクトは多くの政府に支持され、主要ヨーロッパエネルギー企業も参加している。

これらのパイプラインが全面稼働したら、ヨーロッパは信頼できる柔軟なガス供給の仕組みを手に入れ、どこかの国の政治的気まぐれに左右されなくなる。これは大陸のエネルギー安全保障を、形式だけでなく内容的にも強化する。これは特に、一部ヨーロッパ諸国が原子力を減らしたり廃止したりする決断に照らすと重要になる。

第三エネルギーパッケージは、ECが後押しして統合されたロシア企業を閉め出す狙いのものだが、正直言ってロシアとEUの関係強化に資するものではない。ロシアに代わるエネルギー供給国の不安定性の高まりを考えると、このパッケージはヨーロッパのエネルギー部門の制度的不安定リスクを悪化させ、新規インフラプロジェクトへの潜在的な投資家は怖がって逃げてしまう。ヨーロッパの多くの政治家たちは、私と話すときにはこのパッケージに批判的だ。この相互に利益ある協力への障害を取りのぞく勇気を奮い起こそう。

人的、経済的な接触を阻害する障害がある限り、ロシアとEUとの間の本当のパートナーシップはあり得ない。その筆頭が査証要件だ。査証廃止は、ロシアとEUの真の統合に向けた強力な後押しとなり、文化や実業的なつながりの拡大を、特に中小企業について支援する。ロシアの経済移民を通じてヨーロッパ人に害が生じるというのは、ほとんど空想の産物でしかない。ロシア人は自国内で能力や技能を活用する機会を持っており、そうした機会はますます増える一方なのだ。

２０１１年12月には、ＥＵと査証なしレジームに向けた「共同ステップ」に合意した。これは遅滞なく実行できるはずだ。この目標を積極的に推進し続けよう。

ロシア・アメリカ問題

最近は露米関係の進展にかなりの動きが見られる。それでも、両国関係のマトリックスを根本的に変えるには到っていない。アメリカとのパートナーシップの不安定性は、有名なステレオタイプや恐怖症のしつこさもあり、特にワシントンにおけるロシアに対する見方でそれが顕著だ。だが主要な問題は、二国間の政治対話と協力がしっかりした経済的基盤に基づいていないということだ。現在の二国間貿易の水準は、経済の潜在力をはるかに下回るものとなっている。同じことが相互投資についても言える。我々はいまだに、改善と悪化との波の中で関係を守ってくれるセーフティーネットを作れていない。これを進めるべきだ。

またアメリカが定期的に「政治工作」をしたがるため、相互理解の強化も進まない。これは伝統的に我々にとって重要な地域で行われたり、ロシアの選挙期間中に行われたりする。

すでに述べたように、アメリカはヨーロッパにミサイル防衛システムを構築しようと計画している。これはロシアで正当な恐怖を引き起こしている。なぜこのシステムは他のものよりも我々を不安にさせるのか？　その戦域においてロシアしか保有していない戦略核抑止軍に影響し、何十年にもわたり確立した軍事政治均衡を乱すからだ。

ミサイル防衛と戦略攻撃兵器との不可分なつながりは、2010年に調印された新STARTに反映されている。この条約は発効してそれなりにうまく機能している。これは大きな外交の成果だ。我々は来る時期に軍備削減の分野で、アメリカ人と各種の共同アジェンダを検討する用意がある。この活動の中で、我々はお互いの利益を均衡させて、交渉を通じて一方的な利益を得ようとする活動をすべて否定しなくてはならない。

2007年、ケネバンクポート会談でブッシュ大統領との会談中に、私はミサイル防衛問題への解決策を提案した。それを採用すれば、ロシア・アメリカ関係の既存の性格が変わり、前向きな道筋が開けただろう。さらにもしミサイル防衛でのブレークスルーを実現していれば、これは多くの微妙な分野で、新しい性質の同盟にも似た協力モデルを構築する水門を開くこととなっただろう。

だがこれは実現しなかった。ケネバンクポート会談の速記録を読み返すと有益かもしれない。近年、ロシアの指導層はミサイル防衛をめぐる紛争を解決するため、他の提案を持ち出している。こうした提案はまだ有効だ。

ミサイル防衛について妥協に達する可能性を捨てるには忍びない。我々が宣言した対抗措置の実装を必要とするような規模で、アメリカのシステムが配備されるのは見たくない。

最近、ヘンリー・キッシンジャーと話をした。彼とは定期的に会う。この有能な専門家は、モスクワとワシントンの密接で信頼に基づくやりとりが、国際騒乱の時期には特に大切だと述べている。私も全面的に同意する。

一般に、我々はアメリカとの関係を大いに進め、質的なブレークスルーを実現する用意がある。だがその条件は、アメリカが平等で敬意あるパートナーシップの原理に従うことだ。

経済外交

昨年12月、ロシアはついにそのWTOへの駆け足加盟を完了させた。これには長い年月がかかった。このラストスパートを終える中で、オバマ政権とヨーロッパ大国の指導者たちは、最終的な合意実現にかなりの貢献をしてくれたことは述べねばならない。

正直言って、この長くつらい道中で、もう会談に背を向けてドアを叩きつけて閉ざしたいとさえ思ったこともある。だがそんな感情に負けたりはしなかった。結果として、我が国にとっては十分受け入れられる妥協が実現した。我々は外部競争の高まりに対してロシアの工業と農業生産者の利益を守りおおせた。我が国の経済的アクターたちは世界市場に加わる大幅な追加機会を獲得し、そこでの権利を文明的なやり方で守れることになった。このプロセスの主要成果は、ロシアが世界貿易の「クラブ」に入れたというシンボリズムよりはむしろ、この実際の機会なのだと私は考える。

ロシアはＷＴＯの規範に従うし、国際的な責務すべてを果たす。同様に、相方たちもやはりルールに従って行動してくれると願いたい。ついでに言っておくと、我々はすでにＷＴＯ原理をロシア、ベラルーシ、カザフスタンの共通経済圏の法的枠組みに統合した。

ロシアはまだ、世界の中で系統的かつ一貫性ある形で経済利益を促進する方法について、学習途上にある。まだ多くの西側の相方たちとはちがい、外国の国際フォーラムでロシア企業優遇の決断を獲得するロビイング手法は習得できていない。この分野で我々が直面する課題は、我々のイノベーション主導の発展にとって、きわめて強大なものだ。現代の世界的な経済連携システムの中で、ロシアが平等な足場を実現し、世界経済統合から生じるリスクを最小化するための課題も大きい。これはロシアのＷＴＯ加盟と、その後のＯＥＣＤ加盟でも生じるものだ。

我々は外国市場へのもっと広い、差別のないアクセスをひどく必要としている。これまでロシアの経済アクターたちは外国で足下を見られている。限定的な貿易や政治手法が使われ、競合に対してロシア企業を不利にするような技術的障壁が設けられてきた。

同じことが投資についても言える。我々はロシア経済に外国資本を誘致しようとしている。経済の最も魅力的な領域を外国投資家に開放し、「最もオイシイお菓子」へのアクセス、特に燃料とエネルギー複合体へのアクセスを認めている。だが我が国の投資家たちは外国では歓迎されず、しばしば厳しく脇へ追い払われる。

その例はいくらでもある。ドイツのオペル社の話はどうだろう。ロシアの投資家たちは、この会社を買収しようとしたが、ドイツ政府がこの買収を承認し、ドイツの労組が歓迎したというのに、買収は成立しなかった。あるいはロシアの企業が、外国資産にかなりのリソースを投資した後で、投資家としての権利を否定されたとんでもない事例を見よう。これは中欧や東欧でしばしば見られる。

このすべてから見て、ロシアは外国市場におけるロシア実業に政治的、外交的支援を強化しなくてはならないという結論が出てくる。そして主要な画期的ビジネスプロジェクトには、もっとしっかりした支援を提供せねばならない。またロシアは、不正直な競争手法に頼る相手に対しては同じ対抗手段を使えるのも忘れてはいけない。

政府や実業協会は外国経済圏における活動をもっと協調させて、もっとロシア実業の利益を積極的に促進し、市場開放の実現を支援しなくてはならない。

ロシアの現在と将来の政治と経済の連携におけるロシアの役割と立場をかなり形成する、別の重要な要因にも注目してほしい――我が国の巨大な規模だ。確かに我々はもはや地表の六分の一を占めてはいないが、ロシア連邦はいまだに世界最大の国で、天然資源の豊富さは無敵だ。これは石油や天然ガスだけのことを言っているのではなく、森林、農地、きれいな淡水資源についての話でもある。

ロシア領土はその潜在的な強みの源だ。これまで我が広大な領土は主に外国侵略に対するバッファとして機能した。いまやしっかりした経済戦略があるので、それは競争力拡大のきわめて重要な基盤となる。

特に世界での真水不足拡大を指摘したい。近未来に、水資源をめぐる地政学的な競争と、水集約型財の生産能力をめぐる競争開始が予想できる。その時代がきたら、ロシアは切り札を用意しておく。我々は自国の天然の富を大切かつ戦略的に使うべきだと理解している。

仲間の支援と世界的な文脈でのロシア文化

ある国への敬意は、いろいろあるが、その市民の権利を外国で保護する能力に根差している。休暇や仕事で外国に旅する何百万人ものロシア人の利益は、決して無視してはならない。外務省とあらゆる外交領事機関は、休みなしに市民に本当の支援を提供する備えを怠るなと強調しておこう。外交官たちは、ロシア国民と地元当局の紛争に応え、事故や事件には素早く対応しなくてはならない――メディアがそのニュースを世界に伝える前に。

我々はラトビアとエストニア当局に対し、少数民族の一般的に認められた権利について定評ある国際機関が出している無数の提言に確実に従わせるつもりだ。「非市民」という屈辱的な地位は容認できない。非市民という地位のために、ラトビア住民の6人に1人が基本的な政治的権利や選挙権、社会経済圏、ロシア語を自由に使う権利を否定されるなどということを我々が容認できるわけがない。

ロシア語の地位をめぐる最近のラトビアの国民投票は国際社会に対し、この問題がいかに深刻かを示した。30万人以上の非市民が再び国民投票への参加を阻止された。さらに許しがたいのは、ラトビア中央選挙委員会がロシア公共会議所からの代表に、投票の監視を許さなかったということだ。一方、一般に認められた民主規範への準拠に責任を持つ国際機関は沈黙を保っている。

全体として、我々は世界での人権の扱いについて不満を持っている。まずアメリカなどの西側諸国が人権アジェンダを支配し政治的に使い、それを圧力行使の手段にしている。同時に彼らは批判にえらく敏感で不寛容でさえある。第二に、人権監視の対象は客観的な基準などお構いなしに選ばれ、人権アジェンダを「民営化」した国の好き勝手に選ばれている。

ロシアは偏向した攻撃的な批判の標的になってきたし、それは時にまったくタガが外れたものとなっている。建設的な批判を与えられたときには、我々は歓迎するし学ぶ用意もある。だが何度も何度も、市民やその態度や国内問題に影響を与えようとする、十把一絡げの批判にさらされると、そうした攻撃は道徳的、民主的価値観に根差したものではないのが明らかとなる。

だれも人権の領域を完全に統制できてはならない。ロシアは民主主義国としては若い。もっと経験豊かなパートナーたちに対しては、あまりに簡単に自尊心を捨てさり、あまりに慎ましく行動してしまいがちだ。それでも我々にだってしばしば言い分はあるし、どんな国も人権や基本的な自由について完璧な記録を持ってはいない。もっと古くからの民主主義国も深刻な人権侵害をするし、それは黙認すべきではない。明らかに、これは侮辱の応酬であってはならない。あらゆる国が人権問題についての建設的な議論で得るものがある。

2011年暮れ、ロシア外務省は他国での人権遵守について初の報告書を発表した。ロシアはこの分野でもっと積極的になるべきだ。これは人道問題を解決する努力における、もっと広く、もっと平等な協力を促進し、基本的な民主的原理と人権の促進に役立つ。

もちろん、これは国際外交活動を促進するロシアの活動の一面でしかない。確かに我々はこうした面であまり成功を見てはいない。メディアへの影響の面では、しばしば負けている。これは別の複雑な課題として対処せねばならない。

ロシアは偉大な文化遺産を持ち、それが西でも東でも認識されている。だが文化とその世界的促進について本気で投資を行ったことはない。思想と文化への世界的な関心の高まりは、世界情報ネットワークへの社会や経済統合で引き起こされたものだが、ロシアに新しい機会をもたらす。ロシアが文化的な対象を作り出す能力は実証済なのだ。

ロシアは自国文化を温存するだけでなく、それを国際市場で進歩の強力な力として使う機会がある。ロシア語は旧ソ連共和国のほとんどすべてと、東欧のかなりの部分で使われている。これは帝国の話ではなく文化進歩の話だ。教育と文化を輸出すればロシアの財、サービス、思想の促進に役立つ。銃や政治体制の輸出は役立たない。

世界におけるロシアの教育的、文化的な存在感を拡大するように努力すべきだし、特に人口の相当部分がロシア語を話したり理解したりする地域でそれを進めねばならない。

大規模な国際イベントを主催することで最大の便益を獲得する方法も議論しなくてはならない。たとえば２０１２年ＡＰＥＣ首脳会議、２０１３年Ｇ20サミット、２０１４年Ｇ８サミット、２０１３年のカザンでのユニバーシアード、２０１４年冬季オリンピック、２０１６年ＩＩＨＦアイスホッケー世界チャンピオンシップ、２０１８年ＦＩＦＡワールドカップなどだ。

ロシアは自国の安全保障を確立し、グローバルな政治に建設的に取り組んで、グローバルおよび地域的な問題解決にも取り組むことで、自国の利益を守る。我々はあらゆる外国パートナーとの相互に利益ある協力と開かれた対話の用意がある。我々は相方の利益を理解して考慮しようとするし、我々の利益も尊重されることを望む。

第4章

第3期（2012－2018年）：クリミア侵略と欧米無力への確信

2012-2018

首相から大統領に返り咲いた第3期。このときから諸般の事情で、大統領の任期は6年にのびている。

2012年にリビアが爆撃され、一応は知り合いだったカダフィがひどい殺され方をしたことで、プーチンは欧米に激怒していた。そして続いてアサド政権が反政府勢力に銃を向け始める中で、シリアも同じ運命をたどりそうな様子を見せ、プーチンはそれを何とか止めようと画策する。

が……そこでアサド政権は、毒ガス兵器を使う。

オバマはさんざん、化学兵器などを使ったら許さない、爆撃すると言っていた。ところが、いい加減他国への干渉に嫌気がさしていたアメリカ議会に否決され、拳を振り上げたまま身動きが取れないみっともない状態になってしまった。

プーチンはそこで仲裁に入り、アサドに毒ガス兵器を廃棄させ、外交努力で危機を脱したと言ってオバマの面子を救う。これでオバマは、プーチンに借りができてしまう。

同じ2013年には、スノーデン事件が起きる。アメリカ国家安全保障局NSAの契約職員だったエドワード・スノーデンが、アメリカその他の広範な盗聴監視体制を暴き、最終的にロシアに逃げた事件だ。これでプーチンは、自由だのプライバシーだの言論の自由だのといったアメリカのお題目を笑いものにできるようになった。

そして2014年、クリミア侵略と併合がやってくる。

クリミア関連の一連の動きは少しわかりにくい。特に「クリミア」にばかり注意が向いてしまい、クリミア併合で話が終わったような印象があるが(この編訳者も恥ずかしながらその程度の理解だった)、実はもっと続きがある。それもあって、一部の本では、これは第一次ウクライナ戦争と呼ばれている。以下にタイムラインを書いておく。

これに先立つロシアの経済状況は、かなりよかった。金融危機で大きく落ち込んだGDPは急激に回復し、2013年頃にはかつてのトレンド線を完全に取り戻してピークに達していた。クリミア併合による制裁がなければもっと上ったかもしれない。プーチンは当然ながら、自分たちが西側の虚構/陰謀に基づく経済的な圧力にも負けずに雄々しく復活したのだ、と言いたがるし、たぶんそれは本心だろう。

そしてそのとき、ロシアはまさに国威発揚の一環として、ソチ冬季オリンピックの真っ最中だった。そのときにマイダン革命が起きたのは、偶然

2013年	12月	マイダン革命(ユーロマイダン)
2014年	2月	ヤヌコーヴィチのロシア逃亡 ロシア、クリミアへ特殊部隊派遣、ウ正規軍制圧
	3月	クリミア住民投票、ロシア併合
	4月	ドンバス分離主義者支援、武器供与
	7月	ドンバス分離派、マレーシア航空 MH17 撃墜
	8月	ドンバスへの実質ロシア正規軍侵攻
	9月	ミンスク合意、その後崩壊
2015年	2月	ミンスクⅡ合意、国連安保理追認

ではある。

２０１３年末のウクライナでは、同国が将来的にＥＵに加盟するかロシアブロックに残るかで政府は板挟み状態になり、どっちつかずを決め込んだヤヌコーヴィチ大統領に対して国民の不満が爆発し、それが全国的に広がって政権は実質的に打倒された。これがマイダン革命（ユーロマイダン）だ。

ヤヌコーヴィチ大統領はキーウを脱出し、ロシアに拾ってもらい、このウクライナの正式な大統領の要求ということでプーチンはその後のあらゆる行動を正当化する。その直後、何やらロシア語をしゃべりロシアナンバーの車を持ち、妙に統制がとれているが決してロシア軍ではないという怪しい「小さな緑の男たち」がクリミアで暗躍し、キーウ新政府を認めない地元の親露勢力による政権奪取を支援、クリミアにいたウクライナ正規軍も制圧される。その一週

ロシア1人当たりGDP推移と軍事作戦

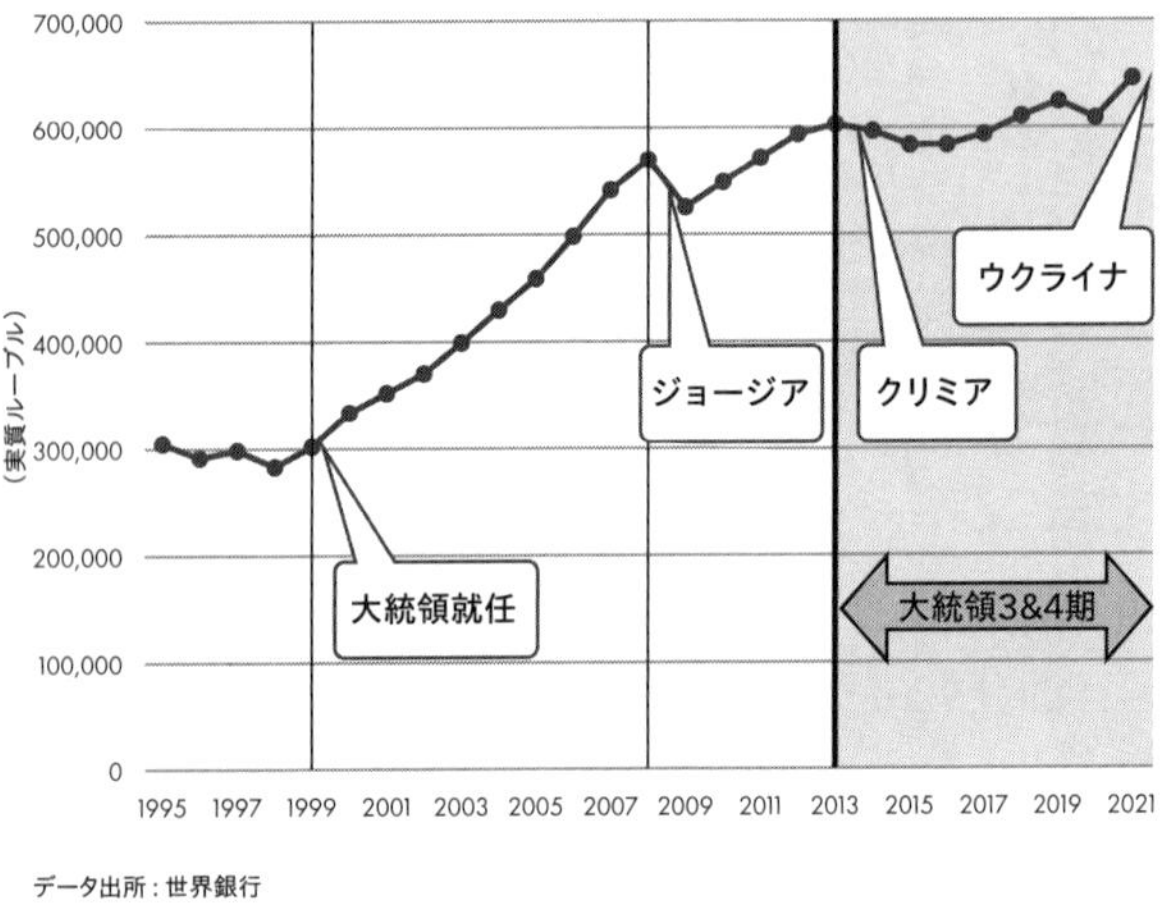

データ出所：世界銀行

間後にクリミアで住民投票が行われ、ロシアへの併合が国民の自由意思により民族自決の原則に基づいた圧倒的多数で可決され、プーチンは即座に編入を認めた。

その後もドンバス地方では、親露分離派の活動が激化してウクライナ政府との武力衝突が続いた。ロシアは公式にはすでにあまり隠そうともしていなかったが、公式には自分たちは派兵していない、後方支援と顧問のみと言い張っていた。

だが2015年7月、ドンバス分離派が、ロシアのブークミサイルでマレーシア航空MH17を撃墜し、ロシアが攻撃兵器まで供与する関与をしつつそれをろくに管理もしていなかったことがあらわとなった。だがロシアやプーチンは、現在に到るまでその責任を認めることはなく、ウクライナ側の仕業だという支離滅裂な主張を繰り返すばかりだった。

その後、ロシアはもはやなりふりかまわず、ドンバス地方に露骨に派兵を行い現地の民間人の被害も極度に拡大。とにかく戦闘を停めようとして西側とウクライナは、2014／2015年にはドンバスの独立性を含めた改憲を定めるミンスクI／II合意に応じた。このときも西側はロシアに対して経済制裁と口先だけの非難はしたが、武力対応は一切なかった。

だがその一方で世界では、イスラム国ことISIL／ISISが信じられない勢力拡大をとげ、欧米はこれに対してまともな対応ができなかった。そしてアサドの蛮行とイスラム国の蛮行のあわせ技で難民危機が発生、押し寄せる難民の群れを前に西側は内部分裂状態となり、途方にくれるばかり。ロシアは西側の偽善ぶりをあざ笑いつつアサドとの仲介役を演じてやり、イスラム国の拠点爆撃でも大きな役目を果たし、実力と国際的な発言力を誇示してみせた。西側は、ロシアに対して言いたいことはいくらもあったが、あまり強い態度にも出られず、一方のプーチンは何かといえばイラクやコソボの話を持ち出し、国連安保理を盾に、そんな西側をあざ笑い続けた。

ここでは、そうしたロシア／プーチンの各種たちまわりを示す文を収録した。

シリアという代替案（2013年）

アラブの春の中で、シリアでも反政府活動が高まり、それに対してアサド政権が残虐な弾圧を行い、毒ガス兵器まで使った。その状況下で、プーチンのこの論説は、イスラム国への対応を考えるとシリアは温存すべし、と主張する。

この中でプーチンは、毒ガス攻撃をしたのはアサド政権ではなく、反政府勢力なのだ、という明らかなウソを平気で述べている。これはもちろん、シリアのアサド政権の弁解にのってやったふりをして、シリアに恩を売っているだけだ。だがこの文の主な恩着せ相手はオバマだ。毒ガス兵器を使ったら許さない、爆撃するという脅しを仕掛けていたのに、議会に反対されて身動きとれなかったオバマに対し、外交で備蓄破壊を交渉したよと言える状況を作ってやり体面を保たせてやった。それをわざわざ『ニューヨーク・タイムズ』に出してアメリカの（それもプーチン嫌いなリベラル派の）みんなに見せつけた、というのが、この文章の計算高さではある。

マイダン革命とクリミア情勢：プーチン記者会見（2014年）

プーチンはこれについて長く沈黙を守り、この記者会見になって初めて言及する。キエフの新政権に正当性はない、でも我々はちゃんと新政権ともつながりを維持する、とはいえヤヌコーヴィチは（クズだが）正規の大統領だしロシアは一切兵を出していない、緑の男たちはただのコスプレ、すべてはクリミア市民の自主行動、併合なんか一切考えていない、という主張が繰り返される。そのほぼすべてはすぐに覆される。

われ、クリミアを併合せり：大統領演説（2014年）

こないだの民族自決での政府奪取からほんの一週間で住民投票したら、住民がロシア併合してくれというので、民族自決の原則からも歴史的な経緯からも、ロシア編入を認めるしかないですよね、西側だってコソボでそれやりましたから文句ないですよね、うちは一切派兵してませんよ、あ、でも元からいた駐留軍は活動して、その数も増やしましたけど、でも既定の範囲だからノーカウントね、という全編詭弁の塊ながら、理屈的な体裁は維持しているといういやらしい演説。

「プーチン直通電話」抜粋：クリミア計画、緑の男、スノーデン（2014年）

クリミアは公式には派兵していないはずなのに、その計画が思いつきの即興ですべて行われて、としゃあしゃあと電話質問に答えるプーチン。そしてその後「緑の男たち」の正体を聞かれると、「実はロシア兵だった」とあっさりゲロる図々しさ。彼が最初に言っていたことはすべてウソだったことを、自ら楽しそうにバラしてしまう。またおまけながら、対露協力は一切していないはずのエドワード・スノーデンが、ロシアに来てほんの数ヶ月でこのプロパガンダ企画に登場してプーチンの太鼓持ちをしているのは見もの。

国際連合第70次総会演説：ISIL、難民、経済協力（2015年）

国連安全保障理事会の議長国としての演説でプーチンはイスラム国に対処するにはシリアに頼るしかないだろう、という現実的な処方に加え、なんでも爆撃すればいいと思ってる君たちはバカだね、難民危機で思い知っただろう、国連合意を重視して国際秩序に基づく行動を、とクリミアでの己の蛮行を棚上げして、白々しい建前を並べてみせる。が、国連はまさに建前の場なので始末に悪い。この段階で彼は、紛争を自ら作り上げることで西側に圧力をかけられるし、難民も国連も武器化できるのを確信し、それを演説の中でネチネチと指摘して、西側に嫌みをつきつけて楽しんでいる。

第4期で紹介する論説との対比を理解してもらうため、各種発言の構造を示そう。談話などまとまった論説以外も入っている。が、そのそれぞれにおいて、プーチンの主張はきわめて似通っているし、そこでの議論はきわめて明快。各種主張は、それについてロシアがどうするのか、という行動が明確に対応している。

具体的な中身は、次の表をご覧いただこう。西側批判やキーウ政府に対する罵倒は、最終的には「ロシアは気高く辛抱強く清廉潔白なのです」という主張のためだけに存在している。

軍事的な活動はすべて、クリミアのロシア系住民の保護、自由な意思確認の環境づくりのためだけ、ということになっている。そして、それぞれの場合に、大統領から要請があったとか、自決権だろ、おまえら2008年にコソボでもやったろ、という具合に、自分の動きを西側に対して正当化する建前を、屁理屈とはいえしっかり整えてある。

　言っていることはその場しのぎのウソばっかりで、中身はコロコロ変わる。だがそのそれぞれについて、語った時点では屁理屈でも体裁と建前はある。毎回、西側はあまりまともに反論できない。そして時間がたつうちに、すべて既成事実化される。

　そしてこの時期に、彼の西側軽視はほぼ確定する。侵略したって、露骨な武力介入したって、口先以上のことは何もされない。時間がたてばすぐに風化する。さらに制裁を受けても西側はそれを続けるだけの意欲も体力も政治的な持続性もない。マレーシア航空機MH17の撃墜は大失敗ではあった。だがあれほどのひどいヘマをしでかしても、何があるわけでもない。すぐに風化する。特に別の騒ぎを起こせば（そ

主張	対応
西側はきたない、ずっとロシアを敵視してる！	だがロシアはつねに国際法と国連決議遵守だぜ！
キエフ政府は西側の傀儡、ネオナチ！	でもロシアはつきあい続けて話し合うぜ！
クリミアのロシア系住民弾圧してるぜ！	これは許せない！　彼らの意志を尊重しよう！
	→手助けすべきだけど、兵は出してない、露軍に見えるのはコスプレ自警団だ！　併合する気なんかありません！
	→住民投票したら併合してくれって。仕方ないなあ。でも住民の自決権だよな、コソボでもやったよな！
	→実は兵も出したけど後方支援だけ！　現職大統領の要請に基づく正当なもの！　住民意思表明支援だけ！

してマスコミを使ってそれを煽れば）みんなすぐに目移りしてしまう。そして騒ぎを起こすなんてお手のものだ。

プーチンはこの時点で、マッチポンプ的な手法も身につけた。トラブル地域の首脳とは一通りコネをもっている。火種はいくらでもあるし、それがいつ発火してもおかしくない。それで生じた紛争も西側に対する武器にできる。自分でそれを作り出せるし、それをおさめることで西側に恩を売れる。難民も武器化できる。うまくたちまわれば、国連も武器化できる――第3期で彼はそれを悟り、それを実際に使いこなせるようになった。

西側を手玉に取る方法は、これでおおむね身につけた。これで外堀は埋まったし、内堀を埋める手法も確立した。

あとは本丸を攻めるだけだ。

シリアという代替案

（2013年9月12日）

概要

シリアのアサド政権が自国民の反政府勢力に対して、毒ガス兵器を使用した。それに対してアメリカは空爆してアサド政権を潰すと言っているが、それは事態を悪化させるしイスラム国と戦える戦力を潰すことでかえってアメリカの国益を損ない、無政府状態となったシリアはテロリストの温床となるだけ。幸いロシアの尽力でシリアが毒ガス兵器の備蓄管理と破壊を打診しているから、それに乗りましょう、ねえオバマくん、というプーチンの『ニューヨーク・タイムズ』寄稿論説。

実はオバマは、化学兵器を使えば空爆すると脅したのに議会の反対で身動きとれなくなっていた。そこにプーチンが、アサドに圧力をかけて毒ガス兵器を破壊させ、それをオバマが外交的勝利として喧伝できるよう助け船を出した。オバマはプーチンに借りができてしまい、クリミア侵略への制裁も弱腰に。それをプーチンが恩着せがましく西側メディアでコケにしているのが見所。

シリアを取り巻く最近の出来事により、アメリカ国民とその政治指導者に直接語りかけたい。アメリカとロシアの社会の間のコミュニケーションが不十分なので、それは是非やっておく必要がある。

我々の間の関係は様々な段階を経てきた。冷戦ではお互いに対決していた。だがかつては同盟国でもあり、共にナチスを打倒した。普遍的な国際組織――国際連合――がその後設立され、あのような悲惨な事態が二度と起きないようにされた。

国連の創設者たちは、戦争と平和に影響する決断は合意によってのみ起こるべきだと理解していた。そしてアメリカの固執により、安全保障理事会の理事国拒否権が国連憲章に明記された。この深遠な叡智は、国際関係の安定性を何十年にもわたり下支えしてきた。

だれも国際連合が、国際連盟のような運命をたどってほしいとは思っていない。連盟が崩壊したのは、それが本当の力を欠いていたからだ。だが、有力な国が国際連合を迂回して、安保理事会の承認なしに軍事行動を採るなら、そうした運命は起こりかねない。

アメリカがシリアに対して計画している空爆は、多くの国やローマ教皇を含む主要な政治宗教指導者から強い反対を受けているもので、無辜の被害者とエスカレーションをもたらし、シリア国境をはるかに超えて紛争を広げることになる。空爆は暴力を増やし、新たなテロリズムの波を引き起こす。イラン核問題やイスラエル＝パレスチナ紛争を解決しようとする多国間の努力を台無しにするし、中東と北アフリカをさらに不安定化する。国際法秩序の仕組みすべての均衡を損ないかねない。

シリアが直面しているのは民主主義をめぐる戦いではなく、多宗教国家における政府と反対勢力との武装紛争である。シリアでは民主主義支持勢力はないも同然だが、アルカイダ闘士や様々な過激派が政府と戦っている。アメリカ国務省は反対派と戦っているアルヌスラ戦線とＩＳＩＬことイスラム国をテロリスト組織と認定した。この国内紛争は反対派に提供された外国兵器により拍車がかかり、世界で最も血みどろのものとなっている。

アラブ諸国からの傭兵たちがそこで戦っているし、西側諸国やロシアからも戦闘員が出ているのは、我々が大いに懸念するものだ。彼らはシリアで経験を積んで自国に戻るのではないだろうか。リビアでの出来事に続いてマリではまさにそれが起きた。これは我々すべてをおびやかすものだ。最近のボストンにおける恐ろしい攻撃がそれを如実に示している。

ロシアは当初から、シリア人が自分たちの未来のための妥協案を作り出せるような、平和な対話を支持してきた。我々はシリア政府を保護しているのではなく、国際法を守っている。

国連安保理事会を使うべきだし、今日の複雑で荒れた世界では、国際関係が混沌に陥るのを防ぐ数少ない方法は、法秩序の維持なのだと信じねばならない。法は法だし、気に食わなくても従わねばならない。現在の国際法では、武力は自衛か安保理事会の決議によってのみ認められる。それ以外のすべては国連憲章で容認されず、攻撃行為と見なされる。

シリアで毒ガスが使われたのを疑問視する者はいない。だがそれを使ったのはどう見てもシリア軍ではなく、反政府勢力であり、彼らは原理主義者たちに肩入れする強力な外国のパトロンたちの介入を挑発しようとしたのだ。武装勢力が次の攻撃を準備している――今回はイスラエルに対して――という報告は無視できるものではない。

外国の国内紛争への軍事介入がアメリカにとって当たり前になってしまったのは、由々しきことだ。これはアメリカの長期的な利益になるのだろうか？　私は怪しいと思う。世界の何百万人もの人々は、ますますアメリカを民主主義のお手本としてではなく、単に暴力だけに頼り、「おれの味方でなければ敵だ」というスローガンのもと、同盟を強引にでっちあげていると思うようになっている。

武力は効果が無いし無意味だと証明された。アフガニスタンは大混乱で、国際軍が撤退したら何が起こるかだれにもわからない。リビアは部族や氏族に分裂してしまった。イラクでは内戦が続き、毎日何十人もが殺されている。アメリカではイラクとシリアの類似を指摘する人が多いし、なぜ自国政府が最近のまちがいを繰り返そうとするのか疑問視している。攻撃をどれほどピンポイントにして兵器をいかに高度化しても、民間人死傷者は避けられず、空爆が本来守るはずの高齢者や子供も含まれてしまう。

世界はそれを見てこう尋ねる。国際法に頼れないなら、自分の安全保障は他の方法で確保するしかない、と。だからますます多くの国が大量破壊兵器を手に入れようとする。理屈にはかなう。爆弾があれば、だれも手出しはしない。不拡散を強化する必要が、といった口先は残されても、現実にはそれが揺らぐ一方だ。

武力の言葉を使うのはやめ、文明的な外交と政治的解決の道に戻るべきだ。

過去数日で軍事行動を避ける新たな機会が生まれた。アメリカ、ロシア、国際コミュニティの全3ヶ国は、シリア政府が化学兵器備蓄を国際管理の下に置いて、後に破壊する意向を示したのを、是非とも活用せねばならない。オバマ大統領の発言から判断するに、アメリカはこれを軍事行動にかわるものと見ている。

シリアをめぐる対話をロシアと続けようというオバマ大統領の関心を歓迎する。この希望を生かし続けるよう協力せねばならない。これはロック・アーンG8サミットで合意したことだし、交渉に向けて議論の舵を戻すものだ。

シリアに対する武力行使を避けられれば、国際問題における雰囲気は改善し、相互の信頼は強化される。我々の共有する成功となり、他の重要な問題における協力の扉を開く。

オバマ大統領と私の仕事上および個人的な関係では、信頼がますます強まっている。私はこれをありがたく思う。私は9月10日の彼の国民への演説を注意深く検討した。そして彼がアメリカの例外主義について述べた議論には、かなり異論を持っている。彼はアメリカの方針こそが「アメリカをちがった存在にしている。それが我々を例外的な存在にする」と述べた。だが動機がどうあれ、人々に自分を例外的な存在として考えるよう奨励するのは、きわめて危険だ。大国もあれば小国もあり、豊かな国もあれば貧しい国も、民主主義の伝統が長い国もあれば、民主主義への道をまだ模索している国もあるのだ。その政策だって異なる。我々みんなちがっているが、神の恵みを請うときには、神が我々を平等にお作りになったのだということは忘れてはいけない。

マイダン革命とクリミア情勢

：プーチン記者会見（2014年3月4日）

概要

ロシアはクリミアを侵略していない、支援の用意はあるが軍は出していない、ロシア軍のように見える連中がクリミアで軍事活動をしているのは、現地の自衛組織。そいつらがえらく訓練されてロシアの軍服を着ているのは、単なるコスプレ。マイダン革命のデモは外国で訓練を受けたナショナリスト。我々……もといクリミアの自衛組織はそいつらのロシア系住民への残虐行為に対抗しただけ。しかもそれは現職大統領ヤヌコーヴィチ（こいつに同情の余地はないが）の要請に基づく。彼は逃げ出したのではなく、たまたま外遊に出たら政府が乗っ取られたので、ロシアが保護しただけ。正当な権力は彼にあり、ロシアがやることはすべて彼の要請に従ったもの。そして今後クリミアを併合など一切考えていない。
ロシア特殊部隊によるクリミア征服と分離活動についてのプーチンの記者会見。ここでの発言はすべてウソで、直後にすべてプーチン自身が否定し、クリミア併合が行われる。

プーチン：こんにちは、同輩諸君。

さて、どう進めようか？　こうしたらどうだろう。インタビューではなく、対話をしよう。だからまず、君たちが質問を一通り吐き出してほしい。私はそれを書き留めて、答えてみよう。それから、君たちが最も興味ある個別の話について、もっと詳しい議論をしよう。

では始めよう。

質問：大統領（かなり間を空けられたので、すでにかなりいろいろ質問があります）キエフ情勢をどう評価されていますか？　現在キエフで権力を握っている政府と大統領代行は、正当なものだと思いますか？　彼らと話をする用意はありますか、そしてその際の条件は？　よく話に出る、2月21日の合意に戻れるとお思いですか？

質問：大統領、ロシアはクリミアへ金銭支援を約束して、財務省に対して昨日指示が出されました。いくら支援するのか、その財源、条件や時期ははっきりしていますか？　状況はとてもむずかしいものです。

質問：ウクライナではいつ、どんな条件でどんな規模で武力を行使しますか？　それはロシアの国際的な合意にどこまで準拠したものとなりますか？　ちょうど終わった軍事演習は、武力行使の可能性と関係ありますか？

質問：クリミアについてもっと教えてください。挑発は終わったとお考えですか、それともクリミアにいまいるロシア市民やロシア語話者への脅威は続いているのでしょうか？　あそこでの全般的な力学はどんなものでしょうか――状況は改善しているのか悪化しているのか？　いろいろ相反する報告が入ってくるもので。

質問：武力行使を決断するなら、自分自身、ロシア、世界にとって考えられるすべてのリスクを考え抜かれましたか？　経済制裁、世界の安全保障の弱まり、査証の差し止めやロシアの孤立深刻化など、西側の政治家が要求していることですが。

質問：昨日、ロシアの株式市場はロシア連邦院（上院）の評決に反応して急落し、ルーブルの為替レートは記録的に下がりました。これは予想通りですか？　経済にどんな影響があるとお考えですか？　特別な対策が必要でしょうか、それはどんなものですか？　例えば、中央銀行のルーブルの変動為替レート移行は早すぎたとお考えですか？　固定制に戻すべきでしょうか？

プーチン：わかった、まずここらで止めよう。最初に私が答えてから先を続けよう。心配するな、できるだけ質問には答えるから。

まず、キエフとウクライナ全般で起きたことの評価だ。評価は一つしかあり得ない。これは憲法違反の政府乗っ取りであり、権力の武力簒奪だ。これを疑問視する者がいるか？　いない。ウクライナの状況について、私も、その私とご存じの通りここ数日大いに議論してきた同僚たちも――だれも答えられない質問がある。その質問とは、なぜそれが起きたか、というものだ。

ヤヌコーヴィチ大統領は、ヨーロッパ3ヶ国――ポーランド、ドイツ、フランス――の仲裁を通じて、そして私の代表（ロシア人権委員会代表ウラジーミル・ルキーン）の目の前で、2月21日に反対派との合意に調印したという事実に注目してほしい。その合意の下で（その良し悪しは置いておこう。事実として言っているだけだ）、ヤヌコーヴィチ氏は実際に権力を移譲した。反対派の要求すべてに応じた。議員選挙の前倒し、大統領選の前倒し、２００４年憲法への復帰という反対派の要求通りにした。彼は我々の要求や、西側諸国の要求、そして何よりも反対派の要求、つまり武力を使うなという要求に肯定的な回答をした。哀れなデモ隊に発砲せよなどという違法な命令は一つも下さなかった。さらに、あらゆる警察勢力を首都から撤退させる命令を出し、警察はそれに従った。彼はあるイベントに出席するためハリコフにでかけて、彼が離れたとたんに、占領した行政府を明け渡すどころか、連中はすぐに大統領官邸と政府の建物を占拠したのだ――合意通りに行動することはまったくしなかった。

いったいその目的はなんだったのか、と自問する。なぜこんなことが行われたか理解したいのだ。彼は実際、権力をすでに放棄していたし、彼にも告げたとおり、再選の見込みはなかったと思う。みんなこれには合意している。ここ数日、ずっと電話で話をしている。この違法で憲法に反する行動の狙いはなんだろうか、なぜあの国に混乱を作り出さねばならなかったのか？　そして覆面民兵がいまだにキエフの街路をうろついている。これは答のない質問だ。だれかに恥をかかせて自分たちの力を見せつけたいのか？　こうした行動はまったくバカげていると思う。その結果は彼らの期待した正反対だ。というのもその行動でウクライナの東部と南東部は極度に不安定化したからだ。

さてこんどは、こんな状況がなぜ起きたかという話だ。

私見ながらこの革命状況はずっと前からくすぶっていた。ウクライナ独立の最初期からね。

普通のウクライナ国民、一般人はニコライ二世の統治、クチマの支配下、ユシチェンコとヤヌコーヴィチの政権下で苦しんできた。何一つ、ほとんど何一ついいほうには変わらなかった。汚職はロシアですら前代未聞の水準になった。資産の貯め込みと社会的な階層化――ロシアでもかなり厳しい問題だ――はウクライナではずっとひどい。とんでもなくひどい。あそこでは、我々の想像すら絶するほどのものなんだ。全体に人々は変化を求めている。だが違法な変化を支持すべきじゃない。

ポストソ連空間では憲法的な手段だけが使われるべきだ。ポストソ連空間では政治構造がまだかなり脆弱で、経済もまだ弱いんだから。憲法の範囲を逸脱するのは、そうした状況では常に根本的なまちがいだ。ちなみに、私はマイダン広場の人々の気持ちはわかるよ。だがこうした転覆は支持しない。マイダン広場の人々は、上辺だけの権力のお化粧変化ではなく、急進的な変化を訴えているのはわかる。なぜそんな要求をするのか？　盗賊集団が別の盗賊集団に置き換わるのを見慣れてしまったからだ。さらに地方部の人々は、自前の地方政府形成に参加すらできない。ロシアでは、大統領が地方指導者を指名する時期があった。だがそのときも地方の法制議会がそれを承認しなくてはならなかった。ところがウクライナでは、直接指名制だ。ロシアは地方の首長は選挙制に移行したが、ウクライナではそんな様子はかけらもない。そして東部地域を治めるのに、オリガルヒだの億万長者だのを指名するようになった。人々が受け入れないのも当然だよ。不正直な民営化の結果、そいつらが金持ちになって、それがいまや権力の座についたのだと思うのも無理はない（ロシア国民の多くもそう思うだろう）。

たとえばコロモイスキー氏はドネプロペトロフスクの知事に指名された。こいつは大した悪漢なんだ。2、3年前にはロシアのオリガルヒであるロマン・アブラモヴィッチさえごまかしたくらいだ。うちの知識人風に言えば詐欺にかけたわけだな。何やら取引に調印して、アブラモヴィッチが何十億ドルかを送金したら、こいつは何もよこさず、金だけ懐に入れた。アブラモヴィッチに「なんであんなことをしたんだ」と尋ねたら、「そんなことがあり得るとさえ思いませんでした」だと。ちなみに、金を取り戻せたのか、取引がちゃんとまとまったかは聞いてない。だがほんの数年前に本当に起きたことだ。そしていまやこの悪漢がドネプロペトロフスクの知事に指名されたってわけだ。そりゃあみんな不満に思うだろう。不満に思うし、正当な政権当局を名乗る連中が同じやり方を続けるなら、不満が収まるはずもない。

最も重要な点として、人々は自分や家族や地域の未来を決める権利を持つべきで、平等な参加ができねばならない。これは強調しておきたい。どこに住んでいるにしても、国のどの部分であっても、人は国の未来の決定に平等に参加できるべきだ。

現在の当局は正当か？ 議会は部分的には正当だが、その他すべてはちがう。現在の大統領代行はまちがいなく正当ではない。法的な観点からすれば、正当な大統領はたった一人しかいない。明らかに彼は権力を持っていない。だがすでに述べたし、繰り返しておこう。まちがいなく正当な大統領はヤヌコーヴィチしかいない。

ウクライナの法律では大統領を更迭する方法が三つある。まずは死、もう一つは辞任、もう一つは弾劾だ。弾劾罷免は熟議による憲法的な規範だ。憲法法廷と最高裁判所と議会（ラーダ）が参加しなければならない。複雑で長期の手続きだ。これは実施されなかった。したがって、法的な観点からすれば、これは文句なしの事実だ。

さらに、連中が憲法法廷を解体した理由もこれなんじゃないかと思う。その解体は、ウクライナとヨーロッパ双方の法的な規範すべてに反するものだからな。憲法法廷を非正当な形で解体させただけでなく、検察長官局に指示して、憲法法廷のメンバーに対する刑事訴追を開始させたんだ——考えてもみるがいい。いったいどういうことだ？ だれかに刑事訴追を始めろと指示するという話自体が意味不明だ。犯罪、刑事事件が起きたら、法執行機関がそれを見て対応する。だが彼らに指示をして刑事訴追させるなんてナンセンスだ。猿芝居でしかない。

　さてクリミアへの資金援助だ。ご存じの通り、クリミアを支援するためにロシア人地域で作業をまとめることにした。彼らは人道支援をロシアに要請してきたからね。もちろん支援するとも。金額はわからないし、時期も手段もわからない——政府がこれを検討して、クリミア隣接地域の力をあわせ、我々の地域に追加支援を提供して、クリミアの人々を支援できるようにする。もちろんやるとも。

　兵の動員、軍の使用について。いまのところ、その必要はない。ここで言いたいのは、最近ロシアが行った軍事演習はウクライナの出来事とは無関係ということだ。あれは事前に計画されていたものだが、もちろんその計画は公表されていなかった。というのもこれは軍の戦闘準備態勢についての抜き打ち検査だからだ。これはずいぶん前に計画したんだ、国防大臣と私がね。そして演習を開始する命令の準備をしていたんだ。ご存じのとおり、演習は終わった。部隊には通常の配備地に戻るよう昨日命じた。

　軍隊を使う理由となるのはどんなものか？　そうした手法はまちがいなく最後の手段だからね。

　まず、正当性の問題だ。ご存じの通り、我々は現職大統領からの直接の訴えがあるし、すでに述べた通り、正当なウクライナ大統領ヤヌコーヴィチ氏が、軍を使ってウクライナ市民の命、自由、健康を守ってくれと頼んでいる。

最大の懸念は何か？　反動勢力、ナショナリスト、反ユダヤ勢力による暴虐がウクライナの一部で継続していて、これはキエフも含まれるということだ。君たちマスコミも、知事の一人が鎖につながれて何かに手錠でつながれ、真冬の最中に水をかけられていたのを見ただろう。ちなみにその後、彼は独房に監禁されて拷問を受けた。これはいったいどういうことだ？　これが民主主義か？　これが民主主義の何かのあらわれなのか？　彼はごく最近、この12月に就任したばかりだったはずだ。ウクライナの連中がみんな汚職まみれだと認めたにしても、まだ何か盗む暇さえなかっただろう。

そして地域党ビルを連中が占領したらどうなったと思う？　そこは党員が常駐しているわけじゃない。従業員が二、三人出てきて、一人はエンジニアで、攻撃者に言ったんだ「逃がしてくれ、女性は出してやってくれ。私はエンジニアで、政治とは関係ないんだ」。するとその場で、群集の前で射殺された。別の従業員は独房に連行されて、火焔瓶を投げつけられて焼き殺された。これが民主主義のあらわれだとでも？

これを見ると、ウクライナ市民の懸念も理解できる。ロシア人もウクライナ人も、ウクライナの東部と南部地域に住むロシア語話者たちも抱く懸念だ。彼らを不安にさせるのは、この統制なき犯罪なんだ。だからこんな統制なき犯罪が、同国東部に広がっているのを見たら、そしてその人々に助けを求められたら、さらに正当な大統領から公式の要請をすでに得ていたら、あらゆる手段を使ってこうした人々を守る権利を我々は保留する。我々はこれが圧倒的に正当だと信じる。これが最後の頼みの綱だ。

さらに言いたいことがある。我々は常にウクライナを単なる隣国にとどまらず、兄弟的な近隣共和国と考えてきたし、今後もそうする。我が軍は、武装した同胞、友人であり、多くはお互いに個人的な知り合いだ。確信していることだが、そして強調するが、私はウクライナ軍とロシア軍が対決することはなく、戦いでは肩を並べることとなると確信している。

ちなみに、私が語っていること——この連帯——はクリミアでまさに起きていることだ。あそこでは、ありがたいことに、銃弾一発たりとも発射されなかったことは認識しよう。一週間ほど前の広場で潰された人を除けば、死傷者も一人もいない。あそこで何が起きたか？人々がやってきて軍部隊を取り囲み語りかけて、その地域に住む人々の要求や意思に従うよう説得したんだ。武装衝突は一件も起こらず、銃は一発も発射されていない。

だからクリミアでの緊張に対してロシア軍を使う可能性はあっさり消え去り、もう派兵の必要はなくなった。唯一やるべきこと、実際にやったことは、ロシアの軍事施設防衛強化だった。そこは絶えず脅迫を受けていて、武装ナショナリストが向かっているのもわかっていたからね。それはやったし、それは適切できわめてタイムリーだった。だから私はウクライナ東部でもその種のことはしなくていいという発想から出発した。

だが強調しておきたいことがある。当然ながら、これから言うことは私の権限の外にあることで、口だしする気はない。だが我々は、ウクライナのあらゆる市民は、繰り返すが彼らがどこに住んでいようとも、自分たちの国の生活に参加してその未来を決める平等な権利を与えられるべきなんだ。

もし私が正当な政権当局と考える者の立場にいたら、必要な手順を全部遵守して時間を無駄にはしない。彼らはウクライナの国内、外交、経済政策を行う国民からの委任を受けていないし、ましてウクライナの未来を決める権利はないんだから。

で、株式市場か。ご存じの通り、株式市場はウクライナ情勢劣化以前から落ち着かなかった。これは主にアメリカFRBの政策との絡みで、最近の決定によりアメリカ経済への投資が魅力的になって、投資家たちが資金を新興市場からアメリカ市場に移し始めたせいだ。これは一般的なトレンドで、ウクライナとは何の関係もない。確かいちばん割を食ったのはインドで、他のBRICS諸国も同様だ。ロシアも打撃を受けたが、インドほどではない。だが打撃はあった。それが根本的な理由だ。

ウクライナでの出来事はといえば、政治は常にあれやこれやで株式市場に影響を与える、お金は静かで安定で平穏なのが好きだ。だがこれは戦術的で一時的な出来事だし、影響も一時的だと思う。

はい、きみの質問は？

質問：大統領、西側のパートナーからこれほど激しい反応を予想していたか教えていただけませんか。西側のパートナーとの対話について詳しくお話しいただけませんか？　広報サービスからの報告しか聞かされていないもので。そしてソチのG8サミットはどうお考えですか――開催されるでしょうか？

プーチン：予想される反応について、G8会合が開かれるか、会話について。我々の会話は機密だし、一部は機密回線で行われる。だからパートナーとどんな話をしたかは明かす権限がない。しかし西側からのいくつかの公式声明については言及しよう。具体的な名前は挙げないが、一般論として触れておこう。

我々は何に注目するか？　しばしば我々の行動が正当ではないと言われるが、「あんたらのやってることがすべて正当だとでも思ってるんですか？」と尋ねると、向こうは「イエス」と答える。だが私はアフガニスタン、イラク、リビアでのアメリカの行動を思い出す。国連の承認なしに行われたり、リビアの場合ではそうした決議の中身を完全に歪曲して行われたりしたよな。リビアでは、ご存じの通り、決議は政府航空機に対して空域を封鎖するというだけの話だったのが、爆撃と特殊部隊の地上作戦で終わった。

我々のパートナーたち、特にアメリカは、いつも明らかに自分の地政学的および国家的な利益を打ち立てて、それをしつこく追求する。そして「オレたちの味方でなければ敵だ」という原理で世界全体を引き込む。参加しない者は、参加するまで「殴られる」。

我々のアプローチはちがう。我々は常に正当に行動するという決意から進める。私個人は常に、国際法準拠で行動するのを支持している。ここで改めて強調しておきたいのは、我々がその決断を下すなら、つまりロシア軍を使う決断をするなら、それは国際法の一般的な規範に完全に準拠した（なぜなら正当な大統領からの訴えがあるから）ものとなり、さらには我々のコミットメントにも準拠したものであり、たまたまそれはロシアと密接な歴史的、文化的、経済的つながりを持つ人々を保護するという我々の利害とも一致したものになるのだ。これは人道的な任務だ。我々はだれかを隷属させようとしたり、支配しようとしたりするつもりはない。だが彼らが追い詰められ、破壊され、侮辱されているのを見たら無関心ではいられない。だが本当に、そんな事態にはならないでくれることを祈るよ。

質問：ウクライナでの出来事に対する西側の反応や、ロシアに対する脅しをどう評価しますか。我々は制裁やG8からの撤退の可能性に直面していますか？

プーチン：制裁について言えば、主にそれをやろうとしている側のほうが、結果をよく考えたほうがいい。私は現代世界では、すべてが相互につながって相互依存しているから、別の国に被害を与えることはできるが、それは相互の被害となるし、みんなそれを念頭におくべきだと信じる。これがまず第一点。

二点目が最も重要な点だ。すでに我々の動機については話した。そして我々のパートナーの動機は？　彼らは非憲法的な武力政権奪取を支持している。そういう連中が正当だと述べ、そいつらを支持しようとしている。ちなみにこれほどいろいろあっても、我々は辛抱強く耐えてきたし、協力の用意さえある。協力関係を阻害したくはない。ご存じの通り、数日前に政府に対して、経済と産業面でのつながりを維持するため、正当と考えていないキエフの権力掌握者たちとも、接触を保つ方法について検討しろと指示したよ。我々の行動はまったく正当なものだと考えるし、ロシアに対する脅しはすべて非生産的で有害だと考える。

G8については知らんね。同輩たちとサミットを開催する準備はしておく。連中が来たくないなら——好きにしろ。

質問：接触先についての追加質問いいですか？　私が見るに、あなたはクリミア首相アクショーノフ氏を政府当局の正当な代表と考えておられますね。キエフで正当な政府当局と考える者たちと接触を持つ用意はおありですか？

プーチン：いまその話をしたばかりだが、聞いてなかったのか。

質問：いやその、政治的解決のトップレベルでのことです。

プーチン：私のトップレベルの相方はウクライナにはいないんだ。大統領がいないし総選挙まではそれが続くから。

クリミアについていえば、そこの議会は2010年、12月にできたはずだ、記憶が正しければ。6政党にわたる議員が100人いる。前の首相が辞任してから、クリミア議会は既存の法制と手順に従って、新首相をクリミア最高議会で選んだ。彼はまちがいなく正当だ。彼らは法が定めたあらゆる手順に従った。違反は一つもない。しかし数日前に武装勢力がクリミア最高議会の建物を占拠しようとしたら、これは地元住民の懸念を引き起こした。どうもだれかがキエフのシナリオをクリミアにも適用して、一連のテロ攻撃を引き起こして混乱を招こうとしたらしい。当然ながらこれは、地元住民に大きな懸念をもたらした。だから彼らは自衛委員会を作って、軍すべてを統制することにしたんだ。

ちなみに私は、連中が何を占領したかの報告を昨日検討していたところだ——何やら要塞地帯じみている。C－300部隊が何十も、対空ミサイルシステムが何十も、兵員2万2000人その他いろいろ。だがすでに述べた通り、それはクリミアの人々の手に落ちており、しかも銃撃一発もなしでそれが実現した。

質問：大統領、確認よろしいでしょうか。クリミアでウクライナ陸軍を阻止している連中は、ロシア陸軍にとてもよく似た制服を着ています。あれはロシア兵、ロシア軍ですか？

プーチン：ポストソ連国家を見てくれよ。似たような制服はいくらでもある。店にいけばどんな制服だって買えるんだ。

質問：でもあれはロシア兵なんですか、ちがうんですか？

プーチン：地元の自衛部隊だ。

質問：どのくらい訓練されているんです？　キエフの自衛部隊と比べると……。

プーチン：親愛なる同輩くん、キエフで活動した連中がどれほど見事に訓練されていたかを見たまえ。みんな承知の通り、連中は近隣国の特殊基地で訓練を受けていた。リトアニアやポーランド、ウクライナ自身の国内でもね。教官たちによってかなり長期の訓練を受けていた。何十、何百もの部隊に分けられ、その行動は協調しており、みんな立派な通信設備を持っていた。時計仕掛けのように進んだ。連中の行動している様子を見たかね？　非常に専門的な、特殊部隊のように見えた。クリミアにいる連中だってそれに負けないくらいだと思うべきだろう。

質問：それなら具体的にうかがいます。ロシアはクリミア自衛軍の訓練に参加しましたか？

プーチン：いいや、参加していない。

質問：クリミアの将来をどうご覧になりますか？　ロシア編入の可能性は考えますか？

プーチン：いや考えない。一般に、その国の未来を決められ、決めるべきなのは、意志の自由と完全な安全性を与えられているそこの住民だけだと私は思う。この権利がコソボのアルバニア人に与えられたなら、これが世界の各地で可能になっても、だれも国民の自己決定権を否定したことにはならない。そういう自己決定権は、私の知る限り国連文書いくつかで確固たるものになっているはずだ。だが我々は決してそうした決断を挑発することはないし、そうした感情も抱かない。

ある領内に住んでいる人々のみが、自分の未来を決める権利を持っていると信じるよ。それは強調しておきたい。

質問：二つ質問があります。ウクライナへの派兵は極端な手段だが、それでも決してそれを完全には否定しないとおっしゃいましたね。しかしロシア軍がウクライナに入ったら戦争を引き起こしかねません。それが気になりませんか？

二問目です。ヤヌコーヴィチは人々への発砲命令を出さなかったとおっしゃいますが、だれかがデモ隊に発砲しました。そして明らかにそれは狙撃手、訓練を受けた狙撃手でした。

プーチン：なあ、一部の人は、最近そのデモ隊に参加していた連中も含め、それが反対政党の挑発だったという意見を述べているんだがね。聞いたか？

返答：いいえ、聞いておりません。

プーチン：そういう資料を見たまえ——すぐに手に入る。そんなことだから問題の根底を把握できないのだよ。だが君も私も自分の目で、ベルクト（ウクライナ特殊警察部隊）戦士たちが盾を持って立っているときに撃たれたのを見た——そして彼らに使われたのは空気銃などではなくアサルト兵器で盾を貫通しただろう。これは我々が確実に見たものだ。だれが命令を下したかといえば——それは知らない。ヤヌコーヴィチ氏の話でしか知らない。それによると、彼自身は何も命令をしていないし、むしろ——それに対応した合意に調印してからは——民兵すべてを首都から撤退させろという指示まで出したという。お望みならもっと話せる。彼は私に電話をかけてきて、私はやめろと言ったんだ。「無法状態になるぞ、首都が大混乱になる。国民のことを考えたまえ」とね。だがそれを無視して彼は撤退を命じた。そしてそれをやったとたん、大統領府が占拠され、政府も制圧され、警告した通りの大混乱が生じて、それが今まで続いているわけだ。

質問：最初の質問は？　戦争になりかねないと懸念されませんか？

プーチン：しとらんね。ウクライナ国民と戦うつもりもないし、そんなことはしないから。

質問：しかしウクライナ兵がいます、ウクライナ軍も。

プーチン：いいかよく聞けよ。しっかり理解してほしいからな。我々がそんな決断をするなら、それはウクライナ国民を守る場合だけだ。そしてそういう兵が自分の国民を撃とうとしたらどうなるか見てるがいい、我々が背後についていたら——正面には立たないが我々は後衛にいる。そいつらが女子供を撃とうとしたらどうなるか。ウクライナでそんな命令を下すやつがいたら、見てみたいよ。

質問：質問よろしいですか、大統領。私の同僚、私の同僚たちが現在ウクライナで取材していますが、ほとんど毎日のようにベルクトの状況は悪化していると言います（唯一の例外はクリミアかもしれません）。特にキエフでは負傷して入院中のベルクト隊員たちがいて、まったく治療を受けられず食事すら与えられていないそうです。そしてその家族は高齢家族も含め、とにかく家を出られないそうです。出るなと言われているのだとか。まわりにバリケードを築かれ、侮辱されているそうです。これについて一言。ロシアはそうした家族や仲間を手助けできますか？

プーチン：うん、この問題は我々も大いに懸念するものだ。結局のところ、これはロシアの内務省の職員ではないし、そこでの状況を仕切っているのも我々ではない。だが人道的な懸念から、他の人権組織がここに参加してくれると嬉しい。ウラジーミル・ルキーンに、単独にせよ、フランス、ドイツ、ポーランドなど2014年2月21日の有名な文書構築に協力した国々の代表と共同にせよ、現地に赴いてそのベルクト隊員たちに何が起きているかを見てくるよう頼むのがいいかもしれない。そうした隊員は何ら法律に違反していないし、命令に従って行動しただけなんだから。彼らは軍人で、銃弾に直面して、炎を浴びせられ、火焔瓶を投げつけられた。怪我をして障害を負い、いまや入院している。想像すらむずかしい――戦争捕虜ですら食事と治療は受けられる。だが彼らは治療も止められただけでなく、食事もない。そして連中は、この戦士たちの家族が暮らす建物を包囲して、恫喝している。人権組織はそういうのに注目すべきだ。そして我々のほうは、ここロシアで彼らに医療を提供する用意がある。

質問：大統領、西側の反応について話を戻しますが、アメリカ国務長官の厳しい発言に続いて、連邦評議会（ロシア上院）は在アメリカ大使を呼び戻せと言っています。この考えは支持しますか？

プーチン：アメリカ国務長官（訳注：当時はジョン・ケリー）は確かに重要な人物だが、彼はアメリカの外交政策を決める最終的な権威ではない。いろんな政治家や各種政治勢力の代表から、いろいろ発言は出てくる。これ（訳注：大使召還）は極端な対応だ。必要ならばそれも考える。だが本当にそんな手は使いたくない。国際レベルで、経済、政治、国際安全保障といった分野でパートナーとの協力に関心があるのはロシアだけではない。相方だってこうした協力には関心があるんだ。そうした協力の道具を破壊するのは簡単だし、それを再構築するのはとてもむずかしくなる。

質問：ロシアはヤヌコーヴィチの運命に関与しましたね。将来の彼の役回りと将来の運命をどうご覧になりますか？

プーチン：そうだなあ、なんとも言えないなあ。きちんと分析していないんだ。政治的な未来はないと思うし、それは本人にも言ったよ。「運命に関与した」となると――それは純粋に人道的な理由でやっただけだ。正当な大統領を始末する最も簡単な方法は死だ。私はそうなりかねなかったと思う。連中にあっさり殺されたと思う。ちなみに、そこで問題が起きる。何のために？

なんといっても、発端を見るがいい、こうした出来事を引き起こしたものを。公式な理由は、あいつがEU加入合意に署名しなかったことだ。今日これはナンセンスに思える。口にするだにバカらしい。だが指摘したいのは、彼が加入合意への署名を拒否したりしなかったということだ。彼は「慎重に分析したが、この内容は国としての利益に対応していない。国民に対するエネルギー価格を急に引き上げることはできない、そうでなくても国民はかなり苦労しているのだから。これと、それと、あれはやらない。ロシアとの経済関係をすぐに断ったりはできない。我々の協力はきわめて広範なのだから」と言ったんだ。

すでにそうした数字は出した。輸出額140億（ドル）のうち、50億ほどはロシアに輸出される二次、三次技術処理水準の中間財だ。言い換えると、ほとんどあらゆる工業製品はロシアに輸出されている。西側はウクライナ製品なんか買っていない。そしてこれらすべてをまとめて分断し、ウクライナ経済にヨーロッパの技術水準を導入するというんだ。幸か不幸か、ロシアでは現在そうした水準は使っていない。いずれはそういう基準は採用するだろうが、現在ではロシアではそういう基準を使っていないんだ。これはつまり、ロシアとの関係と協力の絆が断たれた次の日には、企業は止まってしまい、失業が増えるということだ。そしてヤヌコーヴィチは何を言ったか？「これをいきなりやることはできない、もっと相談しよう」と言ったんだ。調印を拒否はしなかった。文書をもっと議論する機会を求めたら、こんなイカレた事態が始まったんだ。

そしてその理由は？　あいつは自分の権限の範囲を逸脱するようなことをしたか？　まったくもって、権限の範囲内で行動していた。何も侵害していない。それは単に、彼との権力争いでの反対派を支持する口実でしかない。全体としてこれは、特に珍しいことではない。だがこんな無法状態の水準まで行く必要があったのか、憲法違反の政権転覆や、権力の武装掌握、さらには国を今日のような混乱状態に陥れる必要があったのか？　これは容認できないと思う。そしてこれは西側の相方たちがウクライナでこれをやった最初の事態ではない。ときどき私は、あの巨大な池の向こう側のどこか、アメリカのどこかで、人々は研究室にすわって実験を行っているが、自分のやっていることの結果をまともに理解せず、ラットに対するようにそれをやっているのでは、という印象を受ける。なぜ連中はこんなことをする必要があるのか？　だれか説明してくれないか？　これについてはまったく何の説明もない。

同じことが最初のマイダン蜂起でも起きた。あのときもヤヌコーヴィチが権力を阻止された。なぜあの第三次の選挙が必要だったのか？（訳注：2004年のマイダン蜂起／オレンジ革命では、大統領選でヤヌコーヴィチとユシチェンコの決戦投票で選挙不正が明らかとなり、全国的なデモの後で最高裁が再選挙を命じた）つまりそれがお笑いになった――ウクライナの政治自体が笑いものになったということだ。憲法への準拠はまったくなかった。要するに、いまや一人がどんな法律でも踏みにじれるなら、他のだれでも同じことができると教え、おかげで混沌が引き起こされた。これが危険だ。むしろ社会に対して別の伝統に従えと教えるべきだ。国の主要な法律たる憲法と、その他すべての法律を尊重するという伝統だ。もちろん、みんな常に成功するとは限らないが、こんな行動――瀬戸物屋の闘牛みたいにすべてを破壊する行動は、非生産的できわめて危険だと思う。

次どうぞ。

質問：大統領、トゥルチノフ（訳注：ラーダ議長と大統領代行）はあなたから見て正当ではないんですね。

プーチン：大統領としてはね、その通り。

質問：しかしラーダ（ウクライナ中央議会）は部分的には正当だ、と。

プーチン：その通り。

質問：ヤツェニュクと内閣は正当ですか？　そしてロシアが過激要素の勢力拡大を懸念するなら、連中は仮想的な敵に直面するたびに強さを増して、現在彼らはロシアや、兵を送り込もうとするロシアの立場を敵だと考えているといいます。質問は、ウクライナ政府の穏健勢力、ヤツェニュクとの対話は意味があるか、可能か、彼は正当でしょうか？

プーチン：なあ、君は私が言ったことを聞いていなかったようだな。すでに、3日前に政府に対して、ウクライナの対応する各省庁や部局の相方との政府レベルでの接触を再開するように指示したという話はしただろう。経済的なつながりを阻害せず、彼らの経済再建の試みを支援するためだ。これはロシア政府に対する私の直接指示だ。さらにメドヴェージェフ氏は「アルセニー」ヤツェニュクと連絡している。そしてセルゲイ・ナリシュキンがロシア議会の議長として「オレクサンドル」トゥルチノフと接触している。だが繰り返すが、貿易、経済その他のつながり、人道的なつながりも、完全に発展させられるのは、状況が正常化して大統領選が行われてからだ。

質問：ガスプロムはすでに、4月から以前の天然ガス価格に戻ると述べました。

プーチン：ガスプロムがそんなことを言ったはずはない。君がちゃんと聞いていないか、向こうがきちんと表現しなかったのだ。ガスプロムは旧価格には戻らない。現在の値引き価格を延長したいとはまるで思わない。ちなみにその値引き価格は、四半期ごとに適用するかしないかを決めることになっている。こうした出来事すべて以前、危機の地点に達する以前からそうだ。ガスプロムとその相方との交渉は知っている。ガスプロムとロシア連邦政府は、ガスプロムは、天然ガス価格を1000立方メートルあたり268・50ドルに減らす割引を導入する。ロシア政府が融資の第一トランシェを提供する。これは公式には融資ではなく債券の購入だ――融資もどきで、第1段階は30億ドルだ。そしてウクライナ側は去年後半に生じた債務を全額返済し、消費しているものについて定期的に支払いを行う――天然ガスについてだ。債務は返済されていないし、定期的な支払いも全額は行われていない。

さらにウクライナの相方が2月分の支払いをしなければ、債務はもっと増える。今日では15－16億ドルほどだ。そして2月分を全額払わなければ、20億ドル近くになる。当然ながらこうした状況だとガスプロムは「おい君たち、どのみち支払ってくれないんだし、君たちのツケが増えるだけなんだから、通常価格にロックインしてしまおう、それでもまだ割引価格なんだぜ」と言う。これはガスプロムの活動の純粋に商業的な部分だ。ガスプロムは他のどんな大企業とも同じく、売上と支出の計画を立てるんだ。ウクライナの相方からお金を期日通りに受け取れなければ、自分の投資計画を潰すことになる。彼らにとっては本当に大問題だ。ちなみにこれは、ウクライナの出来事やどんな政治とも関係ない。合意があった。「ガスプロムはお金と割引ガス料金をあげるから、君たちは定期的に支払いをしてね」ということだ。ガスプロムはお金と割引ガス料金を出したのに、支払いは行われない。だから当然ガスプロムとしては「おいおい、それじゃダメだよ」と言うわけだ。

質問：大統領、［ドイツ首相］メルケルの広報局は、電話会談の後で、あなたがウクライナに国際査察団を送り連絡グループを設置するのに合意したと発表しました。

プーチン：私が言ったのは、この問題を検討する訓練と技能を持つ人々がロシアにはいて、ドイツの相方とそれを議論するということだ。これはすべて可能だ。それに応じて外務大臣にも指示を出した。彼はドイツの外務大臣シュタインマイヤー氏とこの問題について話したか、これから話すはずだ。昨日だか今日だかにね。

質問：現在はもちろんクリミアばかり注目されていますが、ウクライナの他の部分、東部と南部で起きていることもあります。ハリコフ、ドネツク、ルハンスク、オデッサで起きていることがあります。政府の建物にロシアの旗が掲げられ、ロシアに支援と援助を訴えています。ロシアはこうした出来事に反応しますか？

プーチン：反応してないとでも言うのか？　これまで一時間にわたり、その反応について論じてきたところだろう。だが一部の場合には、起きている事態は予想外だと思う。ここで何の話をしているのか、これ以上具体的に深入りはしないが、人々に見られる反応は原則的には理解できる。西側の相方たちや、いまキエフで政府を自称している連中は、事態がこんなふうに進展するとは予想しなかったのか？　私は何度も彼らに言ってきた。なぜウクライナをこんなふうに狂乱状態に追いやっているのか、とね。何をしている？　だが連中はそのまま突き進んだ。もちろんウクライナ東部の人々は、自分たちが意思決定プロセスから排除されているのに気がつく。

基本的には、いま必要なのは新しい憲法を採用して、それを国民投票にかけて、あらゆるウクライナ市民がそのプロセスに参加して同国政府の基盤を形成する原理の選択に影響できるようにすることだ。だがこれはもちろん、我々の問題ではない。ウクライナ国民とウクライナ当局が何らかの形で決めることだ。正当な政府が設置されて新しい大統領と議会が選出されたら（そういう計画になっている）、これがおそらく実施されるだろう。もし私が彼らの立場ならば、憲法の採択問題に立ち戻り、すでに述べたようにそれを国民投票にかけて、みんなが意見を述べ、投票し、みんながそれを尊重しなければいけないようにする。人々がこのプロセスから閉め出されたと感じたら、絶対に合意しないし戦い続ける。だれがそんなことを求めるね？　だがすでに述べた通り、これはすべて我々の問題ではない。

質問：ロシアはウクライナで予定されている大統領選を認めますか？

プーチン：お手並み拝見といこうじゃないか。もしいまキエフで見ているのと同じようなテロを伴うようならば、認めないな。

質問：西側の反応の話に戻らせてください。いろいろ苦しい話が続く一方で、ソチでは数日のうちにパラリンピックが始まります。パラリンピックは妨害されかねないでしょうか、少なくとも国際メディアの報道に関する限り？

プーチン：さあねえ。パラリンピックを危険にさらすなんて、身勝手の骨頂だと思うがね。これは国際スポーツイベントで、障害のある人々がその能力を見せて、自分たちが制約のある存在どころか、無限の可能性を持つ存在なのだと自らにも世界全体にも示し、スポーツでの業績を実証する機会だ。このイベントを妨害しようという連中がいるなら、そういう連中にとっては神聖なものなどまさに何もないというのを露わにするだけだと思うね。

質問：軍を使うという仮想的な可能性についておうかがいしたい。西側の人々は、ロシアがそんな決定をしたらブダペスト覚書違反となると言っています。この合意では、アメリカと一部のNATOパートナー国が、ウクライナの核兵器放棄の約束と引き換えに、ウクライナの領土一体性を保障しています。もし軍を使う事態になったら、グローバルなプレーヤーはこの地域的な紛争に介入し、グローバル紛争にしてしまうでしょうか？　そうしたリスクは考慮されましたか？

プーチン：公式声明を出す前に、まして実際の行動を起こす前にはなおさらだが、その問題にしかるべき考察を加え、各種の潜在的なプレーヤーが持ちかねない反応や影響を予測しようとする。

君の言う合意とやらだが、君はロイター通信からきたと言ったね？

回答：はい。

プーチン：君の国の世論や政治方面は、いま起きた出来事をどう見ているね？　なんといってもこれは武力による権力掌握なのは明らかだろう。これは明瞭にして明らかな事実だ。そしてまた、これが憲法違反なのも明らかだ。これまた明らかな事実ではないかね？

回答：私はロシアに住んでいます。

プーチン：そいつは結構！　君は外務省に入るべきだな。いい外交官になれる。外交官の弁舌は、みんな知っているように、考えを隠すためにあるんだ。で、我々の見ているものは憲法違反のクーデターだと言うと、いいやちがいますよと言われる。君もいまや幾度となく、これは違憲クーデターではなく、権力の武力掌握でもなく、革命だと聞かされているだろう。どうだい？

回答：はい。

プーチン：だがこれが革命だというのは、どういう意味なんだ？　それならこの領土に新しい国家が生まれつつあるというロシアの専門家に合意したくもなる。これは1917年の革命後にロシア帝国が崩壊したときに起きたことと同じだ。そしてこれは、我々が拘束力のある合意を一つも調印していない、新しい国家ということだ。

質問：確認ですが、アメリカは制裁を科してこれが双方の経済に打撃だとおっしゃいましたね。これはつまりロシアのほうも、独自に対抗制裁をする可能性があるということですか、そしてその場合は対称的な対応となるでしょうか？

天然ガスの割引についても言及されました。しかし一方でウクライナ国債を150億ドル分買うという合意もありましたね。ウクライナは最初のトランシェを昨年末に受け取りました。残りの支払いは停止されたのでしょうか？　ロシアが支援を出す場合の具体的な経済政治的な条件は？　そしてその場合に考慮する政治経済リスクは？

プーチン：その質問に答えると、我々は原則としては債券購入について他のトランシェを支払うための必要ステップを講じる用意はある。だが西側の相方たちがそれをやるなと言うんだ。ＩＭＦを通じて動き、ウクライナ当局にウクライナ経済回復をもたらすのに必要な改革を勧めるようにしろと言う。我々はこの方向で引き続き動く。だがウクライナのナフトガスがガスプロムにいまや支払いをしていない状況だから、政府はいろいろ選択肢を検討しているんだ。

質問：大統領、ウクライナ情勢は改善しているのでしょうか、悪化しているのでしょうか？

プーチン：全体としては次第に平準化していると思う。とにかくウクライナ南東部の人々に、安全だと思ってもらっていい、国を安定化させる全般的な政治プロセスに参加していいというメッセージを送らなくては。

質問：ウクライナにおける将来の正当な選挙について何度か言及されましたね。妥協案となる候補者としてはだれがいると思いますか？　もちろんそれはウクライナ人が決めることだとおっしゃるでしょうが、聞くだけ聞いてみたいので。

プーチン：正直言って、本当にわからんよ。

回答：国民もわかっていないようですよ。だれにきいても、みんな呆然としているので。

プーチン：本当にわからんのだよ。なあ、この手の出来事のあとで予想はむずかしいんだ。すでにこの種の権力奪取手法や、既存当局と大統領を排除するやり方には同意できないと述べた。こうした手法がウクライナやポストソ連空間全般で使われるのには強く反対する。なぜ反対かといえば、それが法治の文化や法の尊重を涵養しないからだ。こんなことをやって逃げおおせる者が一人でもいれば、万人がそれを試してもいいことになり、これはカオスにしかならない。この種のカオスは、不安定な経済と不安定な政治体制を持つ国にとって、最悪のものだというのは理解しないと。この種の状況では、どんな連中が前面に出てくるやら知れたもんじゃない。ヒトラーの権力掌握の中で、エルンスト・レームの突撃隊が果たした役割を考えてみたまえ。後にこの突撃隊どもは粛清されたが、ヒトラーを権力につかせるのに一役買ったのは確かだ。出来事はいろいろ予想外の展開を見せるんだ。

繰り返すが、根本的な政治改革とトップの刷新を求め、それに十分過ぎる根拠があっても──そしてこの点では私はマイダンに同意する──新興のナショナリストだのファシストまがいの連中がいきなり飛びだしてくる可能性がある。びんから魔神が出てくるようなものだ──そして今日見られるのはそうした連中だ。何やら鉤十字に似たもののついた腕章の連中が、いまこの瞬間にもまだキエフをうろついている——あるいは何か反ユダヤ主義者やらその他の連中が。そこにも危険がある。

質問：ちなみにまさに今日、国連のウクライナ代表が、バンデーラ支持者が行った犯罪については ソ連の捏造だと主張しました。5月9日が近づく中、いまやあそこで権力を握っている連中の正体は明らかです。そんなやつらとそもそも接触すべきでしょうか？

プーチン：明らかな犯罪者以外なら、あらゆる人と接触を持つべきだよ。だがすでに言った通り、この種の状況では常に、この手の出来事で極端な立場の連中が前面に出てくる危険はあって、そうした流れは当然ながら国に深刻な結果をもたらす。

質問：あらゆる人と接触を持つべきとおっしゃいました。ユーリヤ・ティモシェンコはどうやらモスクワに来ようと計画していたようですが。

プーチン：ご存じのとおり、我々はいつも各種ウクライナ政府とはきわめて生産的に協力してきたし、それは彼らの政治的な色合いによらない。レオニード・クチマとも協力したし、ユシチェンコとも協力した。私が首相だった頃にはティモシェンコとも協力したな。ウクライナで彼女を訪ねたし、彼女もモスクワに来た。両国の経済を運営するために、様々な状況と対処するはめになった。意見の相違はあったが、合意にも達したよ。全体としては建設的な作業だった。ロシアに来たいなら、来ればいい。彼女がもはや首相ではないというのが別の問題になる。どんな立場でくるのか？　だが別に彼女がロシアに来るのを止める気は、個人的にはないね。

質問：手短にうかがいます。このウクライナの、クーデターとあなたが呼んだものの背後にはだれがいると思いますか？

プーチン：前にも言った通り、これは入念に準備された行動だと思う。明らかに戦闘部隊はいた。まだいるし、そいつらの動きが実に効率的だったのは見た通りだ。連中の西側の教官どももがんばった。だがそれが本当の問題ではない。ウクライナ政府が強く、しっかりして、安定した仕組みを作っていれば、どんなナショナリストだろうとこんな作戦を実施して、いま見ているような結果を実現はできなかった。

本当の問題は、これまでのウクライナ政府がどれ一つとして人々のニーズにまともに注目しなかったことだ。ここロシアでもいろいろ問題はあり、ウクライナの問題と似たものも多い。だがウクライナほど深刻ではない。1人あたり平均所得は、ロシアでは［月額］2万9700ルーブルだが、ウクライナではルーブル換算で、確か1万1900ルーブルだ。ロシアの平均年金は1万700ルーブルだがウクライナでは5500ルーブルだ――ロシアの半分だ。ロシアでの大愛国戦争（訳注：第二次世界大戦のこと）の帰還兵は、毎月平均的な労働者と同じくらいの恩給を受け取る。つまり生活水準にかなり差があるということだ。歴代のウクライナ政府は、最初からこれに注目しておくべきだった。もちろん彼らは犯罪、縁故主義、氏族などと戦うべきで、特に経済面を重視すべきだった。人々は何が起きているか見るし、これは当局への不信を生み出す。

これは現代ウクライナ政治家数世代が入れ替わり立ち替わりする中でずっと続いてきた。その最終的な結果は、人々は失望して新しい人々が権力を持つのを見たがっているというものだ。これが起こった出来事の最大の原動力だ。だが繰り返そう。状況全体を判断するとウクライナで権力交替は必要だっただろうが、それは正当な手段を通じてのみ行われるべきだった。現在の憲法に違反するのではなく尊重してだ。

質問：大統領、もしクリミアが住民投票をしてウクライナからの分離が可決されたら、つまり地域住民の過半数が分離票を投じたら、それを支持しますか？

プーチン：政治では仮定法は使うなというルールがある。それに従おう。

質問：そもそもヤヌコーヴィチは生きてるんですか？　死んだという噂がありますが。

プーチン：彼がロシアに到着して一度会った。たった二日前だ。元気に生きていて、みなさんにもごきげんようと言っていた。彼が死んだとかいう噂を流している連中の葬式に出て、風邪をひく可能性くらいはまだあったな。

質問：大統領、ウクライナでの状況が深刻になったここ数ヶ月で、ヤヌコーヴィチはどういうまちがいを犯したとお考えですか？

プーチン：その質問には答えたくないな。意見がないわけではないが、私がそれを言うのは不適切だと思うからだ。是非理解してほしいが、結局……

質問：彼に同情しますか？

プーチン：いいや、まったくちがう感情を持っている。大統領職にある者は、国家元首としてすさまじい責任を双肩に担っている。そして権利だけでなく義務もあるんだ。だが何より最大の責任は、国を任せてくれた国民の意志を、法の枠内で行動しつつ実行することだ。だから分析すべきだ。彼は法と有権者の与えた任務で許されたすべてを実行しただろうか？それは君たちが自分なりに分析して結論を出せばいい。

質問：しかしどんなお気持ちを彼に対して抱いていますか？「同情ではなく別の感情」とおっしゃいましたが、具体的にはどんな感情を？

プーチン：あとで話そう。

質問：二つ前の質問で、何よりもウクライナ南部と南東部の人々にはっきりメッセージを送るべきだとおっしゃいましたね。南東部はわかりますが……

プーチン：いやまさに、我々の立場を明確に伝えねば。ウクライナに我々の敵はいない。繰り返すがウクライナの全国民にわかってもらわねば。ウクライナからロシアに来た人が何人いたと思う？　３３０万人ウクライナは友邦だ。去年ウクライナからロシアに働きにきたんだ。彼らが家族を支えるためにいくらウクライナに送金したと思う？　３００万人の平均賃金を積み上げてごらん。何十億ドルにものぼるし、ウクライナのＧＤＰに大きく貢献している。これは笑い事じゃない。我々はその全員を歓迎するし、ロシアに働きにきている人の多くは西ウクライナからも来ている。我々から見ればみんな等しく我々の兄弟だ。

質問：私がうかがいたいのはこれだけです。何よりも現在ウクライナの南東部についての話が聞こえてきて、それは当然なんですが、ウクライナ西部にもロシア民族やロシア語話者がいて、彼らの状況はおそらくさらにひどいはずです。おそらく顔を上げることもできず、虐げられた少数派になっているでしょう。彼らを助けるためにロシアができることはありますか？

プーチン：我々の立場は、政府と自称している人々がいまや文明的な政府と見なされたいのであれば、彼らの国民全員の安全を、自国のあらゆる地域において確保しなければならないということであり、我々ももちろん状況を注視し続ける。
ありがとう。

われ、クリミアを併合せり

：大統領演説（2014年3月18日）

概要

クリミアで住民投票をしたら、圧倒的多数がロシア併合を求めたので併合する。これは歴史的な必然でもある。クリミアには派兵していない、もとからいた軍が活動して、あとその軍を増強はしたけど上限は守ったし、無血でやったからいいのだ。西側だって住民自決の原則を掲げて、これまでの国際法を完全に無視してコソボを勝手に独立させたから文句を言う権利はない。クリミアはコソボと同じく反露ネオナチによる虐殺にあいかねず、それをロシアが助けるのは人道的見地からも正当。いまのウクライナ政府は正当性がない。正当なウクライナの国家元首はロシアに亡命しているヤヌコーヴィチで、彼はこれを承認しているから手続きに問題は何もない。クリミアのみなさんようこそロシアへ。
わずか一週間ほど前のインタビュー内容のあらゆる主張を完全にひっくり返す、あまりに厚顔な物言いが見所の演説。

ウラジーミル・プーチンは国家院議員、連邦院議員、ロシア各地域元首と市民社会代表に向かいクレムリンで演説した‥

連邦院の議員諸君、国家院議員諸君、こんにちは。クリミア共和国とセヴァストーポリ代表もここにいる。ロシア市民、クリミアとセヴァストーポリの住民たちだ！

親愛なる友人諸君、ここに今日集まったのは、我々すべてにとって重要な歴史的意義を持つ出来事に関連してのことだ。3月16日にクリミアで、民主主義的な手順と国際規範に完全に準拠して住民投票が行われた。

有権者の82％以上が投票した。うち96％以上がロシア再統合を支持する意見を投じた。こうした数字以上の何が必要だろうか。

この選択の背後にある理由を理解するには、クリミアの歴史を知り、ロシアとクリミアが昔からお互いにどんな意味を持っていたかを知れば十分なはずだ。

クリミアのすべては我々の共通の歴史と誇りを物語る。これはウラジーミル王が洗礼を受けた古代ヘルソンの場所だ。正教会を受け入れるという霊的な偉業は、ロシア、ウクライナ、ベラルーシの人々を結びつける全体的な文化や文明、人間的価値観の基盤を事前に決めることとなった。クリミアをロシア帝国にもたらした勇敢なロシア兵たちの墓もクリミアにある。これはまたセヴァストーポリでもある——傑出した歴史を持つ伝説の町、ロシア黒海艦隊誕生の地となる要塞だ。クリミアはバラクラヴァとケルチ、マラホフ・クルガンとサプン崖の地だ。こうした場所のそれぞれがロシア人の心にとって大切なもので、ロシアの軍事的栄光と傑出した勇猛の象徴となっている。

クリミアは、ちがった人々の文化や伝統の独特なブレンドである。このためクリミアはロシア全体と似ている。そこでは何世紀にもわたり、一つの民族集団たりとも失われてはいないのだ。ロシア人、ウクライナ人、クリミアのタタール人などの各種民族集団の人々はクリミアで肩を並べて暮らし、独自のアイデンティティ、伝統、言語、信仰を維持してきた。

ちなみに今日のクリミア半島の人口は220万人、うち15万人はロシア人、35万人は主にロシア語を母語とするウクライナ人で、29－30万人はクリミア系タタール人であり、これまた住民投票からわかるようにロシアに肩入れしている。

確かにクリミア系タタール人が不公平な扱いを受けていた時期はあった。ソ連での多くの民族と似たような扱いを受けたのだ。ここで私が言えることは一つしかない。そうした弾圧の間では様々な民族の何百万人もが苦しんだのだし、その主な対象はロシア人だった。

クリミア系タタール人は故郷に帰った。クリミア系タタール人の復帰を固める、その権利を取り戻して名誉回復するのに必要な政治的、立法的な決定を下すべきだと思う。

我々はクリミアに住むあらゆる民族集団に大いに敬意を抱いている。これは彼らの共通の故郷であり、母国であり、クリミアが三つの平等な国語、ロシア語、ウクライナ語、タタール語を持つのが正しい――地元住民はこれを支持している。

諸君、

人々の頭と心の中でクリミアは常にロシアの不可分な一部であった。この確固たる確信は真実と正義に基づいており、時間をかけて、いかなる状況でも、20世紀すべてにわたって我が国が経てきたあらゆる劇的な変化にもかかわらず、世代から世代へと伝えられてきた。

革命後にボリシェヴィキたちは、各種の理由から――その判定は神に任せよう――歴史的なロシア南部の大きな部分をウクライナ共和国に追加した。これは人口の民族的な構成をまったく考慮せずに行われ、今日こうした地域はウクライナ南部を構成している。すると1954年に、クリミア地域をウクライナに移転するという決定が行われ、またセヴァストーポリも連邦都市だったという事実にもかかわらずウクライナに移譲された。これは共産党書記長ニキータ・フルシチョフの個人的な行動だった。この彼の決断の背後に何があったか——ウクライナの政治的エスタブリッシュメントの支持を得たいと思ったのか、あるいは1930年のウクライナにおける大衆弾圧へのお詫びとしてか——は歴史家がつきとめればいい。

現在重要なのは、この決断が当時ですら存在していた憲法的な規範を明確に侵害する形で行われたということだ。この決断は舞台裏で行われた。当然ながら全体主義国ではだれもクリミアやセヴァストーポリ市民の意向を聞いたりはしなかった。彼らは決まってから言われただけだ。人々はもちろん、なぜクリミアがいきなりウクライナの一部になったのか首を傾げた。だが全体として——そしてこれはみんな知っていることだがはっきり述べておかねばならない——この決定は一種の形式的なものとして扱われた。というのも領土の移転は単一国家の境界内部で行われたからだ。当時は、ウクライナとロシアが分裂して二つの国になるなど想像もつかなかった。だがそれが起きてしまった。

残念ながら、不可能と思われたことが現実になった。ソ連は崩壊した。物事があまりに素早く展開したので、こうした出来事やその影響がどれほど劇的なものになるか、認識できた人はほぼいなかった。ロシアでもウクライナでも、他の共和国でも、当時作られたCISが新しい国家の共通形態になると多くの人が考えた。単一通貨、単一経済圏、共同の軍ができると聞かされていた。だがこうしたすべては空約束に終わり、大国は消えた。クリミアが別の国の一部に成りはてたときになってようやく、ロシアは自国が単に奪われただけでなく、簒奪されたのだということに気がついたのだった。

同時に、独立主権の投げ売りを始めたことで、ロシア自身がソ連崩壊を後押ししたのは認めねばならない。そしてこの崩壊が合法化されると、みんなクリミアとセヴァストーポリのことは忘れてしまった――セヴァストーポリは黒海艦隊の主要基地だというのに。何百万もの人が、ある国で就寝して、目を覚ましてみたら一夜にして別の国にいて、旧ソ連共和国の少数民族になってしまい、ロシア国は国境で分断された最大級、いやまさに最大の民族集団となってしまったのだ。

さてそれから何年もたった今、クリミア住民たちが、自分たちは1991年にジャガイモの袋のように手渡されたと言うのを聞いた。これはなかなか反論しがたい。そしてロシア国家はどうだ？　黙ってその状況を受け入れた。この国は当時実に苦境に立っていたから、現実的に自分の利益を守る能力がなかった。だが人々はこのとんでもない歴史的不正をどうしても受け入れられなかった。長年ずっと、国民や有名人たちはこの問題に立ち戻り、クリミアは歴史的にロシアの土地で、セヴァストーポリはロシアの都市だと言い続けてきた。そう、みんなこれを心の奥底では知っていたが、いまある現実から出発して、独立ウクライナとよい近隣関係を新しい基盤から構築する必要があった。一方、ウクライナとの関係、同胞たるウクライナの人々との関係は、これまでもこれからも、我々にとってきわめて重要だ。

今日我々はこれについて公然と話ができるので、2000年代初頭に行われた交渉の細部を少し明かしたい。当時のウウライナ大統領クチマ氏は、ロシアとウクライナ国境の確定作業を早めてくれと頼んだ。当時は、このプロセスはほぼ膠着状態だった。ロシアはクリミアがウクライナの一部だと認めたようだったが、国境を確定する交渉はなかった。状況は複雑だったが、私はすぐにロシア政府機関に対して、国境線を文書化する作業を加速するよう指示した。そうすればみんな、国境線を確定するのに合意することで、事実上も法制上も、クリミアがウクライナ領であることを明確に理解して、この問題が解決されるからだ。

我々はクリミアについてウクライナの言い分を聞いただけでなく、アゾフ海やケルチ海峡での海上国境線という複雑な問題についても妥協した。当時我々は、ウクライナとの良好な関係が何より重要であり、それを行き詰まった領土紛争で犠牲にしてはならないと考えていた。だがウクライナがよい隣国であり続けてくれると期待したし、ロシア市民やウクライナのロシア語話者たち、特に南東部とクリミアの人々が、仲の良い民主的で文明的な国で暮らし、その国が彼らの権利を国際法の規範内で保護してくれると期待していた。

だが状況はそのように展開しなかった。幾度となく、ロシア人から歴史的記憶を奪い、彼らの言語さえ奪って、同化を強制しようという試みが行われた。さらにロシア人たちは、ちょうどウクライナの他の市民たちと同様に、20年にわたり同国を揺さぶり続けてきた絶え間ない政治的、国家的な危機に苦しんできた。

ウクライナ国民が変化を求めた理由は理解できる。ウクライナ独立の年月に権力を握った当局者たちに、彼らはうんざりしたのだ。大統領、首相、議会議員は替わったが、国や国民に対する彼らの態度は同じだった。国から絞り取り、権力や資産やキャッシュフローを巡って内紛を続け、一般市民のことはまるで気にかけなかった。故国で何の見通しも得られずに、外国で日雇いの出稼ぎに行く自国民が何百万人もいる理由をこいつらは考えなかった。この点は強調しておきたい。彼らは何やらシリコンバレーに逃げ出したのではない。日雇い労働者になりに行ったのだ。去年だけでも300万人近い人々が、ロシアでそうした仕事に就いている。一部の情報源によると、2013年に彼らがロシアで稼いだ金額は200億ドル、ウクライナGDPの12％だ。

繰り返しておくが、汚職や非効率な国家運営や貧困に抗議する平和的なスローガンを掲げてマイダン広場にやってきた人々のことはわかる。平和的な抗議、民主的な手順と選挙の権利は、人々の意に満たない当局を置きかえるためだけに存在する。だがウクライナで先日起きた出来事の背後にいた連中はちがう魂胆を持っていた。連中はまたもや政府の乗っ取りを準備していたのだ。権力を掌握しようとして、手だてを選ばなかった。テロ、殺人、暴動に頼った。ナショナリスト、ネオナチ、ロシア恐怖症ども、反ユダヤ主義者どもがこのクーデターを執行した。そして今日までウクライナの論調を彼らが牛耳っている。

この新たな当局を名乗る連中は、まず言語政策を改定する法案を導入した。これは少数民族の権利に対する直接的な侵害だ。だが彼らは即座に、この政治家を名乗る連中の外国スポンサーたちに「お仕置き」を受けた。現在の当局者なる連中の導師たちは、確かに賢いし、純粋ウクライナ国家を構築しようというそうした試みがどんな結果になりかねないか、十分に承知していた。法案は棚上げになったが、明らかに将来のために取っておかれている。いまやこの試みについてはほとんど言及されない。おそらくは、人々がすぐに忘れると思ってのことだろう。それでも、みんな第二次世界大戦でヒトラーの仲間だったバンデーラ[*1]の、イデオロギー的後継者たちの意図ははっきりわかる。

またいまやウクライナには正当な行政当局がないのも明らかだ。だれも対話相手がいない。多くの政府機関はいまやこのニセモノどもに乗っ取られたが、こいつらは国の統制力をまったく持っていないし、連中自身——そしてこの点は強調しておきたい——はしばしば過激派に牛耳られているのだ。場合によっては、マイダンの武闘派からの特別許可がないと、現在の政府の一部大臣とは面会できない。これは冗談ではない——現実なのだ。

クーデターに反対した者たちはすぐに弾圧の脅しを受けた。当然、ここでまっ先にやり玉に挙がったのはクリミア、クリミアのロシア語話者たちだ。これを受けて、クリミアとセヴァストーポリの住民たちは、自分の権利と命を守ってくれとロシアに助けを求めた。そしていまなおキエフ、ドネツク、ハリコフ、その他ウクライナ都市で展開中の出来事を防いでく

＊1　訳注：ウクライナで第二次世界大戦当時に活動したナショナリスト集団OUNの親玉。反ユダヤ、反ポーランド的な主張を行い、初期は反ソ反共でナチスに協力したが、すぐに裏切られて決別し、収容所に送られている。彼の組織は虐殺に加担したがウクライナ独立に貢献した人物でもあり、評価は分かれる。

れという。

当然ながら、この懇願を聞き届けないわけにはいかない。クリミアとその住民の苦境を放置できない。そんなことをしたらこちらの裏切りになる。

まず、クリミア住民が史上初めて自分の未来について完全な自由意思を平和的に述べられる条件を作り出す支援が必要だった。だが西欧や北米の同輩たちからは何が聞こえてきただろうか？　彼らは我々が国際法の規範を侵しているという。まず、連中がそもそも国際法というものがあることを覚えていたというのは結構な話だ——遅くなってからでもやらないよりはマシだ。

第二の最も重要な点として——我々がズバリ何を侵害していたのか？　確かにロシア連邦大統領は、議会上院からウクライナで武力を行使する許可を得た。だが厳密に言えば、だれもこの許可に基づく行動はまだやっていない。ロシアの軍隊はクリミアに一切入っていない。彼らがそこにいたのはすでに国際法に準拠してのことだ。確かにロシアはそこでの自軍を強化はした。だが——これはみんなに聞いて知って欲しいことだが——クリミアでの軍の兵員数上限は2万5000人に設定されているが、それを超えてはいない。そんな必要はなかったからだ。

次に、クリミアが独立宣言をして住民投票をすることにした中で、クリミア最高議会は国連憲章を引き合いに出した。これは国の自決権について語っている。ちなみに思い出してほしいが、ウクライナがソ連から分離したときには、まさに同じことをほとんど一言一句たがわずにやった。ウクライナはその権利を行使したのに、クリミア住民はそれを認められない。なぜだ？

さらにクリミア当局は有名なコソボの先例に言及した——我らが西側の同輩たちが、きわめて似たような状況で、自らの手で作りだした先例だ。彼らはコソボがセルビアから一方的に分離するのは、まさにクリミアがいまやっていることだが、正当であり国の中央当局からの許可は必要としないと合意している。国連憲章第1章第2条に基づき、国連国際司法裁判所はこのアプローチに同意して、2010年7月22日裁定で以下のコメントをしている。引用しよう。「独立宣言について安保理事会の慣行からは全般的な禁止を引き出すことはできない」。さらに「一般的な国際法は独立宣言の禁止を含んでいない」。世に言う、明々白々というやつだ。

引用に頼るのは嫌いだが、この場合はどうしようもない。以下は別の公式文書からの引用だ。2009年4月17日付の、アメリカ合衆国が同じコソボ関連の公聴会に関して提出した答弁書面だ。また引用しよう。「独立宣言は、国内法規に違反している場合もあり、そうしたケースは多い。だからといってそれが国際法違反にはならない」。引用終わりだ。彼らはこれを書き、世界中に頒布して、みんなに同意させたくせに、いまは激怒している。何を怒る？ クリミア住民の行動は完全にこうした話に収まるものと言える。だがどういうわけか、コソボのアルバニア人たち（そして我々は彼らを全面的に尊重する）がやってよかったことも、ロシア人、ウクライナ人、クリミア系タタール人たちには許されないという。再び、なぜだろうと思ってしまう。

アメリカや西欧からはずっと、コソボは何やら特殊な例だったと聞かされ続けている。我らが同輩たちの目から見て、何がそんなに特殊なのだろうか？ それは、コソボの紛争が実に多くの人的被害をもたらしたから、ということだそうだ。これは法的な主張だろうか？ 国際司法裁判所の裁定のどこにもそんな話はない。ダブルスタンダードですらない。驚異的で、原始的で、どうしようもない利己主義だ。これほど粗野な形ですべてを自分の利益に沿うようにするのはいかがなものか。同じものを今日は白いといい、明日は黒いというのだから。この理屈なら、あらゆる紛争が確実に人的被害をもたらすようにしなければならない。

はっきり述べよう——クリミアの地元自衛部隊が状況を制圧しなければ、こちらでも人的被害が出ていただろう。ありがたいことにそうはならなかった。クリミアでは武装対決は一件もなく、死傷者もなかった。なぜそうなったと思う？　答は単純。人民の意志に逆らって戦うのは極めて困難で、実質的に不可能だからだ。ここで私はウクライナ軍に感謝したい——これは完全武装の兵員2万2000人だ。こうしたウクライナの兵員たちは流血を控え、自分たちの制服を血で汚さなかった。

これに関連して他の思いが脳裏をよぎる。連中は何やらクリミアにロシアが介入したと言い続ける。何か攻勢が行われたと。はて、聞くだに妙な話だ。銃が一発も打たれずに人的被害がまったくないような事例が、介入の歴史で一つでも思い出せるだろうか。

諸君、

ウクライナ情勢は鏡のように、過去数十年にわたり世界で何が起きていて、過去に何が起きてきたかを反映している。地球上の二極体制の解体後、我々はもはや安定性を持っていない。主要な国際機関は少しも強くならず、むしろ多くの場合に悲しいかな劣化している。アメリカ合衆国率いる西側の相方諸君は、実務政策においては国際法の導きなど受けないのを好み、銃の支配に任せるのがお好みだ。彼らは自国の独自性と例外性を信じるようになり、自分が世界の運命を決められ、自分たちしか常に正しくないのだと信じている。連中は好き勝手にふるまう。あちこちで独立国家に対して武力を行使し、「オレたちの味方でなければ敵だ」という原則に基づいて同盟を作る。こうした攻勢を正当に見せるため、国際組織から必要な決議を無理に引き出し、そしてなぜかこれがうまくいかないと、国連安全保障理事会や国連そのものをあっさり無視する。

これはユーゴスラビアで起きた。１９９９年のことは忘れない。自分の目で見ても信じられなかったのだが、20世紀の終わりに、ヨーロッパの首都の一つベオグラードが、数週間にわたりミサイル攻撃を受け、それから真の介入がやってきたのだ。この問題について国連安全保障理事会の決議がこうした行動を許していただろうか？　そんなものは一切ない。それから連中はアフガニスタン、イラクを攻撃して、リビアでは国連安全保障理事会の決議を平然と侵害し、いわゆる飛行禁止空域を設定する代わりに、爆撃まで開始した。

「カラー」革命と称する操られた代物が山ほどあった。明らかにそうした出来事があった国々の人々は、圧政と貧困、見通しのなさにうんざりしていただろう。だが彼らの感情は身勝手さのために利用されてしまった。こうした国々には、彼らの生き様、伝統、人々の文化とまったく対応しない形の基準が押しつけられた。結果として、民主主義と自由のかわりにカオス、暴力の勃発と一連の蜂起が生じた。アラブの春がアラブの冬になったわけだ。

同様の状況がウクライナでも展開した。2004年に都合のいい候補者を大統領選でゴリ押しするため、連中は何やら第三次投票を思いついた。これは法で定められたものではない。バカげていて憲法を愚弄するものだった。そしていまや、連中は組織されて装備豊かな武装勢力軍を投入したわけだ。

何が起きているかはわかる。こうした行動はウクライナとロシアおよびユーラシア統合に反対するのを狙っていたのはわかる。そしてこれはすべて、ロシアが西側の同輩たちと対話をしようと苦闘しているときに行われた。我々は絶えずあらゆる重要分野での協力を提案している。信頼水準を引き上げ、我々の関係を平等でオープンで公平なものにしたい。だがそれに応えるステップは何も出てこなかった。

それどころか、何度もウソをつかれたし、裏で決断を下されたし、話が決まった後でこっちに持ってきたりされた。これはNATOの東方拡大でも起きたし、国境への軍事インフラ配備でも起きた。連中は絶えず同じことを言い続ける。「でも、これはあんたらには関係ないことだから」。口では何とでも言える。

ミサイル防衛システム配備でもそうだった。こちらがどれほど文句を言っても、プロジェクトは稼働して前進中だ。査証問題での果てしない時間稼ぎでもそうだし、公平な競争やグローバル市場への自由アクセスでもそうだ。

今日、制裁の脅しがきているが、ロシアはすでに多くの制約を体験しているし、我々や経済や国にとってかなり大きなものも多い。たとえば、まだ冷戦中だった頃、アメリカとその後続の他の国々は、ソ連に販売できない技術や設備の長い一覧を作って、対共産圏輸出統制委員会（COCOM）リストができた。今日、公式にはそれが廃止されたが、公式にはというだけだ。現実には、多くの制約がまだ続いている。

要するに、どう見ても18世紀、19世紀、20世紀に実施された悪名高い封じ込め政策が今日も続いているとしか考えられないのだ。連中は絶えず我々を隅に追いやろうとしている。それは我々が独立の立場を持っているから、我々がそれを維持して、我々がありのままのことを述べ、偽善に加担しないからだ。だがものには限界というものがある。そしてウクライナでは、我々の西側の相方たちは一線を越えた。クマのようにふるまい、無責任かつ実に下手クソな行動をした。

結局のところ、連中はウクライナやクリミアに何百万人もロシア人が住んでいるのを十分に承知していたのだ。自分たちの行動のあらゆる影響を予想できなかったというのは、政治的な直感力と常識が本当になかったのだろう。彼らはロシアを、出口のない立場に追い込んだ。バネを限界まで圧縮したら、強烈にはねかえるのだ。これは絶対忘れてはいけない。

今日では、このヒステリーを終えることが重要だ。冷戦レトリックに反論して、明らかな事実を受け入れることだ。ロシアは国際問題における独立した活発な参加者だ。他のあらゆる国と同じく、独自の国家利益を持つので、それを考慮して尊重してもらわないと。

同時に、クリミアでのロシアの行動を理解してくれた者たちにはみんな感謝する。中国の人民には感謝する。中国の指導者たちは昔から、ウクライナとクリミアの状況を考慮するときに歴史的政治的な文脈に十分配慮してくれた。インドが発言を控えて客観性を維持してくれたのも大いに感謝する。

今日、私はアメリカ合衆国の人々に訴えたい。彼らは建国と独立宣言採択以来、何よりも自由を掲げてきたのを誇っている。クリミア住民が、自分の運命を自由に決めたいという欲求はそうした価値観ではないのか？　どうかわかってほしい。

またヨーロッパ人、中でも特にドイツ人は私を理解してくれると思う。東西ドイツ統一の政治的な交渉の中で、きわめて高い専門家レベルとはいえ、当時もいまもドイツと同盟関係にあった一部の国は、東西統一という発想を支持しなかった。だが我が国は、ドイツ人の国家統一の止みがたい誠実な願望を、揺るぎなく支持してきた。[*2] みなさんがこれを忘れてはいないと私は確信する。そしてドイツ市民もまたロシア人、歴史的なロシアが統一を回復する願望を支持してくれると期待する。

またウクライナの人々にも訴えたい。どうか理解していただきたいと真摯にお願いする。どんな形でもあなた方に危害を加えたいとはまったく思っていないし、みなさんの国民感情を傷つけるつもりもない。我々は常にウクライナの統一性を尊重してきた。ちなみに、政治的野心のためにウクライナ国家の領土一体性を犠牲にした連中とはその点でまったくちがうのだ。その連中はウクライナの偉大さについてのスローガンは掲げてみせるが、国を分断するようなあらゆる手を尽くしたのはその連中なのだ。今日の市民の対立はすべてそいつらのせいだ。是非とも聞いてほしい、我が友人たちよ。ロシアを恐れさせたがる連中に耳を貸すな。他の地域もクリミアに続くぞとわめく連中の言うことは聞かないでほしい。我々はウクライナを分断したくない。そんな必要などない。クリミアについて言えば、それは昔も今後

*2　訳注：積極的に支持したというより、1989年東ドイツ崩壊に際してゴルバチョフは事態の展開の速さのため、手をこまねいて何もしなかったというのが実態。当時プーチンはまさにKGBの東独出張所にいて、モスクワが東ドイツを軍事的に救わなかったことについて、大統領就任後も不満を述べている。

も、ロシア人、ウクライナ人、クリミアタタール人の土地であり続ける。

繰り返す。もう何世紀もそうだったように、クリミアはそこに住むあらゆる人々の故郷となる。それが決してならず、今後もやらないのは、バンデーラの道をたどることだ！

クリミアは我々の共通の歴史遺産であり、地域安定におけるきわめて重要な要因だ。そしてこの戦略的な領土は、強力で安定した独立主権国の一部であるべきだ。これは今日、ロシア以外ではあり得ない。さもなければだね、我が友よ（これはウクライナとロシアの両方に向けて語っている）、諸君と我々――ロシア人とウクライナ人――はクリミアを完全に失いかねない。そしてそれは歴史的観点で間近に起こりかねない。是非考えて見てほしい。

さらに指摘させてほしい。我々はすでにキエフから、ウクライナが間もなくNATOに加わるという宣言を聞いた。これはクリミアとセヴァストーポリの未来にとってどんな意味を持っただろうか？　NATO海軍がこのロシアの軍事的栄光を担う都市のど真ん中にやってくるということだ。これはロシア南部全体に対し、見かけ上どころかまったくもって本物の脅威をもたらすことになる。クリミアの人々の選択がなければ、こうしたことが現実になりかねなかった。この点で彼らにはお礼を申し上げたい。

だがやはり言っておくと、我々はNATOとの協力に反対はしていない。これは絶対にちがう。組織の内部プロセスはいろいろあるが、NATOは軍事同盟であり、我々は軍事同盟がロシアの裏庭や歴史的な領土のど真ん中に居すわるのは反対だ。NATO水兵を訪ねるためにセヴァストーポリに出向くなど、まったくもって考えられない。もちろん、そのほとんどはすばらしい連中だが、むしろ彼らがこっちに来て我々を訪問し、お客になってくれるほうが、その逆よりはいい。

率直に言わせてもらうが、現在ウクライナで起きていることを見ると我々の胸は痛む。人々の苦しみや、その日その日をどうやって切り抜け、明日に何が待っているのかもわからない不安を我々は目の当たりにしている。我々の懸念はよくわかる。というのも我々は単に近くのご近所というだけでなく、すでに何度も述べたように、我々は一つの民族だからだ。キエフはロシア都市の母だ。古代ルーシは我々の共通の源であり、お互いなしではやっていけないのだ。

またもう一つ言わせてほしい。ウクライナには何百万人ものロシア人やロシア語話者が住んでいるし、今後もそれは続く。ロシアは常に彼らの利益を、政治、外交、法的手段で擁護する。だがこうした人々の権利や利益が完全に保護されるようにするのは、何よりもウクライナ自身の利益にかなうはずだ。これはウクライナ国家の安定と領土一体性を保証する。

我々はウクライナと仲良くしたいし、ウクライナには強い独立した自立できる国であってほしいと思う。ウクライナは何と言っても、我々の最大のパートナーの一つなのだから。多くの共同プロジェクトもあるし、現在の困難がどうあれ、それらの成功を私は信じている。最も重要な点として、我々はウクライナに平和と調和が満ちてほしいし、それを支援し支えるために、他の国々とともにできる限りのことはする用意がある。だがすでに述べたように、自分の国内をまともにできるのは、ウクライナ自身の国民だけなのだ。

クリミアとセヴァストーポリの住民のみなさん、ロシアの全員があなたたちの勇気、尊厳、勇敢さを賞賛しました。クリミアの将来を決めたのはあなたたちです。最近では我々はこれまでにないほど密接になり、お互いを支え合っています。これは心からの連帯感です。国がその成熟と精神の強さを実証するのは、こうした歴史の転回点でのことなのです。ロシア国民は、同胞たちへの支援で力をあわせることで、こうした成熟と強さを示しました。

この問題をめぐるロシアの外交的立場は、何百万人もの我が民、我が国民的団結と、国の主要な政治力や公共に対する支援からその確固たる態度を引き出している。みんなにその愛国精神について感謝したい。一人残らずだ。いまや我々はこの種の統合を継続して維持し、我が国がこれからの道で直面する作業を解決しなくてはならない。

当然ながら、外部からの反発にはあうだろう。だがこれは我々が自分で下すべき決断だ。我々は、国民の利益を一貫して守る用意があるだろうか、それともいつまでも屈服し、退却し続けるのだろうか。そしてその場合はどこに向かうというのか？　一部の西側政治家たちはすでに、単なる制裁で脅すに留まらず、ますます国内面での深刻な問題が起こると言って脅している。彼らが一体何を念頭においてそんな発言をしているのか、知りたいものだ。第五列、あの「国民的裏切り者」のバラバラな寄せ集めどもの行動だろうか、それとも我々の社会経済状況をますます悪化させるように仕向けて、世間の不満を煽ろうと期待しているのだろうか？　我々はこうした発言を無責任と考えるし、明らかに攻撃的な論調であり、それなりの対応をしたい。同時に、我々は相手が東だろうと西だろうと、決して相方との対立を煽ったりはしないし、それどころか文明的でよい近隣関係を構築しようと全力を尽くす。現代世界ではそうするべきなのだから。

諸君、

私はクリミアの人々を理解している。彼らはこの問題を、住民投票という能う限り最も明確な形で問いかけた。クリミアはウクライナに入るべきか、ロシアに入るべきか？　クリミアとセヴァストーポリの当局、その立法当局がこの質問をまとめたとき、集団や政治的な利害は脇において、人々の根本的な利害だけを自分たちの仕事の要石としたと、我々は確信を持って断言できる。クリミアの、この固有の歴史的、人口的、政治的な状況では、他に提案されたどんな代案も——一見するといかに魅力的に思えても——一時的で脆弱なものになってしまい、まちがいなくそこの状況のさらなる悪化をもたらし、人々の生活に悲惨な影響をもたらしたことだろう。クリミアの人々は質問を、確固たる妥協なき形で提示すると決め、あいまいな部分を一切残さなかった。住民投票は公平で透明であり、クリミアの人々は明瞭かつ説得力ある形でその意志を表明し、ロシアに加わりたいと述べたのだ。

いまやロシアも、国内外の各種の要素を考慮したむずかしい決断を迫られる。ここロシアの人々はどう思うだろうか？　ここでも、あらゆる民主主義国同様に、人々はちがう観点を持っているが、圧倒的多数のロシア国民は、明らかに今起きていることを本当に支持しているのだとは指摘したい。

ここロシアで行われた直近の世論調査によれば、95％の人々はロシアがクリミアに住むロシア人などの民族集団の利益を保護すべきだと考えている——国民の95％だ。83％以上は、一部の他国との関係が面倒になってもそれをやるべきだと考えている。のべ86％はクリミアがまだロシア領で我が国の土地の一部だと見ている。そして一つことさら重要な数字は、クリミアの住民投票の結果とも対応している。ロシア国民の92%近くが、クリミアのロシア再統合を支持しているのだ。

だからクリミアの圧倒的多数と、ロシア連邦国民の絶対多数が、クリミア共和国とセヴァストーポリ市のロシア再統合を支持しているのがわかる。

さてこれはロシア自身の政治的決断の問題であり、ここでの決断はすべて人々の意志のみに基づくものだ。というのも人々こそはあらゆる権利の究極の源だからだ。

連邦院のみなさん、国家院議員、ロシア市民、クリミアとセヴァストーポリ住民のみなさん、本日人々の意志に従って、私は連邦議会に、ロシア連邦における二つの新たな構成地域の創設についての憲法を検討するよう要請を提出するものです。そしてロシア連邦にクリミアとセヴァストーポリを認める条約の批准も求めます。この条約はすでに調印の準備ができております。みなさんの支持を私は確信するものです。

「ウラジーミル・プーチン直通電話」抜粋：

クリミア計画、緑の男、スノーデン

（2014年4月17日）

概要

年次の「ウラジーミル・プーチン直通電話」は主要テレビ局や各種ラジオ生放送の、だれでもプーチンに直接電話して何でも質問できる企画。当初は本当にヤラセなしだったが、次第に選別された公式質疑応答会の色が強まり、ヤバい質問はなくなってきた。だが開放的な形式もあって、まだ時にプーチンの本音がうかがえる場となっている。

2014年はクリミア侵略併合直後。全3時間超の質疑応答のうち、興味深い部分を抜粋した。軍の派兵はなかったというこれまでの主張をあっさり覆し、ロシア特殊部隊が派遣されていたことをプーチンが公然と認めた部分。また侵攻併合がかなり即興だったという発言。さらに、2013年にアメリカの諜報体制を暴露してロシアに逃げた直後の（ロシアに協力していないはずの）エドワード・スノーデンがいきなり登場した部分。

「直通電話」司会キリル・クレイメノフ：みなさんこんにちは。「ウラジーミル・プーチン大統領直通電話」です。スタジオには、マリア・シッテルと私キリル・クレイメノフがおります。

クレイメノフ：キエフと西側の双方から、ロシアはウクライナ東部のデモの背後にいて、それが「モスクワの手」により仕組まれ資金提供されたという声明が出ていますが、いかがでしょう？　一部のロシア軍部隊がそこにいたとまで主張されていますが？

プーチン：ばかばかしい。東部ウクライナにはロシア軍などいない——特殊部隊も戦術顧問も。すべて地元住民の行動だ。それが証拠に、そうした人たちは文字通りマスクを外している。だから西側の相方には言ってやるんだよ。「連中はどこにも行くところがなく、立ち去ったりしない。彼らの土地なんだから、彼らと交渉しないいと」

マリア・シッテル：南東部の話は後でまたまちがいなく出るはずです。まずクリミアの話をしましょう、あなたがどう決断を下されたのか。政治的キャリアを通じて、クリミアのことはおくびにも出しませんでしたね。お考えにはなっていたんでしょうが、私的な話でクリミアのことは語りさえなさいませんでした。

すると意思決定はどう行われたのでしょう？ もう一度お話しいただけますか？ チームのだれかから反対は出ましたか？ 考えられるリスクは、国際的な制裁からいま目の前で展開している内戦まで、どう評価なさいましたか？

プーチン：最も明白なリスクはロシア語話者が脅かされ、その脅しがきわめて具体的で物理的なものだったということだ。だからクリミア住民、そこに住む人々は自分たちの未来を考えてロシアに助けを求めたんだ。それが決断を導いた。

最近のクレムリンでの演説で、ロシアは一切領土を併合するつもりはなく、そこでの軍事作戦も一切計画していないと述べた。一度もしていない。その正反対で、現在の地政学的現実に基づいてウクライナとの関係構築を進めるつもりだった。だが一方で、あらゆる地元のロシア人、ウクライナに住むロシア語話者が、快適な政治環境で暮らせるものと我々は思ってきたし、またそれを願ってきた。彼らが脅されたり弾圧されたりしないと思ってきたんだ。

だがこの状況が変わり、クリミアのロシア人がまさに脅しや弾圧に直面して、自決権の問題を提起するようになると——そのときに我々は腰を据えて、どうしようか決めたんだ。クリミア人を支持しようと決めたのはまさにその瞬間であって、5年前とか10年前とか20年前なんかじゃない。

この問題を安全保障評議会のメンバーと相談したが、だれも反対しなかった。それどころかみんな私の立場を支持した。そしていまや、行動計画のあらゆるステップがきわめて厳密な形で、すばやく、しっかりと決然と実施されたので、私は大喜びだ。

クレイメノフ：計画の遂行も、独特で歴史上類を見ないもののようでした。プーチン大統領、ロシアに住む我々は、ここで物事がどう行われるか十分に知っています。それでもこれは、きわめてすばやく行われました——複雑な国民投票が、最短時間で用意され、安保上の問題に対処され、ウクライナ軍が武装解除されました——これを見ると、どう見ても長期の計画で入念に準備された行動に思えるのですが。

プーチン：いいや、これは前もって計画したものではないし準備もしていない。その場でやったことで、すべては状況と目先の要求に応じて即興で行うしかなかった。だがそのすべてがすばやくしっかりと実施された。それは認めないとな。

我々の使命はあそこで全面軍事作戦を実施することではなく、人々の安全と安保と意志表明の快適な環境を確保することだった。それをやったんだ。だがクリミア人自身の強い決意なしには不可能だった。

またクレムリンの演説に、最後の一行――クリミアをロシア連邦に含めるという法案の開始についてのもの――を加えたのは、最後の日のギリギリ間際になってからだったというのは言っておきたい。住民投票の結果を待っていたからだ。世論調査やアンケートはあったし、一部集団の感情もあるが、住民投票はその地域の全住民の意志表明だ。彼らの意志を知るのが私にとってはきわめて重要だった。

だから投票率が83％になって、うち96％がクリミアのロシア連邦編入を支持したら、この決断は多数決で行われたのが明らかとなった。全員一致と言ってもいいくらいだ。この状況では、編入を認めるしかない。

シッテル：番組のウェブサイトから、SMSが届いています。「結局あの若者連中はだれだったの？　ロシア人にしか見えなかったけど」

プーチン：若者って何の話だ？

シッテル：あの礼儀正しい若者たちです。

クレイメノフ：あの「小さな緑の男たち」

プーチン：それについてはすでに何度か公式に話してきたが、もっとはっきり言うべきだったかな。だが外国の同輩たちとの会話では、我々の狙いがクリミアの人々に、意志を自由に表明できる条件を確保することだったという事実は隠さなかった。だから我々は、クリミアの状況が、現在ウクライナ南東部で展開しているような形にならないよう、必要な手段を講じねばならなかった。戦車や、ナショナリストの戦闘部隊や、極端な見方の連中が自動兵器で武装しているのは見たくない。もちろん、ロシアの軍人はクリミアの自衛軍の後押しをした。しっかりした、しかし断固としたしっかりした態度で行動した、という話はすでにした。

他のやり方ではオープンで正直で尊厳ある住民投票を行い、人々が意見を述べるのはまったく不可能だった。それでも、クリミアにはしっかり武装した兵が2万人以上も駐留していたことをお忘れなく。さらにS300ミサイルランチャーが38機、武器庫や大量の弾薬もあった。だれかがそうした兵器を民間人相手に使う可能性さえ封じておくのがどうしても必要だったんだ。

タチアナ・レモゾワ：大統領、非常におもしろい質問が電話できました。読み上げます。「ロシアは武力でクリミアを併合しました。すると昨今では国の独立を保証できる唯一のものは武力ということですか？」

プーチン：ロシアはクリミアを武力で併合なんかしてない。ロシアは条件を作りだしただけだ——特殊武装団体と軍隊の支援でだ、もうはっきり言ってしまおう——だがそれはクリミアとセヴァストーポリに暮らす人々の意志の自由な表明のためだけだ。決定を下したのは住民たち自身だ。ロシアは彼らの呼びかけに応え、クリミアとセヴァストーポリの決断を歓迎した。これは自然なことで、他のやり方はありえなかった。

国際関係での武力因子について言えば、それは昔からあったし今後も続く。それは別の問題だし、重要なのは各国が、武力が国際関係で重要な役割を果たすことを考慮しつつ、武力を使わずに国際舞台で、国とその人々の利益を交渉し、妥協し、バランスをとるような、安定した行動ルールを、常識に基づいて発達させて強化するべきだということになる。

クリミアでの出来事自体は、これと何も関係ない。イラク、アフガニスタン、リビアなどの地域で起きたことを思い出そう。私見では、世界が一極体制になると、あるいはだれかが世界をそういうふうに仕向けると、その一極はあらゆる問題が武力で解決できるという幻想を抱く。そして武力均衡がある場合にのみ、交渉したいという欲求が生じる。我々が国際法を強化する道に沿って動くようになることを願いたいね。

シッテル：プーチン大統領、番組の新しいフォーマット、ビデオ質問に数分ほどお願いします。アンナ・パブロワ、お願い。

アンナ・パブロワ：ありがとうございます。ここビデオセンターでもウクライナ危機に関する質問が大量にきています。多くの人は最新の情勢を受けて、近隣国とのこれからの関係を懸念しています。それでは、サンクトペテルブルクのセルゲイ・ルーカスさんが送ったビデオ質問をご覧ください。

セルゲイ・ルーカス：プーチンさん、ロシア軍がウクライナ侵略の準備をしているとかいう、とんでもないウソっぱちは、だれが得をするのかねえ？　おれたちを、兄弟、近隣、ヨーロッパの仲間たちと対立させたがっている連中は、何を狙ってるんだ？　そして国境の向こうの地域を訪れたいと思う人たちを、堂々と迎えて構わないかね？　ありがとう。

プーチン：ロシアとウクライナを分断しようという意図、多くの点で基本的には一つの国を分離しようとするのは、何世紀も国際政治の課題だった。白軍運動の指導者たちの発言を見れば、ボリシェヴィキと政治的に意見があわなくても、ウクライナとロシアとの分断の可能性など考えたこともなく、常に共通の統一空間で単一国家とみていたんだ。そして彼らはまったくもって正しい。

だが今日の我々は別々の国に暮らしている。そして残念ながらこの分断政策、単一の国の二つの部分を引き離してどちらも弱める方針は続いている。世界には、我々の強さ、かつて我が独立主権国が述べた「我々の巨大さ」を恐れる勢力がたくさんいるんだ。だから連中は我々を細切れにしようとする。これは有名な事実だ。ユーゴスラビアをどうしたか見るがいい。切り刻んで、いまや操れるものはすべて操っている。つまりはすべてを。明らかに我々に同じことをしたいヤツらがいるし、起きていることを見れば、だれが何をしているかというご自身の疑問にご自分で答えられるはずだ。

クレイメノフ：他の質問に移る前に、冒頭で話した演説のことですが、クリミアとセヴァストーポリのロシア併合条約に調印する前にあなたが行ったものです。多くの人はあれに多いに感銘を受け、ミュンヘン演説にも比肩すると言いました。あなたの最高の演説と言う人もいます。

なぜあの演説をなさったのでしょうか。まず、別に形式として求められてはいませんし、形式もかなり非凡でした――国や政府ではなく、人々に向けた演説でしたね。

プーチン：あの形式を選んだのは、出来事と状況の重要性に鑑みてのことだ。これは我が国民、我が国、我が国家にとって非凡な出来事だからね。だから連邦議会とロシア連邦国民に対して、国家院と連邦院（議会下院と上院）の前で呼びかけるのが義務だと思った。これが第一点。

二点目として、なぜ演説は他国の政府ではなく他国民に対して向けられていたのか？ご存じの通り現代世界、特に西側世界はきわめて独占が進み、多くの西側諸国は――耳が痛いだろうが――独立主権の相当部分を自発的に手放してしまった。これはある程度までブロック政治の結果だ。時にロシアは、地政学的な問題でこれと折り合いをつけるのにえらく苦労する。自国ですら、アメリカ人に盗み聞きされるのを恐れてひそひそ声でものを言う人たちと合意に達するのはむずかしいんだ。これは冗談ではないし、比喩でもない。聞いてくれ、真面目なんだ。冗談を言ってるんじゃない。だが経済その他の問題で主要な相方なんだ。

だがそうした国の国民に語りかけたのは主に、ドイツ、フランス、イタリアの一般人はすぐに、ある発言が嘘かどうか感じ取れるからだ。我々の立場は完全にオープンで正直で透明で、だから一部の指導者なんかより、一般人に理解してもらうほうが簡単だ。どうやらある程度は成功したように思う。国を支配するのがどんな政府だろうと、有権者の意見は考慮しなければならない。だから人々に呼びかけたんだ。

シッテル：ビデオ通話センターからの質問です。アンナ、どうぞ。

パブロワ：はいみなさん、ありがとうございます。ちょっと意外なビデオ通話です、センセーショナルと言ってもいいでしょう。これをかけているのは、世界中の何百万人もに影響する大量監視計画を暴いて、情報革命を引き起こした人物です。大統領、元諜報エージェントのエドワード・スノーデンからの質問です。

プーチン：なんだと本当かい？

エドワード・スノーデン：ズトラストヴィーチェ。オンライン通信の大量監視や、諜報機関および法執行機関による私的記録の大量収集について質問させてください。最近、アメリカでは、二つのホワイトハウスの独立調査と、連邦法廷が、いずれもこうした計画がテロ防止には役立たないという結論を出しました。またこうしたものが、一般市民――何ら違法行為や犯罪活動の嫌疑すら受けていない人々――の私生活に無用な侵入を行うものだと結論しています。さらには、こうした種類の計画はこのような捜査目的で各種機関が使う手法の中で、侵襲性が最も低いものとは言えないともされています。さて、私はロシア自身の大量監視政策への関与については、ほとんど公開議論を見たことがありません。そこでうかがいたいのですが、ロシアは何百万人もの個人の通信を何らかの形で傍受、保存、分析していますか、そして単に諜報や法執行捜査の効率性を高めるというだけで、社会――捜査対象の個人ではなく――を監視下に置くのが正当化できるとお考えですか？　ありがとうございます。

クレイメノフ：大統領、質問の意味はおわかりになりましたか？

プーチン：ああ、おおよそは。

クレイメノフ：これはスノーデン氏からの専門的な質問です。サミット会議などでは外国指導者と自由にお話しされているのは拝見していますが、観客のために質問を翻訳してみます。

プーチン：とはいえアメリカ英語はちょっとちがうなあ……。

クレイメノフ：質問を書き留めようとしましたが、いま申し上げた通り専門的な部分があって……。

プーチン：理解したところでは、ロシアが電子的監視を行っているか知りたいんだろ。

クレイメノフ：オンライン通信の大量監視と、利用者の私的記録収集について尋ねました。アメリカの連邦裁判所は、こうした計画がテロ防止に効果がないと結論したそうです。これは重要な認知です。また一般市民の私生活への侵入についても何か言いました。スノーデン氏はまた、この問題についてロシアで公開の議論が行われているのを見たそうです。そして最後に、ロシアが何百万人もの個人の通信を何らかの形で傍受、保存、分析しているか尋ねました。そうした大量監視が正当化できるとお考えか知りたいとのことです。

プーチン：スノーデンさん、あなたは元諜報官で、私も諜報局で働いていた。だから専門家同士として話をしよう。まず、ロシアは公安部門による特殊機器の使用を厳格に制限する法律を持っている。これは私的会話の傍受やオンライン通信の監視も含まれる。こうした装置を使うには、個別事例ごとに法廷の令状を必要とするんだ。だから無差別な大量監視はロシア法の下では存在しないし、あり得ない。

犯罪者は、テロリストも含め、こうした近代的な通信システムを犯罪活動に使うから、公安部門はそれに応じた対応ができるべきだし、テロを含む犯罪に対処するために近代的な装置を使うべきだ。願わくば——本当に心から願うが——そんな形では決して行動したくないものだ。それにロシアはそんなアメリカみたいな技術能力も資金もないんだよ。だが主要な点としては、ありがたいことに、うちの公安部門は国や社会にしっかり統制されていて、その活動は法で厳密に制限されているということだ。

国際連合第70次総会演説：

ＩＳＩＬ、難民、経済協力

（2015年9月28日）

概要

そもそもイスラム国が出てきたのは、アメリカがテロリスト支援をしたり、後先の考えもなくイラクやアフガンを爆撃してまわった結果。アメリカはいい加減に己の愚かさを悟れ。そして国際社会は、ＩＳＩＬ打倒のためにシリアのアサド政権を支持しなくてはならない。さもないと、難民がもっと増えて収拾つかなくなるぞ。ついでにミンスク合意を遵守し、ウクライナへのロシア利権を固めろ。その他貿易や気候変動など各種の面でロシアの言い分を受け入れろ。

大統領どの、事務総長どの、国家元首、政府首長のみなさん、紳士淑女の皆様、国際連合70周年記念は、歴史をふりかえり共通の未来について語る好機です。1945年にナチズムを打ち破った国々が力をあわせて、戦後世界秩序のしっかりした基盤を作りました。国々の相互関係を決める原理についての主要な決断や、国連設立の決断は、我が国のヤルタで行われたのを思い出していただきたい。反ヒトラー同盟の指導者が、ヤルタ会談でそれを決めたのです。

ヤルタ体制はまさに艱難辛苦の中で生まれました。何千万人もの人命と、20世紀の地球を吹き荒れた二つの世界大戦を代償として生まれたものです。公平に述べておきましょう。それは人類が、過去70年における波瀾に満ちた、ときに劇的な出来事を乗り切るのを手助けしました。世界を大規模な紛争から救ってきました。

国際連合は、その正当性、代表性、普遍性の点でユニークです。

確かに国連は最近、非効率だとか、根本的な問題をめぐる意思決定が、特に安保理事国の間の乗り越えがたい意見の相違のために足踏みさせられるという事実について、批判されてきました。

しかし国際連合の70年の歴史を通じてずっと、意見の相違は常にあったことは指摘しておきたいし、拒否権はアメリカ、イギリス、フランス、中国、ソ連、最近ではロシアにより実にひんぱんに使われてきたことも指摘したい。これほど多様で代表性を持つ組織では当然のことです。国際連合が初めて創設されたとき、だれも常に意見が一致するなどとは期待していませんでした。この組織の目的は妥協点を探して到達することであり、その強みはちがった見方や意見を考慮する場所ということです。国連内部で議論される決定は、決議になるか、そうでないかです。外交官たちが言うように、可決するかしなかいです。この手順を迂回して行われる行動はすべて正当なものではなく、国連憲章と現代の国際法違反となります。

冷戦後の世界には、一つの支配の中心が残されたのは周知の通りです。そしてピラミッドの頂点にたまたまいた人々は、自分たちがこれほど強力で例外的だから、自分たちこそ何をすべきか一番よくわかっていて、国連なんか意に介する必要はないと考えるようになりました。国連は、彼らの求める決断を全面肯定するどころか、しばしばそれを邪魔するからです。

だからこそ、その人々は国連の役割がすでに終わり、すでに旧弊で古びたものだと言います。もちろん世界は変わるし、国連もまた自然な変身を遂げるべきです。ロシアはパートナーと協力して、国連をさらに広範な合意に基づいて発展させる用意がありますが、国連の正当性を貶めようとする試みはすべて、きわめて危険だと考えます。それは国際関係のアーキテクチャすべての崩壊をもたらしかねないのですし、そうなれば武力以外のルールはなくなります。世界は集合的な努力ではなく利己性、平等性と自由ではなく押しつけに支配され、真の独立国家のかわりに、外部から支配される保護領しかなくなります。

ご列席のみなさんも述べた、国家の独立主権とはどういう意味でしょうか？　それは基本的に自由のことです。あらゆる人、あらゆる国家が自由に自分の未来を選べるのです。

ちなみにこれで、いわゆる国家当局の正当性という話が出てきます。言葉遊びでその意味を歪めてはいけません。国際法、国際関係では、あらゆる用語が明確に定義されねばならず、透明性を持ってだれでも同じように解釈しなければなりません。

人はみんなちがっているし、それは尊重すべきです。だれかが唯一の適切なものだと宣言したまったく同一の開発モデルに、あらゆる国が従うよう強制されてはいけない。

我々みんな、過去の教訓を忘れてはいけません。たとえば我々は、ソ連時代の例を覚えています。ソ連が社会実験を輸出し、イデオロギー上の理由で他国に変化を押しつけましたが、それはしばしば悲劇的な結果をもたらし、進歩よりは衰退をもたらしたのです。

しかしそうしたまちがいを他山の石とするかわりに、人によってはそれを繰り返し、革命を輸出しようとし続けています。ただしいまやそれは「民主的」な革命です。私の前の登壇者が述べた、中東と北アフリカの状況を見るだけでそれは明らかです。もちろん、政治社会問題はこの地域で長いこと積み上がっていましたし、そこの人々は変化を求めていた。しかし実際の結果はどうでしょうか？　改革をもたらすかわりに、過激な介入は拙速に政府機関や地元の生き様を破壊しました。民主主義と進歩どころか、いまや暴力、貧困、社会的惨劇、人権の完全無視があり、人生そのものの権利すら奪われています。

この状況を作り出した人々に是非お尋ねしたい。いまや自分たちが何をしでかしたか、気がつくくらいはできましたか？　しかしこの質問は答えられぬままでしょう。連中は自分の政策を放棄したことはないからです。それは傲慢さ、例外主義、他人への軽侮に基づいているのですから。

中東と北アフリカの一部諸国における権力の空白は、明らかに無政府状態の地域の発生をもたらし、それをすぐに埋めたのは過激派とテロリストでした。いわゆるイスラム国は何万人もの戦闘員たちを擁しており、中には2003年侵略後に脇に放置された元イラク兵たちもいます。多くの参加者たちは、国連安保理事会1973年決議の深刻な違反の結果として、国家が構築されたリビアからきています。そしていまや、西側が支援したいわゆる「穏健派」シリア反体制派勢力もそこに加わっているのです。彼らは兵器と訓練を受けて、それから寝返って、いわゆるイスラム国に加わるのです。

実はイスラム国自体も、いきなりあらわれたわけではありません。望ましからぬ世俗政権に対する武器として当初は開発されたのです。シリアとイラクの一部に対する支配を確立したイスラム国は、いまや強力に他の地域に拡大しています。イスラム世界とそれ以外に対する支配を狙っています。彼らの計画はもっと広い。

状況はきわめて危険です。こうした状況では、テロリズムの脅威について宣言しつつ、テロリストへの資金提供と支援に使われる経路、たとえば麻薬取引、違法な石油や軍備取引の経路から目を背けるというのは、偽善的で無責任なのです。

また過激派集団を操って、政治目標実現に使うのも同じく無責任です。何やらそいつらを後日始末する方法や排除する方法が何か見つかると期待してはいけません。

これを行っている人々みんなに述べたい。紳士諸君、あなたが相手にしている連中は残虐ですがバカではないのですぞ。あなたと同じくらい頭がいい。だから大きな疑問が出てきます。ここではだれがだれを手玉に取っているのか？　最近の最も「穏健」な反政府勢力が武器をテロリストに渡したという出来事は、その赤裸々な事例です。

我々はテロリストどもと戯れたり、まして武器を渡したりするあらゆる試みは近視眼的できわめて危険だと考えます。これは国際テロリストの脅威をはるかにひどいものにして、それを世界中の新しい地域に広めることになります。特にヨーロッパを含め、多くの国から戦士がやってきて、イスラム国で戦闘体験を獲得するのですから。残念ながら、この点でロシアも例外ではありません。

いまや暴漢どもが血の味を覚えてしまった以上、故国に戻って犯罪活動を続けるのを許すわけにはいきません。そんなのは御免ですよねえ?

ロシアは一貫してあらゆる形のテロリズムに反対してきました。今日ではイラク、シリアなど、テロリスト集団と戦う他の地域諸国に軍事技術支援を提供しています。テロリストと地上で華々しく戦っているシリア当局や政府軍との協力を拒むのは大きなまちがいだと考えます。

シリアでテロリストと本当に戦っているのは、アサド大統領の政府軍とクルド民兵だけなのをそろそろ認めるべきです。はいはい、この地域での各種問題や紛争はよくわかっていますが、地上での実際の状況はどう考えても考慮せざるを得ない。

我々が提案するのは、私たちみんなが直面している問題に対処するために力をあわせ、テロリズムに対する真に広い国際同盟を作り出すことです。

親愛なるみなさん、私はロシアによるこうした正直で率直なアプローチが、最近はその野心拡大を糾弾する口実として使われているのを指摘せねばなりません――まるでそれを言う連中には何の野心もないとでも言うように。しかしこれはロシアの野心の話ではないのですよ、みなさん。もはや現在の世界情勢をこれ以上容認はできないという事実を認めようという話なのです。

我々が本当に提案しているのは、野心などではなく共通の利害と共通の価値観の導きに任せるということです。国際法に基づきつつ、力を合わせて私たちみんなが直面している問題に取り組み、テロリズムに対する真に広い国際同盟を作り出すことです。反ヒトラー同盟と同様に、これはまさにナチのような邪悪と人類憎悪をばらまく連中に対し、断固として立ち向かう広範な勢力を団結させられます。そしてもちろんイスラム教諸国はこうした連合で中心的な役割を果たすべきです。というのもイスラム国は彼らに対する直接的な脅威というだけでなく、世界で最も偉大な宗教の一つを、その残虐行為で汚そうとしているからです。こうした過激派のイデオローグたちは、イスラムをコケにして、その真の人道的な価値観を覆すものなのです。

またイスラムの精神的指導者たちにも訴えたい。あなたの権威と導きがいまや大きな重要性を持っているのです。過激派が新兵補充の標的としている人々が、拙速な決断を下さないようにするのが不可欠です。そしてすでにだまされ、各種の状況のせいでテロリストに加わってしまった人々は、通常の生活に戻る支援が必要で、武器を置いて同胞殺しを終わらせるための支援も要るのです。

これからの日々に、ロシアは現在の国連安保理事会議長国として、中東における脅威の包括的な分析を実施するための大臣会合を招集します。まずイスラム国などのテロリスト集団に反対するあらゆる勢力の努力を協調させる決議採択の機会を検討しようではありませんか。繰り返しますが、こうした協調は国連憲章の原則に基づくべきです。

国際社会が、中東における政治的安定と、社会経済回復に向けた包括戦略を構築できると期待しています。そうすれば、親愛なる友人のみなさん、これ以上難民キャンプを設置する必要はなくなります。今日、自国を離れざるを得なくなった人々の流れは、文字通り近隣国と、さらにはヨーロッパを飲み込んでいます。いまやそれが何十万人にもなり、間もなく数百万人となるでしょう。これは基本的には、新しく悲劇的な移住期となっており、ヨーロッパを含め厳しい教訓となっています。

難民たちがまちがいなく私たちの共感と支援を必要としていることは強調したい。しかしながら、この問題を全面解決する唯一の方法は、破壊されたところの国家制度を再構築し、政府機関が残ったり再構築されたりしているところではそれを強化し、困難な状況にある国には包括的な軍事、経済、物質的な支援を送り、そしてそうしたものを確実に、これほどの苦労を経てきたのに故郷を見捨てなかった人々に提供することです。もちろん、独立国家への支援はすべて、押しつけるのではなく申し出るものにすべきであり、国連憲章に厳密に準拠したものでなければいけません。言い換えると、我々の各種組織は国際法に準拠して行われた、あるいはこれから行われるあらゆる手段の支援を支持すべきだし、国連憲章違反の行動はすべて拒否すべきです。何よりも、私はリビアの政府機関回復を支援し、イラクの新政府を支援し、シリアの正当政府に包括的な支援を行うのが重要だと考えます。

親愛なる同輩のみなさん、平和を確保し、世界と地域の安定を確保するのは国連主導の国際社会にとって、鍵となる作業であり続けています。我々はこれが、平等で不可分な安全保障環境を作り出すことであり、特権的な少数派だけに奉仕するのではなく、万人のためになる環境を作り出すことだと信じます。確かにこれは困難で、複雑で、時間のかかる作業ですが、他の道はまったくないのです。

悲しいことに我々の一部の相方たちは冷戦時代のブロック思考と、新しい地政学的な領域を征服しようという野心にいまだに支配され続けています。まず、NATO拡大の政策を続けています――ワルシャワ条約がもはや存在せず、ソ連は解体したのに、なぜそんなことをするのかと疑問に思うべきです。

それなのにＮＡＴＯは拡大を続け、あわせて軍事インフラも拡大しています。さらにポストソ連国家は、西側に加わるか東側との関係を続けるかという、誤った選択を無理につきつけられます。遅かれ早かれ、この対立の論理は大規模な地政学的危機を引き起こすのが必然でした。そしてウクライナで起きたのはまさにそういうことです。政府に対する人々の広範な不満が、外国からのクーデター煽動に使われたのです。これは内戦を引き起こしました。この行き詰まりから脱出する唯一の道は、２０１５年2月12日ミンスク合意の包括的かつ厳密な実施だと我々は確信しています。ウクライナの領土的な一体性は、脅しや軍事力行使を通じては確保できませんが、それでも確保しなくてはなりません。ドンバスの住民は権利や利益をしっかり考慮されるべきだし、選択も尊重されるべきです。ミンスク合意の規定に沿って、国の政治制度の主要部分の考案に参加するべきです。こうしたステップはウクライナが文明国家として発達するのを保証し、ヨーロッパとユーラシアの両方において、安全保障と経済協力の共通空間を作り出す重要なリンクとなることが保証されます。

紳士淑女の皆様、私が経済協力の共通空間と述べたのは意図的なことです。ごく最近まで、経済分野では客観的な市場の法則があるから分割線なしでやっていけるし、自由貿易や投資や公正な競争を含むＷＴＯ原則を含め、透明性ある共同考案のルールに基づいて行動できるように思えたものです。しかしながら、国連憲章を迂回して一方的に科した制裁は、いまや当然のものとなっています。これは政治的な狙いのためだけでなく、市場競争をなくすために使われているのです。

経済的利己性の高まりを示す証拠をもう一つ挙げましょう。多くの国は特別経済協力を構築しており、その設立交渉は秘密裏に行われ、その国自身の社会や実業コミュニティからも隠されているし、ましてその他の世界にも知らされません。利害が関係するはずの他の国は何も知らされないのです。どうもだれかが新しいゲームのルールを押しつけようとしているらしい。意図的に特権的な数カ国の利益だけを守るように作られ、ＷＴＯが一切口だしできないルールです。これは世界の貿易を完全に不均衡にして世界の経済圏を分断する危険に満ちています。

こうした問題はあらゆる国の利益に影響し、グローバル経済すべての未来に影響します。だからこそ我々はこうした問題を国連、ＷＴＯ、Ｇ20の枠内で議論することを提案します。排除の政策とは裏腹に、ロシアは地域経済プロジェクトの調和を支持しています。私はいわゆる「統合の統合」を指しています。国際貿易の普遍的で透明なルールに基づくものです。例として、ユーラシア経済連合を中国のシルクロード経済ベルト（一帯一路）とつなげる計画を挙げましょう。ユーラシア経済連合とEUとの統合ツールを調和させる活動もきわめて有望だと考えています。

紳士淑女の皆様、全人類の未来に影響するもう一つの問題は気候変動です。今年12月にパリで行われる国連気候変動会議が何かまともな結果を生み出せるようにするのは、我々の利益にかなったことです。ロシアの貢献として、我々は2030年までに温室ガス排出を1990年にくらべて70－75％に抑える計画です。

しかしこの問題についてもっと広範な見方をしてはどうでしょうか。確かに我々は、排出枠を導入したり小手先の手法を使ったりすることで、しばらくは事態を先送りできるかもしれませんが、完全解決にはなりません。必要なのはまったくちがうアプローチ、新しい画期的な、自然的な技術の導入を使うものです。これは環境を破壊せずむしろ環境に調和して、生命圏と人間活動で乱された技術とのバランスを回復できるようにするものです。

これはまさにグローバル規模の課題です。そして人類はそれに対応するだけの知的能力を持っていると私は確信しています。力をあわせ、強い研究開発能力を持って基礎研究を大幅に進めた国を主に結集させるのです。天然資源枯渇、生息地破壊、気候変動に関連した問題と包括的に取り組む特別フォーラムを国連傘下で招集するよう提案します。ロシアはそうしたフォーラムを喜んで共催します。

紳士淑女の皆様、同輩の皆さん。1946年1月10日、国連総会はロンドンで第一次総会を開催しました。準備委員会議長ズレタ・アンヘル博士はコロンビアの外交官でしたが、開会の辞で国連のもととなるべき原則について、きわめて簡潔なまとめだと私には思えるものを述べました。善意、策謀や詐術の否定、協力の精神です。今日、彼の言葉は我々みんなの導きの言葉に聞こえます。

ロシアは国連の莫大な可能性を信じています。これは新しい対立を避けて協力の戦略を受け入れるのに役立つはずです。他の国々と手を携えて、我々は一貫して国連の中心的な調整機能を強化するよう努めます。力をあわせることで、我々は世界を安定した、安全な場所にして、あらゆる国や人々の発展を可能にする環境を提供できると確信しております。

ありがとうございます。

第5章

第4期（2018年－）：ウクライナ侵略への道

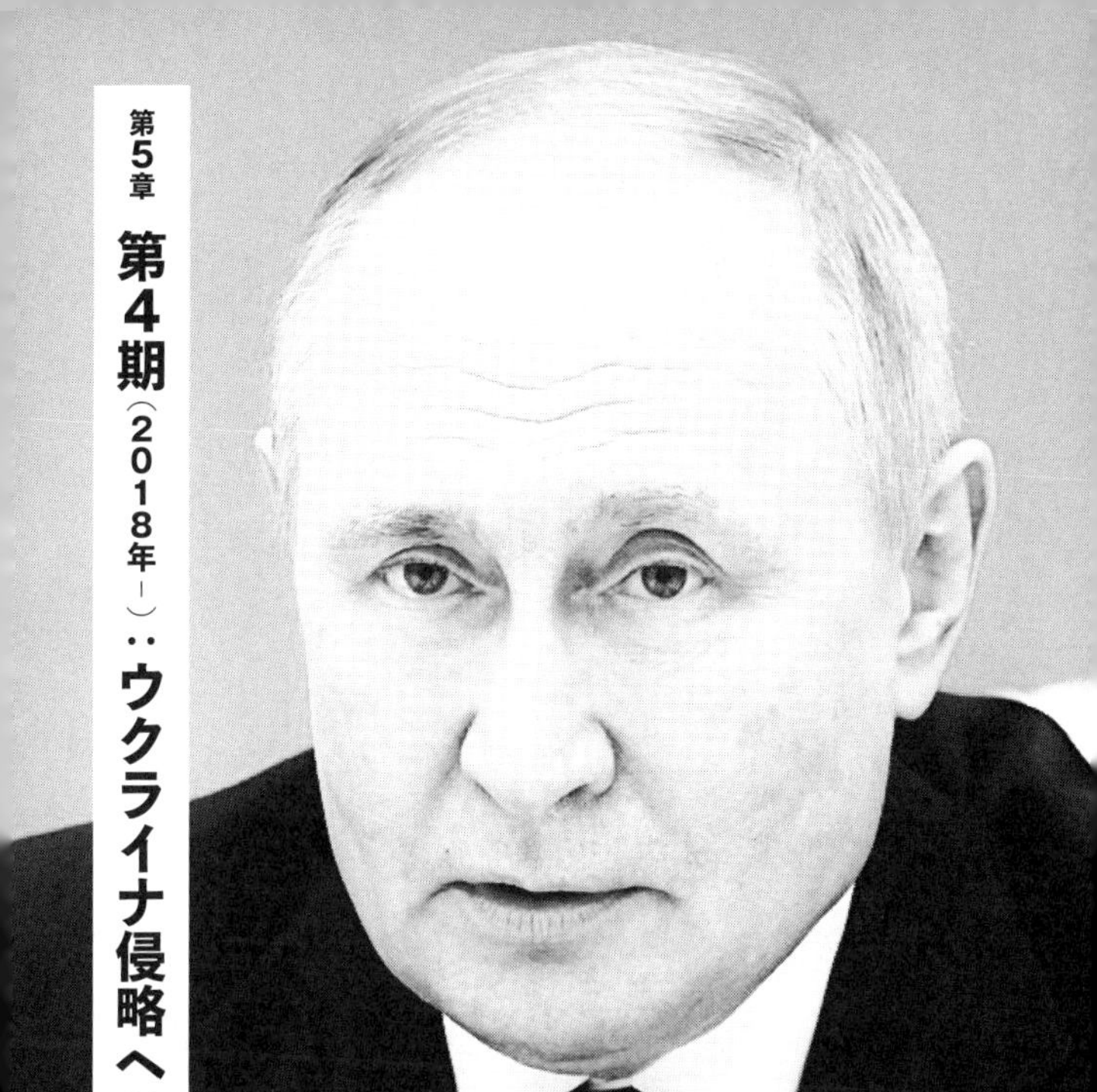

2018-

すでにクリミア侵略併合で、いくら軍事侵攻しても形式的な制裁以上の処罰を何ら受けることがないのは、ほぼ確実になった。そして、その必勝パターンも、ジョージアとクリミアでほぼ確立した。まず現地で、ロシア人地域が迫害されている、虐殺されていると騒げばよい。次に、何か攻撃の口実を待つ――相手の攻撃でも、失脚した大統領でもいい。そして人道的支援だと称して武力侵攻し、住民の意思だと称して独立させる。併合までするかどうかはオプションだ。恩着せがましく停戦してやって、国連のお墨付きでももらえばボーナスポイント。

しかも、制裁をくらっても、他のところで危機を作ってけしかけ、それを収めてやって恩を着せるマッチポンプ手口も完成した。紛争や難民を武器化する手法もできた。

第4期に入ると、いきなりコロナ危機がやってきた。世界中が身動きとれず、プーチンもおこもりに入った。が、その間にアメリカでは、何をするかわからないトランプは去り、ずっと動きを読みやすいバイデンが大統領になった。そしてアフガン撤兵で醜態をさらして叩かれ、もう外国への派兵や武力支援はできないのがほぼ確実となった。

手法は完成した。背景の準備も整った。あとは実行あるのみ。

2021年にプーチンは急に「ロシア人とウクライナ人の歴史的一体性」という文章を発

表し、ウクライナはもともとロシアと一体だし、元のさやに収まったほうがいいんだよねー、というメッセージを送り出した。

あとは、最初に述べたパターン通りに進めれば良い。そして2021年半ば頃から、国境付近への軍の集結が見られるようになり、またクリミアと同じことをするな、というのが見えてきた。そして2月下旬になって、ついにロシア軍が動き始め、ついに国境を越え、そしてそれにあわせて立場表明の各種演説が出てきたんだが……。

まず、その動きはプーチンがこれまで確立してきた定番とは大きくずれていた。そしてそれを説明するいずれの演説も、これまでのプーチンからはまったく考えられないほどの支離滅裂ぶりだった。

では、収録の文章を一通り紹介しよう。

ロシア人とウクライナ人の歴史的一体性について（2021年）

ウクライナは昔からロシアと不可分だった、ボリシェヴィキがうかつに分離独立を認めたけど、ロシアと切り離されたウクライナは産業も経済もどんどん悪化したじゃないか。西側はずっとロシアを敵視しているし、マイダン革命はその離反工作。おかげでウクライナはさらに悪化し、ネオナチ化した傀儡政権が東部の親ロ住民を虐殺までしてるだろ。ウクライナは我々といっしょがいちばんだよ、ロシアに戻っておいで、という論説。かなり身勝手で歪曲された歴史観だし、ウクライナ人の選択を尊重すると言いつつ、反ロシアは外国の工作だから認めないと言ってみせる二枚舌はあれ、理屈は通っている。ウクライナ侵略に向かう出発点としてしばしば引用される重要な論説。

ロシア連邦大統領演説：ウクライナ侵略前夜（2022年2月21日）

２０２１年末頃から国境付近にロシア軍が結集しはじめ、やばいと言われ始めた。そして何やらこの演説が登場したのだが……きわめて混乱した代物と言わざるを得ない。

まず全体の三分の一近くをかけて、なんだか全然危機感のないボリシェヴィキからスターリン時代までの歴史のおさらいが続き、どうもウクライナの独立を許したのがまちがいだった、と言いたいらしいが、それっきりで終わる。そして西側はこれまでロシアを敵視しＮＡＴＯ拡大し、と恨み言が続き、これはロシアへの攻撃で、防衛のために他に手がない、という。さらにドンバスで虐殺が続き、それを助けねば、とのこと。

ところがその具体的な対応は、ドネツクとルハンスクの独立承認だ。ＮＡＴＯ拡大したらドンバスを独立承認？　なぜそれがNATOや虐殺への対応になるの？　羊頭狗肉の感はまぬがれない。さらに3日後には「特別軍事作戦」が始まる。なぜこのタイミングで、2ヶ国独立承認だけを言うのにこんな長ったらしい演説が必要だったのか？

ウクライナ侵略の辞：大統領演説（2022年2月24日）

その数日後に、ついにロシアはウクライナ侵略に乗り出した。だがその「特別軍事作戦」を宣言したこの演説もまた、きわめて支離滅裂でわかりにくい。前半は、西側はロシアを敵視している、国連無視して軍事行動する、NATO拡大してきた、よってロシアはまちがいなくいずれ攻撃を受けるから、他に手がないので自衛のために攻撃する、とのこと。ウクライナはネオナチとナショナリストに支配され、しかも西側の手先だから脅威、WMDをいずれ持つはずなので脱ナチ化と脱軍事化を目指してウクライナを攻撃します、とのこと。だが、NATOに対する自衛なら、他のNATOの拠点などを攻撃しないのか？「いずれ」「はず」だけで具体的に攻撃を受けている事例すら挙げられず、それを庇護する建前すらないとは？ついにキャリアで最大の活動たるウ侵攻に乗り出したんだから、完璧に決めたい演説が、なぜこんな要領を得ないものに？

地方への社会経済支援をめぐる会議の開会の辞（2022年3月）

侵略が開始され、そろそろ事態が思った通りに進んでいないのに気がつき始めた頃。経済制裁が本格化してきて、その対応で地方部の関係者と開いた会議だが、冒頭でかなり長い、内部の会議で言っても仕方ないとしか思えない対外アピールを交えた演説が入る。内容はこれまでと同じ、NATOはロシアを破壊しようとしているという話に加え、ウクライナで西側がバイオ兵器を開発しているという、これまで一度も出てきていない話がいきなり登場し、さらにウクライナが核兵器を入手しようとしている、という珍説まで出てくる。

だが経済制裁に対応した国内施策の指示となったとたん、俄然話がシャープになる。個別企業の資金繰りや物資の対応も的確。また物価高には供給増が肝心で、補助金や価格統制は絶対やるなという立派な指示。さらにはつらいときだからこそ、公共ががんばって最低賃金ひきあげや社会保障拡大を行えという、本当にわかった見事な差配ぶり。うちの首相にツメの垢を煎じて飲ませたいくらいのすばらしさ。前半の壊れたラジオのようなボケぶりとの対照には唖然とさせられる。

予備役動員します：大統領演説（2022年9月）

そして……戦局が思うように進まないため、我が軍圧倒的に有利というアナウンスをしつつ、戦線が延びてきたしNATOがドカドカ武器支援をしてるという理由で、予備役動員を発表。ザポロジエ原発を砲撃したのはウクライナ（明らかにウソです）、核攻撃とか変な脅しするな、こっちも手段は選ばないぜという脅しは、核を使うかもしれないぞ、という意味のようだ。

さて、さっきも言ったとおり、最初と最後のものを除くと、これらは支離滅裂でわけがわからないのだ。

支離滅裂だ、という指摘は少しはあるようだが、あまり重視されていない。通常、支離滅裂だというのはただの悪口として、プーチンへの怒り表明の一種だとして流されがちだからだ。さらにマスコミなどに登場する専門家はしばしば背景知識などをたくさん持っているので、「脱ナチ化」とか「脱軍事化」と言われたときに、「これはこういう意味に違いない！」「おそらくこんなことを言いたいに違いない！」と勝手に解釈して、自分の解釈を交えてあれこれ説明するので、それだけ聞いていると、プーチンの発言は実は明解なもので、はっきりした主張と要求があり、支離滅裂に思えるのは素人だけ、というように思えてしまう。

だが、ぼくにはそうとは思えない。専門家や評論家は、素人がわからないことを説明するのが仕事という建前だ。でもそのためときどき、わからないことを明確にわからないと言えない、果てはわかるはずがないことを、さもわかっているかのように述べてしまうという欠点を露呈しがちだ。そしてときには、ヘタにわかったふりをするより、わからないことをありのままにわからないと指摘するほうが重要なこともある。

ここでの各種プーチン発言はそういう例だと思う。実際の演説の中身に沿って、これがいかに変な代物になっているか、これまでのプーチンの演説のいやらしい巧妙さといかにかけはなれているか、理解した方が有益だろう。そこで、以下ではそれをもう少し図式的に説明してみよう。

まず「ロシア人とウクライナ人の歴史的一体性について」（2021）、これは下の表の通り、きわめて明快な構造の文章だ。

主張それぞれの内容が、かなり歪曲された愛国オレ様史観だという点は

主張	提言
有史以来、ウクライナはロシアの一部だった	だから君たちだって、元の鞘におさまりたいよね！ （もちろんそれは君たちの選択だよ！）
今のウクライナも、ボリシェヴィキが勝手に作っただけ	
近代になってからも産業経済文化で密接な絆	
独立してからウ君、政治も経済もボロボロ	
ロの利点は明らかなので反ロは敵対勢力。国民はお見通しだ！	

おいておこう。だが、文書としての論理構成はしっかりしている。どの主張も、最後の結論にきちんとつながる。しかもプーチンは、「ウクライナはロシアに戻るべきだ」とすら言わない。「戻ったほうがよさそうな気はするけど、それを決めるのはウクライナ人自身だよ、ぼくたちは決してそれを邪魔しないよ!」としっかり逃げを打ちつつ、「でも、反ロシアは外国の工作だから認めないよ」と邪魔する気満々。クリミアのときもなんだか似たような台詞を聞いたなあ、とは思う。が、干渉したい雰囲気は漂わせつつ、表向きはウクライナに干渉する気はないぜ、と明言する、いやらしいが巧妙な文書だ。以前のプーチンのずる賢さがしっかり出ている。

ところが、その軍事侵攻が始まったとたんに、この巧妙さがすべてくずれてしまうのだ。

まず、2月21日の「ウクライナ侵略前夜」演説だ。下表の構成になっている。

各種の主張に対応する結論や行動はまったくない。最初の4割を占めるボリシェヴィキやスターリンの話は、全体の理屈に一切貢献していない。

主張	提言
ウクライナを分離独立させたのはボリシェヴィキのまちがい!	(なし)
独立後のウ君、政治も経済もボロボロ! ロシアにたかってきた!	
西側/NATOの手先になって軍備入れてる!	
NATOはずっと拡大してロシア脅かしてきて許せん!	
ドンバス地域でロシア系住民の虐殺が!	
	ドネツクとルハンスク独立承認します

次の部分はウクライナと西側に不満が積もっている話だが、それでどうする？　ドンバスで虐殺が起きているから放っておけない、という。で？　これすら何もなし。いきなり、ドンバスの両共和国独立承認。これで、ウクライナやＮＡＴＯへの不満はどう解消される？　虐殺はどう止まる？　独立しないとどんな害が生じたのか？　不明。そしてその行動を正当化する建前は？　何もなし。

そして、ついに侵攻だ。だがそれを説明するはずの「ウクライナ侵略の辞」はきわめてわかりにくい。この文には、侵攻の根拠がいくつか出ているが、どれもなぜ今かというはっきりした立論がなく、話がバラバラで必然性がない。

下表の通り前半は、ＮＡＴＯや西側への不満が並び、もう我慢できない、他に手段が残されていないから自衛のために武力行使する、と述べる。はい。でもＮＡＴＯの国境武器配備が問題なら、それを叩く話が出てきそうなものだ。他の部分も、ウクライナが気に入らないのはわかる。でも我慢できない、安心できない、敵意があるからいつか攻撃するはず、いずれＷＭＤも手に入れるはず、という憶測以上の話はない。他に選択肢はないと言うほど追い詰められた状況には見えない。すべて、いま反撃／自衛せざるを得ないという必然は皆無で、ほぼ気分だけ

主張	提言
NATO はずっと拡大し、国境に兵器を持ってきた！　攻撃も同然だ！	特別軍事作戦でウクライナを脱ナチ化、脱軍事化。
テロ支援や NGO で反ロシアを煽ってきた！　攻撃も同然だ！	
ウクライナに傀儡政権を作り武装化している！　攻撃も同然だ！	
キエフのネオナチ政権がドンバスでジェノサイドしてる！	

の話になっている。

そして実際の「特別軍事作戦」が具体的にどうやって、それまで述べてきた懸念に対応するのか、という説明はない。「脱ナチ化」とか「脱軍事化」って具体的にどういうこと？　主要基地を叩いて軍事活動できなくします、現政権をぶっ潰します、きちんと国民投票させます、というような話であれば、理屈としては理解できるが、このあまりの漠然ぶりは何？

さらに、3日前にやった演説との関連は？　2月21日にあれだけ力こぶをこめた演説をした。その直後にこれだ。この両者の間に有機的な関係でもあるのかと思いたいところだ。独立させておいて、その国からの要請に応えて我々は人道的に派兵するのだ、といった形式くらいは整えるつもりだったのか、と思いたいところだが、ドンバスの両「共和国」への言及は一切ない。そしてそれ以外の口実も建前もない。唯一あるのが、国連憲章51条の自衛権や集団自衛への言及だ。でもあれは加盟国が攻撃を実際に受けた場合だけの話だ。[*1]

*1　訳註：2022年6月29日のトルクメニスタンでの記者会見で、この侵略もとい作戦の目的はドンバス解放であり、キエフ攻撃は陽動作戦だったのだ、という発言が見られる。これについて侵略開始直後に述べた、とプーチンは語っているが、具体的にどれかはわからなかった。でも、狙いはウクライナ全体の脱ナチ化と脱軍事化だったのでは？

するとこの演説は結局、積年の漠然とした不満と恨みと不安があって、それでついに、特に目的なしにあばれてみました、という話と大差ない。

そして「地方への社会経済支援会議」。侵攻から20日後の発言だ。言っていることは、これまでの話と同工異曲に尾ひれをつけただけだ。西側汚い、加えてウクライナは悪辣な生物兵器を開発して云々。

だが、中身以前にそれをなぜこんな内輪向け会議で？　出席者の誰ひとりとして、そのお話をここで聞かされてもどうしようもない。しかも途中でいきなり西側のみなさんに語りかけたりしている。これは内輪の会議でしょ？　西側のみなさんは、形式的には聞いてませんことよ？　会社の営業会議で、社長がいきなり「顧客のみなさん」とか言い始めたら、みんな正気を疑うでしょう？

これまでのプーチンは、こんな変なことはしない。普通この手の会議だと、プーチンの開会の辞は簡単きわまるものだ。背景説明の詳細は、担当閣僚などにやらせる。プーチン自身はきわめて簡潔な、大枠の要点に限られる。それがなぜ？　なんだか完全にタガの外れた物言いだ。

出席者の内心の声
オレたちにどうしろと……
ははっ、見事な差配、御意にござります！

ところが、その後の経済制裁への対応の分析と、それに対する指示の出し方は、前半の演説とはうってかわった、本当に見事なもの。資本主義の市場経済、よくわかっていらっしゃいます。プーチンはこれまで各種記者会見、公開電話質問なども含め、多くの問題についてきわめて当意即妙、深い知識をもった回答をしてきた。これは各種首脳会談などでも指摘されている。それが遺憾なく発揮されている。大統領レベルがこんな細かいところまで口だしするマイクロマネージぶりは、まあアレだ。だが前半とはうってかわった鋭さなのはまちがいない。

ここまでの3つの演説を見ると、ウクライナ侵略の背景の話になった瞬間に、なんだかすべてがごっちゃになったおかしなモードに入ってしまうようだ。ロシアにとって都合の悪いことは、国内テロもカラー革命やアラブの春も、NATO拡大も金融危機も経済制裁も、在外ロシア人への迫害も、すべて西側のロシアに対する攻撃であって、ウクライナがその総まとめだから、そこを叩けば自動的に

主張	対応
NATOは攻撃してくる！　ウクライナに武器供与する！	（なし）
ウクライナは汚い！　ネオナチ！　核兵器に生物兵器！	
西側の口座や投資は凍結された！　連中は信用できない！	
連中は国際法無視！　制裁は国民への直接攻撃！	
制裁で失業者増えたし、生活困難も	失業手当増やせ、最低賃金上げろ
貿易とまって資金繰りが困難	公共契約の前払い金増やせ
物不足の顕在化	輸出の余った分を国内にまわせ
インフレの恐れ	価格統制禁止！　需要増で対応しろ！
公共事業への影響	絶対止めるな、需要は維持しろ
輸入品は不足	輸入代替進めろ、その開発資金支援！

このすべてに対する反撃ということになる、ということなのだろうか？

どうせ3日でキーウが陥落し、傀儡政権をすぐに樹立できるから、適当に言っておけばいい、ということだったのかもしれない。アメリカが、WMDがあるというインチキでイラクを攻めたのも、いい加減な話ではあった。ただアメリカのWMDの話ですら、一応それが確定的に存在する、という建前にはなっていた。そしてそれ以上に、これまでのプーチンのプレゼンはどれ一つとして、こんないい加減なものではない。どの演説や動きも、周到に理屈と建前で必然性を構築してきた。こんな散漫な演説はした試しがない。

ともあれ、まずは実物を読んでいただこう。

ロシア人とウクライナ人の歴史的一体性について

（2021年7月12日）

概要

ウクライナは千年前からロシアと一体。いろいろあったが、侵略したりされたりでお互い様。ソ連時代のホロドモールは、ロシアがウクライナを餓死させたのではなく、いっしょに苦しんだってことで。いまのウ国はソ連が作ってやったもの。ロシアから離れようとするが、その結果は政治も経済もボロボロじゃないか。分離派ナショナリスト政府が西側に操られて反ロシアをやった2014年以来、それが悪化する一方で、ネオナチが跋扈してドンバスのロシア語話者まで虐殺する有様。西側にだまされちゃいけない。ウクライナの未来はロシアと共に！　君たちもそう思うだろ？　もちろんその選択は君たちに任せる——反ロシアは外国の工作だから認めないけれど。

最近の「ウラジーミル・プーチン直通電話」で、ロシア＝ウクライナ関係について尋ねられたとき、私はロシア人とウクライナ人は一つの民なのだと述べた——単一の全体なのだ。この発言は単に、何やら短期的な考察に基づくものや、現在の政治的な文脈に促されたものではない。これは私が無数の機会に述べてきたことだし、私の固い信念でもある。したがって、自分の立場を詳細に説明して、今日の状況についての私の見解を述べておこう。

まず強調しておくと、最近になってロシアとウクライナの間に生まれた壁、基本的には同じ歴史的、精神的／宗教的な空間だったものの、別々の部分の間に生まれた壁は、私から見れば大いなる不運であり悲劇だ。これは、まず何よりも様々な時代に行った我々自身のまちがいの結果だ。だがそれはまた、我々の統一性を常に損なおうと画策してきた勢力による、意図的な活動の結果でもある。この連中が使ってきた手口は有史以来のものではある——分割して支配せよ、というものだ。何も目新しいものではない。だから「国民問題」を利用して、人々の間に不和をもたらそうという試みが出てくる。そのすべてを律する目標は、単一の民族の違う部分を分割して、それをお互いに戦わせるようけしかけることなのだ。

現在についての理解を深めて未来を見据えるためには、歴史を見る必要がある。もちろんこの論説で、千年以上にわたって生じた展開すべてをカバーするのは不可能だ。だが我々が記憶しておくべきロシアとウクライナの双方における、重要で決定的な瞬間に注目することにしよう。

ロシア人、ウクライナ人、ベラルーシ人はすべて古ルーシ（訳注：キエフ大公国）の末裔である。これはヨーロッパ最大の国家だった。広大な領土——ラドガ、ノヴォグラド、プスコフからキエフやチェルニゴフまで——のスラブ民族などの部族は、一つの言語（ここでは古ロシア語と呼ぶ）、経済的なつながり、リューリク朝の王族支配と——ルーシのキリスト教化の後は——正教会信仰でまとめあげられていた。ウラジーミル一世（彼はノヴゴロド公でもありキエフ大公でもあった）が行ったこの宗教的選択は、いまも我々の親和性を決定づけている。

古ルーシにおいてキエフの玉座は支配的な地位を持っていた。これは九世紀以来の習慣だ。『過ぎし年月の物語』は預言者オレグがキエフについて述べた次の言葉を簡潔に記録している。「これをすべてのロシア都市の母となそう」

後に当時の他のヨーロッパ国家同様、古ルーシは中央集権支配の衰退と分裂に直面した。その一方で貴族も平民もルーシを共通の領土として、自分たちの故国として認識していた。

断片化はバトゥ汗の凄惨な侵略後に加速した。この侵略はキエフを含め多くの都市を蹂躙した。ルーシ北東部は金帳汗国（キプチャク＝ハン国／ジョチ・ウルス）の支配下に陥ったが限定的な独立主権は維持した。南部と東部のルーシ領土はおおむねリトアニア大公国の一部となったが、このリトアニア大公国は――きわめて重要なこととして――歴史記録ではリトアニア＝ロシア大公国として言及されている。

王族と大貴族の氏族は、王ごとにその忠誠を変え、お互いに争い合ったが、友好と同盟も結び続けた。ヴォルィーニ領主ボブロクとリトアニア大公アルギダスの息子たち――ポラツク公アンドリュス、ブリャンスク公ドミトリユス――はクリコヴォの戦いでモスクワ大公ドミートリー・イヴァーノヴィチと肩を並べて戦った。同時にリトアニア大公ヨガイラ――トヴェル王女の息子――は兵を率いて金帳汗国のママイに味方した。これはすべて我々が共有する歴史のページであり、その複雑で多元的な性質を反映している。

最も重要な点として、ロシアの西部と東部の人々はどちらも同じ言語を話した。信仰はロシア正教だった。15世紀半ばまで、統一された正教会の統治が続いていた。

歴史展開の新しい段階として、リトアニア系ルーシとモスクワ系ルーシのどちらも古ルーシ領土の集約統一の中心となり得た。たまたま再統一の中心となったのはモスクワで、古ルーシの国家体制をここから続けた。モスクワの大公たち――アレクサンドル・ネフスキー王の子孫――は外国のくびきを投げ捨ててルーシの土地をまとめはじめたのだ。

リトアニア大公国では、他のプロセスも展開していた。14世紀にはリトアニア支配エリートたちはカトリックに改宗した。16世紀にはポーランド王国とルブリン合同に調印し、ポーランド＝リトアニア共和国を作り上げた。ポーランドのカトリック貴族はルーシ領内でかなりの封土と特権を得た。1596年ブレスト合同に従い、西のロシア正教会司祭はローマ教皇の権威に従属した。ポーランド化とラテン化の進行により正教会は追放された。

その結果16～17世紀にはドニエプル地方で正教会信者の解放運動が勢力を増した。ヘーチマン（最高指導者）ボフダン・フメリニツキー時代における出来事が転回点となった。その支持者たちはポーランド＝リトアニア共和国からの自立を求めて闘争した。

1649年のポーランド＝リトアニア共和国王への訴えで、ザポロチアのコサックたちはロシア正教会信者たちの尊重と、キエフ領主の土地はロシアとギリシャ正教の土地として、神の教会に対する迫害停止を求めた。だがコサックたちの言い分は聞き入れられなかった。

そこでボフダン・フメリニツキーはモスクワに訴え出て、それがゼムスキー・ソボル（全国会議）に採りあげられた。1653年10月1日、ロシア国家最高代表会議の議員たちは、信仰における兄弟たちを支持し、自分たちの庇護下に置くことにした。1654年、ペラヤースラウ会議がその決定を支持した。その結果、ボフダン・フメリニツキーとモスクワの大使はキエフを含む何十もの都市をめぐり、その住民たちはロシアのツァーへの忠誠を誓った。ちなみにルブリン合同の終わりにはこのようなことは何も起きていない。

1654年のモスクワ宛の手紙でボフダン・フメリニツキーはツァーのアレクセイ・ミハイロヴィチに「ザポロチアコサックとロシア正教会世界を、ツァーの強く気高き腕の下に受け入れてくれたこと」に感謝している。これはつまり、ポーランド王とロシアのツァーの両方に訴え出た結果としてコサックたちは自分をロシア正教会の民として提示し、自らを定義づけた、ということだ。

ロシア国とポーランド゠リトアニア共和国との長期戦の中で、ボフダン・フメリニツキーの後を継いだヘーチマンの一部はモスクワから「距離をおいて」スウェーデン、ポーランド、トルコの庇護を得ようとする。だが人民にとって、これは解放戦争だった。戦いは1667年アンドルソヴォ平和条約で終わった。最終的な結果は1686年永遠平和条約で確定した。ロシア国家はキエフ市とドニプロ川左岸の土地を併合した。これはポルタヴァ地方、チェルニゴフ地方、ザポロジエ地方を含む。その住民はロシア正教徒の主要な集団と再統合された。こうした領土は「マロロシア」(小ロシア)と呼ばれた。

「ウクライナ」という名前は古ルーシ語の「オクライナ」（辺境）という意味で使われることのほうが多かった。この用法は12世紀の文献でも見つかり、各種の国境地帯領土を指すのに使われている。そして「ウクライナ人」という言葉は文献資料を見る限り、もともと外部との国境を守護する国境警備隊を指していた。

右岸はポーランド＝リトアニア共和国領にとどまり、旧秩序が復活して社会宗教弾圧が強化された。これに対して合同国家の庇護の下に入った左岸は急発展した。ドニプロ川対岸の人々は我先に移住した。同じ言語をしゃべり同じ信仰を持つ人々の庇護を求めたのだ。

スウェーデンとの大北方戦争で、マロロシアの人々はどちらに加勢するかという選択を迫られることはなかった。コサックのうちマゼーパの反乱を支持したものはごくわずかだった（訳注：コサックのイヴァン・マゼーパがスウェーデン側についたことを指す）。あらゆる身分や階級の人々がロシア人の正教徒として自分を位置づけた。

コサックの貴族に属する上官たちは、ロシアでは政治、外交、軍事的なキャリアの頂点にまでのぼりつめる。キエフ・モヒーラ・アカデミーの卒業生たちは教会生活でも主導的な役割を果たした。これはヘーチマン国家でもそうだった——ヘーチマン国家は実質的な自治国で特別な内部構造を持っていた——そして後のロシア帝国でも同様だ。マロロシア人たちは多くの面で巨大な共通国を作る手伝いをした——その国家体制、文化、科学の構築を助けたのだ。ウラル地方、シベリア、コーカサス、極東地方の探検と開発にも参加した。当初ソヴィエト時代にウクライナの先住民たちは統一国家の指導層で主要な、とくに最高の地位を占めた。ニキータ・フルシチョフとレオニード・ブレジネフの党における経歴はウクライナときわめて関連が深いが、その彼らがソ連共産党を30年も率いたことを指摘するだけで十分だろう。

18世紀後半、オスマン帝国との戦争を経て、ロシアはクリミアと黒海地域の土地(後にノヴォロシアと呼ばれるようになる)を併合した。そこにはあらゆるロシア地方からやってきた人々が暮らしていた。ポーランド＝リトアニア共和国の割譲の後で、ロシア帝国は西部の旧ルーシ領を取り戻した。例外はガリシアとトランスカルパチアで、これらはオーストリア帝国——後にオーストリア＝ハンガリー帝国——の一部となった。

西のルーシ領を単一国家に組み込んだのは、政治外交的な決断の結果ではなかった。その根底には共通の信仰、共有された文化伝統、そして——改めて強調したいが——言語の類似性があった。だから17世紀初頭という早い時期に、ウクライナ東方カトリック教会の高僧ヨシフ・ルツキはローマに対し、モスコヴィアの人々はポーランド＝リトアニア共和国からのロシア人を兄弟と呼び、その書き言葉はまったく同じで、口語のちがいはごくわずかだ、と書き送ったのだった。彼はローマとベルガモの住民とのアナロジーを使った。この両者は現代イタリアの中央部と北部に相当する。

何世紀にもわたる断片化とちがう国家の中に存在したことで、当然ながら地域毎の言語の特異性が生まれ、方言となった。土着語は文字の言語を豊かにした。イヴァン・コトリャレーウシキー、フルィホーリイ・スコヴォロダ、タラス・シェフチェンコはここですさまじい役割を果たした。彼らの作品は我々の共通の文芸文化遺産だ。タラス・シェフチェンコはウクライナ語で詩を書き、散文は主にロシア語で書いた。ニコライ・ゴーゴリはロシア愛国者でポルタヴァシュチナヤの地元民だが、彼の作品はロシア語で書かれ、マロロシアの民話やモチーフで満ちている。この遺産をロシアとウクライナでどうやって区別しろというのだろうか。そしてなぜ区別しなくてはならないのだろうか？

ロシア帝国の南西地域、マロロシアとノヴォロシアとクリミアは、民族的かつ宗教的に多様な存在として発達した。クリミアのタタール人、アルメニア人、ギリシャ人、ユダヤ人、ケレイト人、クリムチャク人、ブルガリア人、ポーランド人、セルビア人、ゲルマン人など様々な民がここに暮らした。そのすべてが自分の信仰、伝統、習俗を維持した。

何も理想化するつもりはない。1863年ヴァルーエフ指令、さらに1876年エムス・ウカズで、ウクライナ語の宗教や社会政治的文献の出版と輸入を制限したことはあった。だが歴史的な文脈に留意するのは重要だ。こうした決断はポーランドでの劇的な出来事を背景として取られたものであり、ポーランドの国民運動が「ウクライナ問題」を自分に都合良く利用しようとしたのを防ぐためだった。小説やウクライナ語の詩や民謡は出版され続けたことはつけ加えておこう。ロシア帝国内では、大きなロシア国民の中でマロロシア文化アイデンティティが発達する活発なプロセスがあったという客観的な証拠がある。この大きなロシア国は、大ロシア人、マロロシア人、ベラルーシ人を結び合わせたのだ。

同時期に、ウクライナ人というのがロシア人とは別個の国民であるという発想が、ポーランドエリートとマロロシアの知識人たちの間で形成され、勢力を増した。これには歴史的基盤がないので——そんな基盤があるはずもないので、結論を裏付けるために各種の捏造が使われ、ウクライナ人こそが真のスラブ民族であり、ロシア人、モスクワ人はちがうのだ、などとまで主張するようになった。こんな「仮説」はますますヨーロッパ諸国の競争関係における政治目的で使われるようになった。

19世紀末から、オーストリア＝ハンガリー当局はこのおとぎ話に目をつけ、それをポーランド国民運動やガリシアでの親モスクワ感情への対抗馬として利用した。第一次世界大戦中にウィーンは通称ウクライナ・シーチ銃兵隊軍団なるものの形成に手を貸した。ロシア正教やロシアに好意的と疑われたガリシア人たちは残虐な弾圧を受け、ターレルホフとテレジンの強制収容所に放り込まれた。

さらなる展開はヨーロッパ帝国の崩壊、旧ロシア帝国の到るところで生じた激しい内戦、外国の介入と関連している。

1917年3月の二月革命後、ウクライナ中央ラーダがキエフに設立され、最高権力機関となるよう意図された。1917年11月、第3次ウニヴェルサール期に中央ラーダはウクライナ人民共和国（UPR）の設立を宣言し、ロシアの一部となることが決定された。[*2]

1917年12月UPR代表はソヴィエトロシアがドイツやその同盟国と交渉していたブレスト＝リトフスクにやってきた。1918年1月10日の会合でウクライナ代表団団長は、ウクライナ独立宣言を読み上げた。その後中央ラーダは第4次ウニヴェルサール期においてウ

＊2　訳注：この記述ではロシアと仲良くしたがった中央ラーダが陰謀により転覆された印象を得るが、実際にはボリシェヴィキがウクライナの離反を警戒し極度の介入と制約をかけ、中央ラーダが反発すると侵略して蛮行を働きまくった。ブレスト＝リトフスクは、それに対して他国に助けを求めたもの。ここでの記述の印象とは正反対。

クライナ独立宣言をした。

そこで宣言された独立主権は長続きしなかった。ほんの数週間後、ラーダ代表団はドイツブロック諸国と別の条約に調印した。ドイツとオーストリア＝ハンガリー帝国は当時ひどい状況で、ウクライナのパンと原材料を必要としていた。大規模な供給を確保するため、彼らはＵＰＲに兵と技術職員を送る合意を得た。実はこれは占領の口実に使われた。

今日、ウクライナの完全な支配を外部勢力に譲り渡した者たちにとって、この１９１８年にそうした決断がキエフの支配政権に致命的なものとなったことを思い出すと示唆的だろう。占領軍の直接的な関与で中央ラーダは転覆させられヘーチマンのパウロー・スコロパードシクィイが傀儡となって、ＵＰＲの代わりにウクライナ国家を宣言したが、これは実質的にドイツ保護領だった。

１９１８年11月――ドイツとオーストリア＝ハンガリー帝国での革命的な出来事に続き――パウロー・スコロパードシクィイはドイツ歩兵の支援を失い、方向を変えて「ウクライナは全ロシア連邦形成を主導すべきである」と宣言した。だが政権はすぐに変わった。今度はいわゆるディレクトーリヤの時代となった。［訳注：中央ラーダ残党の作った反共政府］

１９１８年秋にウクライナのナショナリストは西ウクライナ人民共和国を宣言し、１９１

9年1月にはウクライナ人民共和国との合併を宣言した。1919年7月にウクライナ軍はポーランド軍に叩き潰され、かつて西ウクライナだった領土はポーランド支配下に入った。

1920年4月にシモン・ペトリューラ（今日のウクライナでは「英雄」の一人とされる）はUPRディレクトーリヤのために秘密会議を開き、軍事支援と引き換えにガリシアと西ヴォルィーニをポーランドに割譲することにした。1920年5月、ペトリューラ主義者たちはポーランド軍部隊の軍団と共にキエフ入りした。だが長続きはしなかった。1920年11月にはすでに、ポーランドとソヴィエトロシアが講和を結び、ペトリューラ勢の残党はその同じポーランドに降伏した。

UPRの例が示すのは、内戦と騒乱の時代に旧ロシア帝国中で生じた各種の準国家的な体制は、本質的に不安定だったということだ。ナショナリストは独自の独立国家を作ろうとしたし、白軍運動の指導者たちは不可分のロシアを目指した。ボリシェヴィキ支持者たちの多くが作った共和国は、自分がロシアの外にある存在とは考えなかった。それでもボリシェヴィキ党指導者たちは、様々な理由で彼らをソヴィエトロシアから追い出したのだった。

こうして1918年初頭にドネツク゠クリヴォーイ・ローク・ソヴィエト共和国が宣言され、モスクワにソヴィエトロシアへの編入を求めた。これは拒絶された。共和国指導者たちとの会談でウラジーミル・レーニンは、ソヴィエトウクライナの一部として行動しろと言い張った。1918年3月15日にロシア共産党中央委員会（ボリシェヴィキ）は、ウクライナソヴィエト議会に代表団を送り（そこにはドネツィキー・バセインのソヴィエトも含まれる）、その議会で「全ウクライナに一つの政府」を作るよう指示しろと決定した。ドネツク＝クリヴォーイ・ローク・ソヴィエト共和国の領土は後に南東ウクライナのほとんどを構成することになった。

ロシアSFSR、ウクライナSSR、ポーランドの間で調印された1921年リガ条約の下で、旧ロシア帝国の西部の領土はポーランドに割譲された。両大戦の間の時期にポーランド政府は活発な再入植政策を採り、東の国境地域の民族構成を変えようとした——「東の国境地帯」というのはポーランドが西ウクライナ、西ベラルーシ、リトアニアの一部を指す名称だ。これらの地域はポーランド化が行われ、地元文化や伝統は弾圧された。後に第二次世界大戦中、ウクライナナショナリストの過激派がこれを口実に、ポーランド人だけでなく、ユダヤ人やロシア人住民に対してもテロを仕掛けることになる。

1922年にソ連が作られ、ウクライナソヴィエト社会主義共和国はその創建共和国の一つとなったが、そのときボリシェヴィキ指導者の間でかなり熾烈な論争があり、おかげで連合国家の形成というレーニンの計画を、平等な共和国の連邦として実現することになった。共和国がこの連合から自由に分離する権利はソヴィエト連邦の結成に関する条約の中に明記され、その後1924年ソ連憲法にも明記された。こうすることで起草者たちは我々の国家体制にきわめて危険な時限爆弾を仕掛けた。そしてこれはソ連共産党そのものが内部崩壊し、その主導的な役割がもたらした安全装置がはずれた瞬間に爆発した。「独立主権の一大パレード」が続いた。1991年12月8日、通称ベロヴェーシ合意こと「独立国家共同体（CIS）の設立に関する協定」が調印され「国際法の主体と地政的な現実としてのソヴィエト連邦はもはや存在しない」ことが述べられた。ちなみにウクライナは1993年に採用されたCIS憲章に調印も批准もしていない。

1920－1930年代には、ボリシェヴィキたちは積極的に「現地化政策」を促進した。つまりウクライナSSRではウクライナ化が進められたということだ。この政策の一般としてソヴィエト当局の同意のもと、中央ラーダ元議長でウクライナナショナリズムのイデオロギー主導者の一人ミハイル・グルシェフスキー（彼は一時オーストリア＝ハンガリー帝国の支援を受けていた）はソ連に送り返され、ソ連科学アカデミーのメンバーに選出された。

現地化政策はまちがいなく、ウクライナ文化、言語、アイデンティティの発展と集約に大きな役割を果たした。同時に、通称ロシア大国優位主義なるものと戦うという口実のもと、ウクライナ化は自分をウクライナ人と考えない者たちにも押しつけられた。このソヴィエト国民政策は国のレベルで三つのちがったスラブ人を生み出した。ロシア人、ウクライナ人、ベラルーシ人だ。大きなロシア国民のなかで、ベリコロシア人、マロロシア人、ベラルーシ人という三位一体の民ではなくなってしまったのだ。

1939年にソ連はかつてポーランドが掌握した土地を取り戻した。その相当部分はソヴィエトウクライナの一部となった。1940年代にウクライナSSRは1918年以来ルーマニアに占領されていたベッサラビアの一部を取り戻し、北ブコヴィナも取り戻した。1948年には黒海のズミイヌイ島もウクライナの一部となった。1954年にはRSFSRのクリミア地方がウクライナSSRに与えられたが、これは当時施行されていた法的規範の重大な侵犯だった。

ついでにカルパティア・ルテニアの運命にも触れておきたい。この地域はオーストリア＝ハンガリー帝国解体とともにチェコスロバキアの一部となった。この地元住民の相当部分はロシア系だ。もはやほとんど言及されないが、ソ連軍がトランスカルパティアを解放してから、地域のロシア正教信徒たちはカルパティア・ルテニアのRSFSR編入か、あるいは独立したカルパティア共和国としてのソ連加盟に賛成する投票を行っている。だが人々の選択は無視された。1945年夏に、カルパティアウクライナが「その母なる地ウクライナ」（とプラウダ紙は表現した）に再統一されるという歴史的な行動が発表された。

したがって現代のウクライナは完全にソヴィエト時代の産物なのだ。その相当部分は歴史的ルーシの土地に作られたのをみんな知っているし記憶している。これを確実にするには、17世紀にルーシ国家と再統合された土地と、ソ連を離れたときのウクライナSSRの国境の形を見ればすぐわかる。

ボリシェヴィキはロシアの民を、彼らの社会実験のための無尽蔵の材料と見なした。彼らは国民国家を一掃する世界革命を夢想した。だからこそ、国境を引いて領土の贈り物を与えるのにあれほど鷹揚だったのだ。国をずたずたに切り刻んでいたボリシェヴィキ指導者たちがずばり何を考えていたかは、もはや重要ではない。個別の決定を左右した詳細や背景や論理についてはいろいろ意見が分かれることもある。だが一つの事実はきわめて明瞭だ。ロシアは確かに奪われたのだ。

この論説を執筆するにあたり、私は何やら秘密記録ではなく、はっきりわかっている事実を書いた公開文書に頼っている。現代ウクライナとその外部の「パトロン」たちは、こうした事実を見すごしたがる。だが国の中でも外でも「ソヴィエト政権の犯罪」を糾弾する機会は見逃さない。そしてそこに、CPSUもソ連も、まして現代のロシアもまったく関係ない出来事を含める。同時に、ロシアを歴史的領土から切り離そうとしたボリシェヴィキの活動は犯罪とは見なされない。そしてみんなその理由は十分承知している。それがロシアの弱体化をもたらしたのであれば、我々の不幸を願う人々はまったく問題視しないのだ。

もちろんソ連内部での共和国同士の境界は、決して国境とは見なされず、単一の国の中での、名目的なものにすぎなかった。この国は連邦の属性をすべて持ちつつも、きわめて中央集権的だった——これもまたソ連共産党の主導的な役割により確保されていた。だが1991年にこうした領土、さらにもっと重要な点としてその民たちは一夜にして外国にいることになり、今度はまさにその母なる歴史的祖国から連れ去られてしまったのだ。

これについては何をか言わん? 物事は変わる。国や社会だって同じだ。もちろんその発展の過程で、数々の理由と歴史的な条件の影響により、ある民の一部が別個の国民として自認するようになることはある。それをどう扱えばいいのか? 答は一つ。敬意を持って!

自前の国を設立したいなら、それは結構なこと! だがその条件は? 新ロシアの最も有力な政治家の一人、サンクトペテルブルク初代市長アナトーリー・サプチャークが提示した見立てを思い出そう。あらゆる決定は正統なものでなければならないと信じていた法学専門家として、彼は1992年の連合協定を糾弾し、ソ連参加以前の国境に立ち戻らねばならないと述べた。他の領土獲得はすべて、根拠が取り消された以上、議論、交渉の対象となる。

言い換えると、立ち去るときには持ってきたものも持って帰れ、ということだ。この論理は反論しがたい。言っておくとボリシェヴィキたちはソ連以前から国境を変えたがっており、人々の見方など無視して領土を操作していた。

ロシア連邦は新しい地政学的現実を認識した。認識しただけでなく、ウクライナが独立国として確立されるようにいろいろ手助けもした。困難な1990年代と新千年紀を迎えてから、我々はウクライナにかなりの支援をしてきた。キエフがどんな「政治的算術」を適用したがるにしても、1991－2013年にロシア支援によるウクライナの予算節約分は820億ドル以上にのぼり、今日でもウクライナ政府は、ヨーロッパへのガス輸送費としてロシアが支払うわずか15億ドルにしがみついている。もし両国の経済的なつながりが維持されれば、ウクライナは何百億ドルもの便益を享受することになる。

ウクライナとロシアは何十年、何百年かけて単一の経済システムを開発してきた。30年前に我々が行っていた深い協力はEUのお手本となるものだ。我々は自然な相補的経済パートナーなのだ。こうした緊密な関係は競争優位を強め、双方の国の潜在力を高める。

ウクライナはかつて大きな潜在力を持っていた。強力なインフラ、ガス輸送システム、先進的な造船、航空、ロケットや工作機械産業などを持っていたし、世界一流の科学、デザイン、工学の学校もあった。この遺産を引き継いで独立を宣言したウクライナの指導者たちは、ウクライナ経済が世界トップクラスになり、生活水準はヨーロッパ最高水準になると約束した。

それが今日、かつてウクライナとソ連邦すべての誇りだったハイテク工業の巨人たちは沈没しつつある。10年間で工業生産は42％も減った。脱工業化と経済的劣化はウクライナの発電に如実に表れている。発電量は30年で半減近くなっているのだ。最後にＩＭＦ予想によると、コロナ疫病勃発前の２０１９年に、ウクライナの１人あたりＧＤＰは４０００ドルに満たなかった。これはアルバニア共和国、モルドバ、承認されていないコソボよりも低い。最近のウクライナはヨーロッパの最貧国なのだ。

だれのせいだろうか？　ウクライナの民が悪いのか？　もちろんちがう。何世代にもわたる業績を無駄にして投げ捨ててしまった。ウクライナの人々がいかに頑張り屋で才能あるかは我々も知っている。我慢と決意をもって成功と傑出した結果を実現できる人々だ。そしてこうした性質や、その開けっぴろげさ、生来の楽観主義とおもてなし精神は消えてはいない。

ロシアによくしてくれるだけでなく、大いなる愛情を持って接してくれる何百万もの人々の気持ちは、ロシア人が彼らに対して抱く気持同様に、今も変わらない。

２０１４年まで何百もの合意や共同プロジェクトが、我々の経済、ビジネス、文化的なつながり、安全保障強化、共通の社会環境問題解決に向けて実施されていた。それは人々に具体的な便益をもたらした——ロシアとウクライナの双方にとって。我々はこれが最も重要だと考えるものだ。そしてだからこそ我々は、ウクライナのすべての指導者、強調するがすべての指導者と有意義なやりとりを行ってきたのだ。

２０１４年のキエフでの出来事（訳注：マイダン革命のこと）の後ですら、私はロシア政府に対し、関連省庁や機関において、両国の経済的なつながりを温存し維持する方法について選択肢を考えるように指示した。だが、同じことをしようという双方向の意志は当時もいまもない。それでもロシアはいまだにウクライナのトップ3に入る貿易相手であり、何十万人ものウクライナ人はロシアに働きにやってきて、大歓迎と支援を受けている。これが「侵略国家」の実態なのだ。

ソ連崩壊で、ロシアとウクライナの多くの人々は我々の密接な文化、精神／信仰、経済的な絆がまちがいなく続き、常に一体性の感覚を根底に抱いていた人々の共通性も続くと本気で信じていた。だが事態は――最初はゆっくり、やがてもっと急速に――ちがった方向に動き始めた。

要するにウクライナの支配集団は自国の独立を正当化するため、過去を否定することにしたのだ（だが国境問題は例外だ）。歴史を神話化して書き換え、我々をつないだものをすべて削除して、ウクライナがロシア帝国やソ連の一部だった時代を占領時代と呼ぶ。1930年代初期の集産化と飢餓という共通の悲劇はウクライナ人の虐殺として描かれる。[*3]

過激派とネオナチたちは自分たちの野心についてもっと公然として傲慢不遜だ。彼らは公式当局と地元オリガルヒたちにけしかけられている。この連中はウクライナの民から奪い、その盗んだお金を西側の銀行に保管して、自分の資本を温存するために祖国を売って平気だ。ここに加えて、しつこく続く国家機関の弱さと、だれか別の者たちの地政学的な意思に喜んで従属したがる立場がある。

---

*3　訳注：いわゆるホロドモールのこと。大規模不作による飢饉で食料徴発と「富農」弾圧が行われた。ウクライナは集中的な標的とされ、農業の基盤そのものが破壊された。飢餓の推定死者数も圧倒的にウクライナ人の比率が高い（諸説あるがウクライナ500万人、その他200万人ほど）。事実上のウクライナ虐殺であることは否定しがたい。

はるか昔、2014年よりずっと前に、アメリカとEU諸国は系統的かつ持続的にウクライナに圧力をかけて、ロシアとの経済協力を控え、制限させたがっていたのを思い出す。我々はウクライナ最大の貿易経済パートナーとして、生じる問題はウクライナ＝ロシア＝EU協議の中で議論しようと提案した。だが毎回、ロシアは関係ないと言われ、この問題はEUとウクライナだけの話とされた。西側諸国はロシアの絶え間ない対話の呼びかけを実質的に拒否してきたのだ。

一歩ずつウクライナは、ヨーロッパとロシアの緩衝国、ロシアに対する踏み台にするのを狙った危険な地政学的ゲームに引きずり込まれていった。必然的に「ウクライナはロシアではない」という概念ではもはやすまない時期がやってきた。「反ロシア」概念が必要となった。これは我々が決して受け入れないものだ。

この計画の首謀者たちはその基盤として、ポーランド＝オーストリアのイデオローグどもがかつて生み出した、「反モスクワロシア」を作り出そうとする古い基礎を使った。そして、これがウクライナの民の利益のために行われているなどと言われてだまされる者はいない。ポーランド＝リトアニア共和国はウクライナ文化など必要としたことはなかったし、ましてコサック自治権など求めたことはない。オーストリア＝ハンガリー帝国では歴史的なロシアの土地は無慈悲に収奪され最貧にとどまった。ナチはOUN-UPAの共謀者どもの支援を受けたが[*4]、彼らはウクライナなど必要とせず、単にレーベンスラウム（生存圏）とアーリア人支配者たちの奴隷がほしかっただけだ。

また2014年2月にもウクライナの民の利益などは考慮されなかった。ひどい社会経済問題、まちがい、当時の当局（訳注：親露派のヤヌコーヴィチ政権）の一貫性のない行動が引き起こした世間の正当な不満は、シニカルに利用された。西側諸国はウクライナの国内問題に直接介入してクーデターを支援した。その棍棒として使われたのが過激な国粋主義集団だった。彼らのスローガン、イデオロギー、露骨に攻撃的なロシア恐怖症は、その後相当部分がそのままウクライナの国家政策を定義づける要素となった。

我々をまとめあげ結びつけるものすべてが、これまで攻撃された。まず何よりもロシア語。新生「マイダン」当局はまず、国家言語政策をめぐる法を破棄しようとしたのを思い出してほしい。それから「権力浄化」の法、さらに教育に関する法でロシア語をカリキュラムから

＊4　訳注：OUN-UPAはウクライナ蜂起軍。1930年頃の活動初期にはホロドモールによるソ連への恨みが強かったのでナチスドイツの侵攻を歓迎したのは事実だが、その後はナチスと決別。ウクライナ独立に貢献した一方で一部の虐殺に加担した実績もあり、評価が分かれる。

実質的に削除してしまった。[*5]

最後に今年5月の時点で、現在の大統領（訳注：ゼレンスキー）は「先住民族」についての法律を議会に諮った。民族的少数派でウクライナ国外に自分たちだけの国を持たない者だけが先住民族とみなされる。この法律は可決した。新たな不和の種が蒔かれた。そしてこれは先述の通り、領土、国民、言語構成、国家形成史がきわめて複雑な国で起きているのだ。

こういう反論もあるかもしれない。単一の巨大な国の話、三位一体の国の話をしているんだから、民が自分をだれだと考えようと、どうでもいいじゃないか――ロシア人だろうとウクライナ人だろうとベラルーシ人だろうと。私も完全にこれに同意する。特に国籍の決定は、特に混成家族では、それぞれの個人が自分の選択をする権利がある。

だが現実問題として今日のウクライナの状況はまったくちがう。というのもそれは強制的なアイデンティティ変化を伴っているからだ。そして最も唾棄すべき話として、ウクライナのロシア人たちは自分のルーツ、何世代にもわたる先祖の否定を強いられたばかりか、ロシ

＊5　訳注：クリミア併合の影響もあり、ウクライナ政府はウクライナ語の使用を義務づけ、ロシア語の地域言語の地位を廃止したりメディアなどでの利用を制限したりしている。一方ドンバス地域ではウクライナ語の利用を廃止する決議を出すなど、対立の種となっている。

アが自分の敵だと信じるように強いられているのだ。強制的な同化、純粋ウクライナ民族の国家、ロシアには敵対的な国家への道は、我々に対する大量破壊兵器の使用にも比肩する影響を持つと言っても過言ではない。このようなロシア人とウクライナ人の熾烈で不自然な分断の結果として、ロシアの民は何十万、何百人も減りかねない。

我々の精神的／宗教的な一体性も攻撃されている。リトアニア大公国の時代と同様、新たな宗教迫害が開始された。世俗権力はその政治的な狙いを隠そうともせずに露骨に教会生活に横やりを入れて物事を分断させ、教会を押収して司祭や聖職者を殴打している。モスクワ総主教庁との密接な関係を維持するウクライナ正教会の大きな自治権すら、彼らの強い不興を買う。この有力で何世紀も昔からの我々の古い氏族関係の象徴ですら、彼らは破壊せずにはいられないのだ。[*6]

またウクライナ代表が国連総会において、ナチズムの称揚を糾弾する決議に幾度となく反

*6　訳注：2018年に、モスクワ総主教庁系のウクライナ正教会とは別の、ウクライナ正教会が発足してコンスタンチノープル総主教庁に公認された話。国内で分裂していた複数の教派が統一してウクライナ正教会となったものので、ここで示唆されているようなモスクワ系に属していた教会が分裂したという話ではない。むしろモスクワ総主教庁系が統一への参加を拒否したという状況。

対してきたというのも自然な話だと思う。SS部隊の戦犯残党たちを讃える行進やたいまつを灯した行列が、公式当局の庇護の下で行われている。万人を裏切ったマゼーパ、ポーランドの庇護のためにウクライナの土地を差し出したペトリューラ、ナチと協力したバンデーラが国民的英雄とされる。[*7] これまでずっとウクライナの誇りであった、真の愛国者や勝者たちの名前を若い世代の記憶から拭い去るため、あらゆる手が使われているのだ。

赤軍やパルチザン部隊で戦ったウクライナ人たちにとって、大愛国戦争（訳注：第二次世界大戦のこと）はまさに愛国的な戦争だった。なぜなら彼らは自分の国、偉大な共通の祖国を守っていたのだから。2000人以上の兵士がソ連の英雄となった。たとえば伝説的なパイロットのイヴァーン・コジェドゥーブ、オデッサとセヴァストポリを守った恐れ知らずの狙撃手リュドミラ・パヴリチェンコ、勇敢なゲリラ指揮官シドル・コヴパクなどがいる。こうした不屈の世代は戦い、こうした人々は我々の未来のために命を捧げたのだ。彼らの業績を忘れるのは祖父や父母たちを裏切ることだ。

反ロシア計画は何百万ものウクライナ人に拒絶されてきた。クリミアの民やセヴァストー

*7　訳注：いずれもロシア／ソ連の横暴や圧力に抵抗した人々。バンデーラは前出のウクライナ蜂起軍の指導者で、ナチと協力したのは最初だけ。決別後は収容所送りにされているが、評価は分かれる。

ポリの住民たちは自らの歴史的選択を行った。そしてウクライナ南東部の人々は平和裡に自分たちの立場を守ろうとしてきた。だがそのすべてが、子供たちも含め、分離主義者でテロリストとのレッテルを貼られてきた。民族浄化と軍事力の使用で脅されてきた。そしてドネツクとルハンスクの住民たちは自分の家、言語、命を守るために武器をとった。2014年5月2日オデッサの恐怖と悲劇では、ウクライナ人のネオナチが人々を焼き殺し新たなカチンの森虐殺を引き起こした。その後ウクライナの都市で吹き荒れた暴動の後で、彼らに武器を取る以外の選択があっただろうか？　同じ虐殺が、バンデーラ支持者どもによって、いまにもクリミア、ドネツク、ルハンスクで実行されかけていた。彼らはいまだにその計画を捨ててはいない。タイミングを計っているのだ。だが彼らのタイミングなどくることはない。

クーデターとその後のキエフ当局による行動は当然ながら対立と内戦を挑発するものだった。国連人権高等弁務官によれば、ドンバス紛争での被害者総数は1万3000人を超える。その中には高齢者や子供もいる。悲惨な取り返しのつかない損失だ。

ロシアは分裂を防ぐために手を尽くしてきた。ドンバスでの紛争の平和的解決を狙うミンスク合意が締結された。私は、いまだにこれに代わるものはあり得ないと確信している。いずれにしても、ノルマンディ・フォーマット諸国指導者でミンスク対処法パッケージから署名を引き上げた国は一つもない。だれも2015年2月17日国連安全保障理事会決議の見直しを開始したりはしていない。

公式交渉の間、特に西側パートナーたちに絡め取られた後で、ウクライナ代表はしょっちゅうミンスク合意の「完全準拠」を宣言するが、実は「受容不可能」の立場に導かれている。本気でドンバスの「特定地域」を議論する気もないし、そこに住む人々の安全確保を考える気もない。「外部攻撃の被害者」というイメージを利用してロシア恐怖症を煽るほうがいいのだ。そしてドンバスで血みどろの挑発を仕組む。要するに、外部のパトロンやご主人様たちの注目を惹こうとするのだ。

明らかに――そして私はますます確信しつつあるのだが――キエフは要するにドンバスがいらないのだ。なぜか？　まず何よりも、こうした地域の住民は連中が暴力や封鎖や脅しで押しつけようとしている体制など決して受け入れないからだ。そして第二に、ミンスクⅠとミンスクⅡの、ロシア、ドイツ、フランスを仲介者としてDPRとLPRとの直接合意を結ぶことでウクライナの領土的な一体性を回復する可能性をもたらす結果は、反ロシア計画の論理すべてに反するものだからだ。そしてこれを維持するには、内部と外部の敵というイメージを絶えず育み続けるしかないのだ。そしてそこに、西側列強の庇護と統制下でそれを行わねばならないのだ、ということも付け加えておこう。

本当に起きているのはこういうことだ。まずウクライナ社会に恐怖の雰囲気をつくり出す事態に直面している。攻撃的なレトリック、ネオナチ容認と国の軍事化。それに伴い、完全な依存にとどまらず、完全な外部からの支配が起きつつある。これはウクライナ政府の監督、公安サービスや軍の外国顧問による支配、ウクライナ領内の軍事的「展開」とＮＡＴＯインフラの配備などだ。前出の「先住民族」についての見え透いた法律が、ウクライナにおける大規模なＮＡＴＯ演習を隠れ蓑に可決されたのは偶然ではない。

これは、残りのウクライナ経済を接収してその天然資源を利用するための偽装なのだ。間もなく農地が売り渡され、だれがそれを買い上げるかはわかりきっている。ときどき、確かにウクライナは金銭的なリソースや融資を与えられるが、それは向こうの条件によるもので、向こうの利益のためであり、その選好や便益は西側企業のためのものとなっている。ちなみに、だれがそうした負債を返済するのだろうか？　明らかに、これは今日のウクライナ人世代だけでなく、その子供、孫、おそらくは曾孫たちがやるしかないと思われている。

西側の反ロシア計画首謀者たちは、ウクライナの大統領や国会議員や大臣たちが変わっても、ロシアからの分離と敵意の態度は残るような形でウクライナの政治体制を作り上げた。

現職大統領の主要な選挙スローガンは平和実現だった。それで権力の座に就いたのだ。この約束は実はウソだと判明した。何も変わらなかった。そしてウクライナとドンバス周辺の状況はむしろ悪化した部分さえある。

反ロシア計画においては、独立主権を持つウクライナにも、その真の独立を擁護しようとする政治勢力にも居場所はない。ウクライナ社会内部での和解、対話、現在のにらみ合いから脱出する方法を口にする者たちは「親ロシア」の工作員と見なされる。

繰り返すが、ウクライナの多くの人々にとって反ロシア計画はひたすら容認できない。そして、そのような人は何百万人もいる。だが彼らは顔を上げることを許されない。それどころか、その視点を擁護する法的機会は奪われている。彼らは恫喝されて地下に追いやられている。その考えや発言、立場の公言のために迫害されるだけでなく、殺されている。その殺人者たちは、おおむね処罰を受けずにすむ。

今日では、ウクライナの「正しい」愛国者はロシアを憎む者だけだ。さらにウクライナ体制すべてが、我々の理解では、この思想だけに基づきさらに構築されようとしている。憎悪と怒りは、世界史が繰り返し証明してきたように、独立主権の基盤としてはきわめて危ういもので、多くの深刻なリスクとひどい結果だらけとなっている。

反ロシア計画と関連するあらゆる逃げ口上は、我々にはすべてお見通しだ。そして我々は、自国の歴史的な領土や、そこに住む我々に近い民をロシアに刃向かう形で使うことは決して許さない。そして、そのような試みを行うものすべてには、そのようなやり方をすれば彼らは自分自身の国を破壊することになると申し上げたい。

ウクライナの現職政府は西側の経験を参照したがり、それを従うべきモデルだと考える。オーストリアとドイツ、アメリカとカナダが隣接して共存している様子を見てみよう。民族的な構成も近く、まさに一つの言語を共有していながら、独自の利害を持つ独立主権国家であり続け、独自の外交政策を持つ。だからといってきわめて緊密な統合や同盟関係が結べないわけではない。非常に限定的な透明な国境を持っている。そしてそれを横切っても市民は故郷にいるのと同じように感じる。彼らは家族を作り、勉強し、働き、ビジネスを行う。さて、ウクライナに生まれて現在ロシアに住む何百万人だってそれをやっているのだ。我々ロシア人は、彼らを自分自身の身近な人々と捉えている。

ロシアはウクライナとの対話を歓迎するし、きわめて複雑な問題であっても議論の用意がある。だが我々にとって重要なのは、相方が自分自身の国民的利益を擁護しているのであって、他のだれかの利益を擁護しているのではないということだ。そして我々と戦おうとする他のだれかの道具となっていないということだ。

我々はウクライナの言語と伝統を尊重する。我々はウクライナ人たちが自分の国を自由で安全で繁栄した場所にしたいという望みを尊重する。

私はウクライナの真の独立主権はロシアとのパートナーシップの中でのみ可能だと確信している。我々の精神的、人間的、文明的な結びつきは何世紀にもわたり作られてきたし、同じ起源を持ち、共通の試練や業績や勝利により固められてきた。我々の血族関係は世代から世代へと伝えられてきた。それは現代のロシアとウクライナに暮らす人々の心と記憶の中にあり、何百万もの我々の家族をつなぐ血縁の中にある。我々は常に共にあったし、今後何倍にもそれは強まり、成功したものとなる。なぜなら我々は一つの民だからだ。

今日では、こうした発言は一部の人々に敵意をもって受け取られるかもしれない。解釈はいろいろあるだろう。だが多くの人々は私の言うことに納得するはずだ。そして一つ言っておこう——ロシアはこれまでも、そして今後も、決して「反ウクライナ」にはならない。そしてウクライナが何になるか——それはウクライナ国民が決めることなのだ。

ロシア連邦大統領演説：

ウクライナ侵略前夜

（2022年2月21日）

概要

ウクライナ侵略前夜、ドネツクとルハンスクの独立国承認を行った際のプーチン演説。きわめてバランスの悪い構成で、しかも結論がそれまでの主張とつながらない奇妙な演説。諸悪の根源はボリシェヴィキやスターリンが、ソ連の各民族共和国の独立主権を認め、ソ連解体時の分離独立を容認したことにある（全体の3割）。だがロシアはウクライナを黙って独立させてやり、その後わがままもすべて聞いてやった。それなのに民族主義者どもがウクライナを煽り、西側の支援を得てウクライナをロシアから離反させようとする。西側の連中はロシアを破壊しようと企んでいる。NATOが拡大している。キエフはナショナリストとネオナチに乗っ取られた。ドンバスでは民間人砲撃が続き虐殺と民族浄化が起きかけている。よってドネツクとルハンスクの独立を承認する（その後9月にロシア併合）。

ロシアの市民、友人のみなさん。

私の演説は、ウクライナでの出来事と、なぜそれが我々にとってきわめて重要かについてのものだ。もちろん私のメッセージは、ウクライナにいる同胞たちにも向けられている。

これはきわめて深刻な問題であり、詳しく論じる必要がある。

ドンバスにおける状況は決定的で緊急の段階に達した。今日私がこうして直接話しているのは、起きていることを説明するにとどまらず、行われた決断と、今後考えられる歩みについてお伝えするためだ。

改めて強調しておくと、ウクライナはロシアにとって単なる隣国ではない。我々自身の歴史、文化、霊的空間として、決して奪えない一部なのだ。ウクライナは我々の同志であり、最も親密な者たちだ——仲間、友人、かつての同輩というだけでなく、親戚、血で繋がった人々、家族の絆で結ばれた人々なのだ。

思い出せる限り、歴史的にロシアの土地だったものの南西部に暮らす人々は、ロシア人、正教会信徒を名乗ってきた。これは17世紀以前の時代、この領土の一部がロシア国家に再加入したときもそうだったし、その後もそうだった。

我々から見れば、一般的には、みんなこの事実を知っていて、これは常識だ。それでも、今日起きていることを理解するためには、この問題の歴史について少し述べ、ロシアの行動の背後にある動機と、何を達成したいのかについて説明する必要がある。

そこで、現代ウクライナはすべて、ロシアが作りだしたのだ、あるいはもっと正確にはボリシェヴィキ、共産主義ロシアが作りだしたものだ、という事実から始めよう。このプロセスは1917年革命直後に始まったと言っても過言ではない。そしてレーニンとその仲間は、ロシアにきわめて過酷な形でそれを行った――歴史的にロシア領土だったものを分離して切断したのだ。だれもそこに住む何百万人もの人々の考えはきかなかった。

ところが、大愛国戦争の前と後に、スターリンはそれまでポーランド、ルーマニア、ハンガリー領だった土地をソ連に併合して、その一部をウクライナに移転した。その過程で、彼はポーランドに代償としてかつてはドイツだった土地の一部を与え、1954年にフルシチョフはどういうわけか、クリミアをロシアから奪い、これまたウクライナにくれてやった。実質的に、現代ウクライナの領土はこのようにして形成された。

だが今度は、ソヴィエト連邦形成の最初の時期に注目したい。これは我々にとって、とても重要だと思う。それについては言わば、遠巻きにアプローチしなくてはならない。

1917年十月革命とその後の内戦の後で、ボリシェヴィキたちは新たな国家体制を構築しようとしたことを改めて述べておこう。この点については、彼らの中でもかなり激しい意見の対立があった。1922年にスターリンはロシア共産党（ボリシェヴィキ）の書記長と、民族問題人民委員でもあった。彼は国を自決・自治の原則に基づいて構築することを提案した。つまり共和国——未来の行政的、領土的なまとまり——に統一国家への加盟にあたり広範な力を与えるということだ。

レーニンはこの計画を批判して、ナショナリストに譲歩した（彼は当時、ナショナリストたちを「独立派たち」と呼んでいた）。レーニンの考えは要するに、連邦的な国家体制と、各民族の分離まで含めた自決権に関するスローガンと言うべきもので、それがソ連の国家体制の基盤に持ち込まれた。当初それは、1922年ソヴィエト社会主義共和国連邦結成宣言で確認され、レーニンの死後は1924年ソヴィエト憲法で固められた。

これは即座に多くの疑問を引き起こす。最初のものが実は主要なものとなる。なぜナショナリストのご機嫌をとり、旧帝国の周縁部でたゆまず拡大していたナショナリスト的野心を満足させてやらねばならなかったのか？ 新生の、しばしば恣意的に形成された行政単位——連邦共和国——に、そいつらとまったく関係ない広大な領土を移転しなければならなかったのか？　こうした領土は、歴史的にロシアに属していた人口と共に移転されたことは繰り返そう。

さらにこうした行政単位は、実質的に国民国家的な存在の地位と形態を与えられた。これで別の疑問が生じる。なぜこんな気前のいい贈り物が必要だったのだろうか。これはどんな強欲なナショナリストでも、夢にすら見なかったような規模のもので、加えて各共和国に、統一国家から無条件で分離する権利までくれてやったのだ。

一見すると、これはまったく理解不能で、狂気の沙汰にすら思える。だがあくまで一見だけの話だ。ちゃんと説明がある。革命後、ボリシェヴィキたちの主な目標はどんな代償を払っても権力を握り続けることだった。まったくどんな代償も厭わない。このために彼らは何でもやった。カイゼル支配のドイツとその同盟諸国の軍事経済状況は劇的なもので、第一次世界大戦の結果は火を見るより明らかだったのに、屈辱的なブレスト＝リトフスク条約を受け入れ、そして国内ではナショナリストたちの要求や願望すべてに応じてやったのだ。

ロシアとその国民の歴史的運命から見ると、レーニンの国家発展原理は単なるまちがいにとどまらない。まちがいよりひどい、という格言通りだ。これは１９９１年のソヴィエト連邦解体の後で、露骨なまでに明白となる。

もちろん、過去の出来事は変えられないが、少なくとも公然と正直に、留保や政治的操作なしに認める必要はある。個人的には、どんな政治的要因でも、それがその任意の時点ではいかに立派で利益の大きいものに見えたとしても、国家体制の基本原理としては使えないし、使ってはいけないと思う。

だれかを責めるつもりはない。当時の我が国の状況は、内戦の前も後も、きわめて複雑だった。危機的だった。今日言っておきたい唯一のことは、これがずばり実際の状況だったということだ。これは歴史的事実だ。実はすでに述べたように、ソヴィエトウクライナはボリシェヴィキたちの政策の結果なのであり、「ウラジーミル・レーニンのウクライナ」と呼ぶのが適切だ。彼がそれを作りだし、構築した。これは文書館の文献で完全かつ包括的に裏付けられる。たとえばウクライナに無理やり押し込まれたドンバスをめぐる、レーニンの厳しい指示などを見ればわかる。そして今日、「恩知らずの放蕩息子」はウクライナでレーニン記念碑を打ち倒している。それを連中は、脱共産化と呼ぶ。

脱共産化したいのか？　よろしい、それはこちらも願ったりかなったり。だが中途半端に止める必要もないだろう。我々が、ウクライナにとって本当の脱共産化が何を意味するのか、思い知らせてやろう。

歴史の話に戻ると、ソヴィエト連邦は1922年に旧ロシア帝国のかわりに設立されたことは繰り返そう。だが実務面で、これほど広大で複雑な領土を、連邦制に相当する曖昧模糊とした原理で維持統治するのは不可能だということが、すぐに明らかとなった。それはきわめて現実離れして歴史的伝統とも遊離していた。

赤色テロとスターリン独裁への急速な傾倒、共産主義イデオロギーの支配と共産党の権力独占、国有化と計画経済——これらすべてが、公式には宣言されたものの有効性のない統治原理を、中身のない宣言にしてしまったというのも当然だ。現実には、連邦共和国には独立主権などなかった。何一つとして。実務的な結果は、きわめて中央集権化され、絶対的に一体となった国家の創設だった。

実はスターリンが全面的に実施したのは、統治についてのレーニンの原理ではなく、彼自身の原理だった。だが彼は要となる文書である憲法に、それと関連した改訂を加えず、ソ連の根底にあるレーニンの原理も正式に改訂しなかった。見かけ上は、そんな必要はないように見えた。すべては全体主義政権の条件下ではうまく機能しているように見えたからだ。そして外からはそれはすばらしく、魅力的で、超民主主義にさえ見えたのだ。

だがそれでも、国家の根本的で公式に法的な基盤から、革命に啓発されたいやらしい妄想じみたおとぎ話が一掃されなかったのは残念至極だ。そういう妄想は、あらゆる普通の国家にとっては、まったく破壊的なものなのだ。我が国でそれまでしばしば起きたように、だれも未来について少しも考えなかった。

どうやら共産党指導者たちは、自分たちがしっかりした統治システムを作り上げ、自分たちの政策が民族問題を完全に解決したと思い込んでいたようだ。だがごまかし、勘違い、世論操作には高い費用が伴う。ナショナリストの野心というウイルスはまだロシアに残っており、ナショナリズムという病気に対する国家の免疫を破壊するために、初期に埋められた地雷は、着々と爆発に向かいつつあった。すでに述べたように、その地雷というのはソヴィエト連邦からの分離独立の権利だった。

１９８０年代半ば、社会経済問題の悪化と計画経済の明らかな危機は民族問題を悪化させた。それは基本的にはソヴィエト人民の期待や満たされぬ夢に基づくものなどではまったくなく、主に地元エリートの貪欲さが高まったことで生じたのだった。

だが共産党の指導部は、状況を分析し、まずは経済面での適切な対応を行い、政治システムと政府をよく考えたバランスの取れたやり方で次第に変えるどころか、民族自決のレーニン主義原理復活という、露骨な二枚舌を使うだけだった。

さらに共産党そのものの中の権力闘争の過程で、対立する両側とも、支持基盤を拡大しようとして、浅い考えでナショナリスト感情を掲げ、煽り始め、それを操って、潜在的な支持者たちに望むものをなんでも約束した。民主主義と、市場かあるいは計画経済に基づく明るい未来に関する怪しげでポピュリスト的なレトリックを掲げつつ、だが一方では国民を本当に貧窮させて広範な物不足を引き起こしつつも、権力者の中でこの国にとっての避けがたい悲劇的な結果を考えている者はだれもいなかった。

次に、彼らは一斉にソヴィエト社会主義共和国連邦の樹立時点でたどった道へと進んで、自分の党内での地位で育ったナショナリストのエリートたちの野心に媚びてみせた。だがそうする中で、ソ連共産党はもはや——ありがたいことに——権力と国そのものを保持する道具を有していないことを忘れてしまった。その道具とは、国家テロやスターリン主義的な独裁だ。さらに国民を先導する党という悪名高い役回りも、すでに彼らの目の前で、朝露のように跡形もなく消えていた。

そして1989年9月のソ連共産党中央委員会総会は、真に致命的な文書を承認した。通称現代の条件下における民族政策、ソ連共産党綱領だ。そこには以下の条項が含まれていた。引用しよう。「ソヴィエト社会主義共和国連邦の各共和国は、独立社会主義国家という地位に適切なあらゆる権利を保有するものとする」

次の点。「ソヴィエト連邦の各共和国における最高権力代表体は、自国領内におけるソヴィエト連邦政府の決議や政令の運用に反対し停止できる」

そして最後に「ソヴィエト連邦の各共和国は独自の市民制度を持ち、それがその住民すべてに適用される」

こんな取り決めや決断が何をもたらすか、火を見るより明らかではないか？

いまは国家や憲法に関連する問題に踏み込む時でも場所でもないし、市民権の概念を定義する場でもない。だが、不思議に思わざるを得ない。なぜそのすでに複雑な状況で、国をさらに揺さぶる必要があったのだろうか？　だが事実は変わらない。

ソヴィエト連邦崩壊の二年前ですら、その運命はもはや決まっていた。今になって、過激派やナショナリストたちは、主にウクライナにいる連中も含め、独立獲得は自分たちの功績だと言う。ここからわかるとおり、これは完全にまちがっている。我が統一国の解体は、ボリシェヴィキ指導者たちとソ連共産党指導部の、歴史的、戦略的なまちがいによって引き起こされた。国家構築や、経済民族政策の面で、様々な時期に冒されたまちがいだ。ソヴィエト連邦として知られる歴史的ロシアの崩壊は、彼らの責任なのだ。

こうした各種不正、ウソ、ロシアへの露骨な簒奪にもかかわらず、我らが民はソヴィエト連邦解体後に生じた、新たな地政学的現実を受け入れ、新しい独立諸国を承認した。ロシアはそうした国々を承認したばかりか、自分がきわめて暗澹たる状況に直面していたというのに、そのCISパートナーたちを助けたのだ。ここにはウクライナの仲間たちも含まれる。彼らは独立を宣言したその瞬間から、幾度となくロシアに金銭支援を求めてきた。我が国は支援を提供しつつ、ウクライナの尊厳と独立性を尊重してきた。

専門家の評価と、さらに我が国のエネルギー価格の簡単な計算による裏付けでは、ロシアがウクライナに提供した補助つき融資や経済と貿易の優遇措置をあわせると、1991〜2013年のウクライナ予算に対する便益総額は2500億ドルになる。

だがそれだけにはとどまらない。1991年末の時点でソヴィエト連邦は他国や国際危機に対し、千億ドルほどの借金があった。当初、あらゆる旧ソ連共和国がいっしょにこの借入を返済するというアイデアがあった。これは連帯精神に基づき、各国の支払い能力に応じたものとなるはずだった。だがロシアはソ連時代の負債をすべて単独で返済することにした。そしてその返済プロセスを2017年に完了し、この約束を守った。

この代償として、新規独立諸国はロシアに、ソ連時代の外国資産の一部をロシアに譲渡しなければならなかった。ウクライナとの間でこれを定めた合意が１９９４年12月に発効した。だがキエフはそうした合意を批准せず、後には帝政ロシア時代のダイヤモンド基金、埋蔵黄金、旧ソ連財産などの外国資産の一部を要求してきて、自分の約束をまったく守らなかった。

それでも、こうした様々な課題にもかかわらず、ロシアは常にウクライナとオープンで正直な形で協力し、すでに述べたように、向こうの利益に配慮した。両国は多数の分野で絆を発達させた。だから２０１１年には二国間の貿易は５００億ドルを超えた。２０１９年、つまりコロナ以前に、ウクライナと全ＥＵ諸国との貿易額は、ロシアとの貿易額を下回っていたことは指摘しよう。

同時に、ウクライナ当局がいつもロシアとの交渉では、自分たちが確実にすべての権利や特権を享受しつつ、何の責務も負わない形を望んだのは驚くべきことだ。

キエフの当局は、パートナーシップにかわって寄生虫じみた態度を取り、しかもときには恐ろしく傲慢にふるまった。エネルギー輸送をめぐる絶え間ない強請や、連中が文字通りガスを盗んでいたことを思い出せば十分だろう。

またキエフはロシアとの対話を、西側との関係における交渉材料に使おうとしたことも付け加えられる。ロシアとの密接なつながりを、西側への脅し材料にして、ロシアがウクライナへの影響力を増すぞといって優遇条件を確保するのだ。

同時にウクライナ当局は——この点は強調しておきたい——我々を結びつけていたものすべてを否定することで国家建設を始め、何百万人もの人々、ウクライナに住む何世代もの人々の精神性や歴史記憶を歪曲しようとした。ウクライナ社会が極右ナショナリズム台頭に直面しているのも無理もない。これは攻撃的なロシア恐怖症とネオナチズムへと急速に発展した。これはウクライナのナショナリストやネオナチが、北コーカサスのテロ集団に参加し、ロシアに対してますます声高に領土要求をする結果をもたらした。

ここでは外部勢力が役割を果たした。彼らはNGOネットワークを武器化して特殊部隊と共に使い、ウクライナの子分たちを育て、その代表を権威の座につかせた。

ウクライナは実は、本当の国家体制という安定した伝統など持ったことはないというのも指摘しよう。したがって1991年に、同国が考えなしに外国モデルを真似ようとしたとき、それはウクライナの現実の歴史とはまったく関係ないものだった。政治的な政府機関は何度も調整しなおされて、急速に成長する氏族やその我田引水な利益に奉仕させられたが、それはウクライナ国民の利益とは何も関係がなかった。

基本的に、オリガルヒ的なウクライナ当局が行った、いわゆる親西側的な文明の選択は、今も昔も人々の厚生に資する条件改善を目指したものではなく、オリガルヒどもがウクライナ人から盗み、西側の銀行口座に保有している何十億ドルもの資産を温存し、忠実にロシアの地政学的ライバルの御用聞きをするためのものなのだ。

一部の産業金融グループや、その子飼いの政党や政治家たちは、その発端からナショナリストや過激派に頼ってきた。ロシアとのよい関係や、文化と言語の多様性を支持すると主張して、そう公言した指向性を心から支持した市民たちのおかげで権力を握った者もいた。これは南東地域の何百万人もの住民も含む。だがこいつらはその渇望した権力を手に入れたら、すぐに投票者たちを裏切って、選挙公約に背を向け、かわりに過激派が提案した政策のお先棒をかつぎ、ときにはかつての仲間——二ヶ国語主義とロシアとの協力を支持した公的組織——を糾弾までしている。こうした連中は、有権者のほとんどが法を守る市民で穏健な考え方を持ち、当局を信頼しており、過激派とはちがい、攻撃的にならず違法な仕組みを使ったりしないという事実を利用したのだ。

一方、過激派たちはますます傍若無人となり、毎年その要求をエスカレートさせた。弱い当局に言うことを聞かせるのは簡単だったし、その当局もナショナリズムと汚職のウイルスに冒されていて、人々の本当の文化、経済、社会的利益やウクライナの真の主権を巧みに置きかえ、各種の民族的な憶測や形式的な民族的属性を持ち込んだ。

ウクライナでは安定した国家制度はついに発達しなかった。その選挙など政治手続きは単なる仮面でしかなく、各種オリガルヒ氏族の間の権力と財産再分配を覆い隠すものだ。

汚職は、もちろんロシアを含む多くの国で課題だし問題だが、ウクライナでは常軌を逸したものとなった。それは文字通りウクライナ国家制度、その仕組み全体、権力のあらゆる面に蔓延して腐食させてしまった。

ナショナリスト過激派たちは、無理もない国民の不満を利用して、マイダン抗議を煽り、それを２０１４年にクーデターにエスカレートさせた。連中はまた外国国家から直接支援を受けていた。各種報告によるとアメリカ大使館は、キエフ独立広場の抗議キャンプと称するものを支えるため、一日１００万ドルを提供していたとか。さらに大金が反対派指導者の銀行口座に平然と直接送金された。何千万ドルものお金だ。だが実際に苦しんだ人々、キエフなどの都市の街路や広場で挑発された衝突により死んだ者たちの家族、彼らは結局いくらもらえたのだろうか？　言わぬが花だ。

権力を握ったナショナリストたちは糾弾を開始した。自分たちの憲法違反活動に反対した者たちへの、本当のテロル活動だ。政治家、ジャーナリスト、公的活動家たちは、嫌がらせを受けたりおおっぴらに恥をかかされたりした。ウクライナの都市を暴力の波が襲い、一連の有名で処罰されない殺人も起きた。平和なデモ隊が残虐に殺され、労働組合ビルで焼き殺されたオデッサでの悲劇を思い出すと、身震いせざるを得ない。この残虐行為を行った犯罪者たちは決して処罰を受けることなく、だれもその連中を探してすらいない。だが我々はそいつらの名前を知っているし、それを処罰し、見つけて司法に引き渡すために手を尽くす。

マイダンでもウクライナは、民主主義や進歩にはまったく近づかなかった。クーデターを実現したナショナリストやそれを支持した政治勢力は、やがてウクライナを袋小路に追いやり、同国を内戦寸前にした。8年たって、国は分裂している。ウクライナはひどい社会経済危機で苦しんでいる。

国際機関によると、2019年にウクライナ人600万人近く——強調しよう——15%、しかも労働者ではなく同国の全人口の15%が、外国に出稼ぎに行った。そのほとんどが日雇いだ。以下の事実も示唆的だ。2020年以来、コロナの最中だというのに、6万人以上の医師や保健労働者がウクライナを離れたのだ。

2014年以来、水道料金は三分の一近くも上がり、電気料金は数倍になり、家庭用ガス価格は数十倍にもなった。多くの人々は公共料金を支払うお金がない。文字通り、生き残るのに苦労している状態だ。

何が起きたのか？　なぜこんなことが起きているのか？　答は明らかだ。ソ連時代からのものだけでなく、帝政ロシアから受けついだ遺産を連中は使い果たし、着服したのだ。人々が収入を確実に稼ぎ、税収を生み出せた何万、何十万もの職を失わせた。そうした職はロシアとの密接な協力のおかげで存在していたからだ。機械組み立て、機器エンジニアリング、電子、造船、航空機製造といった産業部門は、縮小または完全に破壊された。だがかつては、ウクライナだけでなく、ソヴィエト連邦すべてがそうした企業を誇りに思っていたのだ。

２０２１年にニコラーエフの黒海造船所が廃業した。その最初のドックはエカチェリーナ大帝にまでさかのぼる。有名な航空機メーカーであるアントノフは、２０１６年以来商用航空機を一機も作っていないし、ミサイル航空機器を専門とするユージュマシュの工場は、破産寸前だ。クレメンチュグ製鋼所も似たような状況だ。この悲しい一覧はいくらでも続く。ガス輸送システムについても、すべてソヴィエト連邦が建設したものだが、いまやあまりに劣化して使用が危険で環境面の費用が莫大となっているほどだ。

この状況を見ると疑問が生じる。貧困、機会欠如、失われた工業技術的可能性——連中が長年、天国のような繁栄の約束で人々をだましてきた、親西側の文明的選択がこれなのか？

すべては、ウクライナ経済がボロボロで、同国市民が露骨に収奪され、一方でウクライナ自体が外部支配下におかれ、西側首都から指図されるだけでなく、世にいう地上からも外国顧問、NGOたちなどウクライナにいる機関経由で支配されていることから生じている。連中は、中央政府から地方自治体まであらゆる水準のあらゆる権力部門における、重要な人事に直接口出しをするし、国有企業や会社、たとえばナフトガス、ウクレネルゴ、ウクライナ鉄道、ウクロボロンプロム、ウクルポシュタ、ウクライナ海洋港湾局も牛耳っている。

ウクライナには独立司法などない。キエフ当局は西側の要求で、最高司法機関、高等司法評議会と高等裁判官選考委員会の委員を選考する最優先権を国際機関に委任した。

加えてアメリカは、国家汚職防止局、国家汚職対策局、反汚職特別検察官室、高等反汚職裁判所を直接牛耳っている。こうしたすべては、汚職に対抗する活動にカツを入れるという気高い口実で行われている。よろしい。だが結果はどこに？　汚職は空前のひどさだ。

ウクライナの国民は、自分の国がどう運営されているか認識しているのだろうか？　同国が政治経済保護領どころか、傀儡政権を持つ植民地に変えられてしまっているのに気がついているのか？　国が民営化されてしまった。結果として、「愛国者の権力」を名乗る政府はもはや国民のためには動かず、絶えずウクライナの独立主権を失わせるほうに押しやる。

ロシア語とロシア文化を根絶やしにして同化を進める政策も続いている。ヴェルホーヴナ・ラーダ（ウクライナ最高議会）は差別的な法案を次々に打ちだし、いわゆる先住民族についての法律はすでに発効している。ロシア人を名乗り、自分のアイデンティティ、言語、文化を保存したいと願う者たちは、ウクライナから出ていけという信号を伝えられている。

教育とウクライナ語を国語とする法律の下で、ロシア語は学校や公共の場からは閉め出される。通常の店舗でもそうだ。役人の審査と粛清と呼ばれる法律は、邪魔な公僕に対処する道を与えた。

ウクライナ軍や法執行機関が言論の自由、異論を取り締まり、反対派を潰すための法律が次々に出てくる。世界は他の国や外国人、法人に対する一方的で不当な制裁を加えるという唾棄すべき手口については知っている。だがウクライナは西側のご主人様の上手を行き、自分の市民、企業、テレビ局、各種メディアや議員に対しても制裁をでっち上げているのだ。

キエフは相変わらずモスクワ主教庁系のウクライナ正教会の破壊を企みつつある。これは感情的な判断ではない。具体的な決断や文書を見れば証拠が出てくる。ウクライナ当局は身勝手にも、正教会の分裂を国家政策の道具に仕立てたのだ。現在の当局は、信者の権利を侵害する法律を廃止しろというウクライナ国民の訴えに応えない。さらに、モスクワ総主教庁系ウクライナ正教会の司祭や何百万人もの信徒を攻撃する新たな法案が、ヴェルホーヴナ・ラーダに提出されている。

クリミアについて少々。クリミア半島の人々は、ロシアに加わるという選択を自由に行った。キエフ当局は明確に述べられた住民の選択に異議申し立てはできない。だから連中は攻撃行動に出て、過激派イスラム主義組織を含む過激派の細胞を動かし、重要なインフラ施設に対するテロ攻撃を行うために反動戦力を送りこみ、ロシア市民を誘拐している。こうした攻撃的な活動が、西側公安部門の支援を受けて行われているという、事実としての証拠を我々は持っている。

2021年3月、ウクライナの軍事戦略が採択された。この文書はほぼ完全にロシアとの対決にあてられ、我が国との紛争において外国を関与させるという目標を設定している。この戦略では、ロシアのクリミアおよびドンバスにおける、テロリスト地下運動とでも呼べるものを組織すると述べる。また潜在的な戦争のあり方を述べ、これはキエフの戦略家たちによると「ウクライナにとって有利な条件で、国際社会の支援を受けて」終わるべきだとされている。さらには——よく聞いてくださいよ——「ロシア連邦との地政学的対決において外国の軍事支援を受けて」終わることになっている。実際、これは我が国ロシアとの敵対準備以外のなにものでもないのだ。

　我々の知るところでは、本日すでにウクライナは独自の核兵器を開発するつもりだと述べた。そしてこれは単なるフカシではない。ウクライナはソ連時代に開発した核技術を持っているし、そうした兵器の発射車両も持っている。これは航空機や、射程距離100キロ以上のソ連設計のトーチカU精密戦術ミサイルも含まれる。だがそれ以上のこともできる。あとは時間の問題だ。これについて彼らはソ連時代から準備をしてきたのだ。

　言い換えれば、戦術核兵器を入手するのは、ウクライナにとって、名前は挙げないが同様の研究を行っている他の一部の国よりはずっと容易だ。特にキエフが外国の技術支援を受ければすぐに可能だ。この可能性も排除できない。

　ウクライナが大量破壊兵器を手に入れたら、世界とヨーロッパ内でのその立場は、特に我々ロシアにとっては劇的に変わってしまう。我々はこの本当の危険に反応せざるを得ない。そして繰り返すが、ウクライナの西側のパトロンたちがそうした兵器獲得を手伝い、我が国にとってさらなる脅威を作り出そうとしかねないので、そうした危機には対応せざるを得ないのだ。我々はキエフ政権がどれほど一貫して武器をどんどん押し込まれているかを見ている。2014年以来、アメリカだけでもこのために何十億ドルもかけている。これは軍備提供と専門家訓練も含む。過去数ヶ月で、世界中の目の前でこれ見よがしに、西側兵器が絶え間なくウクライナに運ばれている。外国の顧問がウクライナ軍や特殊部隊の活動を監督しており、みんなそれをよく知っている。

過去数年にわたり、NATO諸国の軍事関連部隊がほぼ常に、演習という口実のもとにウクライナ領土にいる。ウクライナ軍統制システムはすでにNATOに統合されている。これはつまりNATO拠点はウクライナ軍に直接指令を出せるということだ。隊や分隊ごとにまで指示ができる。

アメリカとNATOは潜在的な軍事作戦の戦域としてウクライナ領を厚かましくも開発し始めた。連中の定期的な共同演習は明らかに反ロシア的だ。昨年だけでも2万3000兵移譲と1000以上の機器装置が参加している。

外国軍がウクライナにやってきて多国間共同演習に参加できるという法律がすでに2022年に可決している。当然ながら、これらは主にNATO軍だ。今年はこうした共同演習が少なくとも10回計画されている。

こうした演習はどう見ても、ウクライナ領にNATO戦闘団を急速に構築する目くらましとして設計されている。これを特に明らかにしているのは、ボリスポリ、イワノ=フランコフスク、チュグエフ、オデッサをはじめ多数の空港が、アメリカの支援で改良されて陸軍部隊をきわめて短時間で輸送できるようになったことだ。ウクライナの空域は、ロシア領偵察を行うアメリカの戦略偵察機やドローンに開放されている。

付け加えると、アメリカ製のオチャコフ海洋作戦センターは、NATO戦艦の活動支援ができるし、ロシア黒海艦隊に精密兵器を使用し黒海沿岸すべてのインフラ攻撃もできる。

一時、アメリカは類似施設をクリミアにも作ろうとしたが、クリミア人やセヴァストーポリ住民がこの計画を潰した。これは決して忘れない。

今日、こうしたセンターがすでにオチャコフに配備されていることを繰り返したい。18世紀にアレクサンドル・スヴォーロフの兵がこの都市のために戦った。彼らの勇敢さのおかげで、ここはロシアの一部となった。また18世紀には、オスマン帝国との戦争の結果ロシアに編入された黒海沿海部がノヴォロシア（新ロシア）の名前を与えられた。いまやこうした歴史のランドマークを忘却の彼方に押しやり、帝政ロシアの国名や軍人たちもいっしょに消し去ろうという動きがある。彼らの活動がなければ、現代のウクライナには大した大都市はなく、黒海へのアクセスさえもなかったはずなのに。

最近、アレクサンドル・スヴォーロフの記念碑がポルタヴァで壊された。何をか言わん？

自分の過去を否定するつもりか？　ロシア帝国の植民地遺産なるものを？　ふん、それならもっと徹底してやるがいい。

次に、おもしろいことにウクライナ憲法17条は、自国領内に外国軍事基地を配備するのが違法だと定めている。だが実は、これは簡単に迂回できる慣習にすぎないらしい。

ウクライナはNATOの演習ミッションが置かれ、これは実際のところ外国の軍事基地だ。やつらは単に基地をミッションと呼んで、それで事足れりとしている。

キエフは昔からNATO加盟の戦略的な道筋を宣言している。確かに、各国は独自の安全保障システムを選ぶ権利があるし、独自の軍事同盟に参加できる。それは何も問題がないはずだが、そこで一つだけ「だが」が出てくる。国際文書は明示的に、平等かつ分かちがたい安全保障の原理を述べており、これは他国の安全保障を犠牲にして自国の安全保障を強化してはならないと述べている。これは1999年にイスタンブールで採択された、ヨーロッパ安全保障OSCE憲章にも、2010年OSCEアスタナ宣言でも述べられている。

言い換えると、安全保障確保に向けた道筋の選択は、他の国に脅威を与えてはならない。だがウクライナのNATO加盟はロシアの安全保障に直接的な脅威となる。

2008年4月に開かれたブカレストでのNATOサミットで、アメリカはウクライナと、ついでにジョージアがNATO加盟国になるという決断をゴリ押しした。ヨーロッパのアメリカ同盟国の多くは、この見通しが持つリスクについてその当時から十分に承知していたが、上位パートナーの意志に無理やり従わされた。アメリカは他国をあっさり利用して、明らかに反ロシア的な政策を実施したのだ。

多くのNATO加盟国はいまもウクライナのNATO加盟をかなり疑問視している。一部のヨーロッパ首都からは、そんなことは文字通り一夜にして起きたりしないので安心しろという信号を受けている。実際、我々のアメリカの相方たちも同じことを言っている。こっちとしてはこう答える。「よーし、わかった。明日には起きないだろう。でも明後日には起きるんだろう？　歴史的観点からは何が変わる？　何一つ変わらない」

さらにアメリカの指導的立場はわかっているし、ウクライナ東部での活発な敵対行為は同国がNATOの基準を満たして汚職をなくせばNATO加盟の可能性は排除されないという発言も知っている。

その間ずっと、連中は何度も何度も、NATOは平和を愛する純粋に防衛的な同盟であり、ロシアには何の脅威にもならないと繰り返し説得しようとする。ここでも、自分たちの言い分を信用してくれ、というわけだ。だが、そういう口先がどれほどの重みを持つかは、こっちも熟知している。１９９０年にドイツ統合が議論されているとき、アメリカはソ連の指導部に、ＮＡＴＯの範囲や軍事的な存在は一インチたりとも東へは動かさず、ドイツ統一はＮＡＴＯ軍事組織の東方拡大につながらないと約束した。これは引用だ。

いろいろ口先の保証はしたが、どれも口先だけだった。後に中欧や東欧諸国のＮＡＴＯ加盟はモスクワとの関係をむしろ改善させると保証しはじめた。そうした国々に苦い歴史的遺産で刻まれた恐怖が消えるからと言う。むしろそれはロシアに友好的な諸国のベルトを作り出すのだ、と。

だが、起きたのは正反対のことだった。一部東欧諸国の政府は、ロシア恐怖症をダシにして、同盟に対するロシアの脅威に関する自分たちのコンプレックスやステレオタイプを持ち出し、集合的な防衛能力を構築して、それを主にロシアに対して配備しろと言い張った。もっとひどいことに、それが起きたのは１９９０年代と２０００年代初頭、我々のオープン性と善意のおかげで、ロシアと西側との関係がかなり良好になったときだった。

ロシアはその約束をすべて果たした。ドイツからの撤退、中欧や東欧からの撤退だ。これは冷戦の遺産を克服するのに莫大な貢献をした。我々は絶えず各種の協力の選択肢を提示した。たとえばＮＡＴＯ・ロシア理事会やＯＳＣＥ協議フォーマットなどだ。

さらに、これまで公式には言ったことがないことを明かそう。話すのは初めてだ。任期切れ寸前のアメリカ大統領ビル・クリントンが2000年にモスクワを訪れたとき、アメリカはロシアのNATO加盟をどう思うか尋ねた。

会話の詳細をすべて明かすことはしないが、その質問への反応は、言わば、かなり抑制されたもので、その可能性に対するアメリカの真の態度は我が国に対するその後のステップから実際に見ることができる。私が言っているのは、北コーカサスのテロリストに対する公然支援のことだ。さらに我々の安全保障要求の軽視、NATOの拡大継続、ABM条約からの撤退などもある。すると疑問が生じる。なぜだ？　これはみんなどういうことだ、その狙いは？　我々を友邦とも仲間とも見たくないのはわかるが、なぜ敵にする？

答は一つしかあり得ない——我々の政治レジームとかの話ではないのだ。ロシアのような巨大な独立国がまわりにいてほしくないだけなのだ。これがあらゆる疑問への答だ。これがアメリカのロシアに対する伝統的な政策の源だ。ここから我々の安保提案への態度がすべて出てくる。

今日、地図を一見すれば西側諸国がNATO東方拡大を控える約束を、どこまで守ったかはすぐわかる。連中はあっさりインチキをしたのだ。NATO拡大には5回の波があった。

次から次へと——ポーランド、チェコ共和国、ハンガリーは1999年に加盟承認。ブルガリア、エストニア、ラトビア、リトアニア、ルーマニア、スロバキア、スロベニアは2004年。アルバニアとクロアチアは2009年。モンテネグロ2017年。北マケドニアが2020年。

結果としてNATOとその軍事インフラはロシア国境にまで広がった。これはヨーロッパ安保危機の大きな原因の一つだ。国際関係の仕組みすべてに極度の負の影響を与え、相互信頼の喪失につながった。

状況は悪化する一方で、これは戦略分野も含む。だから迎撃ミサイルの照準地域が、アメリカの世界ミサイル防衛システムを構築するプロジェクトの一環として、ポーランドとルーマニアに設立されている。そこに配備されたランチャーは、トマホーク巡航ミサイルに使えるのは周知のことだ——つまり攻撃用の発射システムだ。

加えてアメリカは、多目的スタンダードミサイル6を開発中だ。これは対空防衛とミサイル防衛を提供できるし、地上および海上標的も攻撃できる。言い換えると、防衛的だと称するアメリカのミサイル防衛システムは、新しい攻撃能力を発展させ、拡大させている。

手持ちの情報によれば、ウクライナのNATO加盟とその後のNATO設備配備はすでに決まっており、あとは時間の問題だ。このシナリオに基づけば、ロシアへの軍事的脅威の水準は激増し、何倍にもなるのを我々ははっきり理解している。そして我が国への突然の攻撃のリスクも何倍にもなることは強調しておきたい。

アメリカの戦略計画文書は、敵のミサイルシステムに対する、いわゆる予防的攻撃の可能性を裏付けていることも説明しよう。またアメリカとNATOの主要敵国も知っている。ロシアだ。NATO文書は公式に、我が国がユーロ大西洋安全保障への主要な脅威だと宣言している。ウクライナはそうした攻撃の前進橋頭堡となる。もし我々のご先祖がこれを聞いても、おそらくひたすら信じようとはしないだろう。今日の我々も信じたくはない。だがこれが実態なのだ。ロシアとウクライナの人々にはこれをわかってほしい。

多くのウクライナ飛行場はロシアとの国境からあまり離れていない。NATOの戦術航空部隊がそこに配備され、精密兵器輸送機もあって、ヴォルゴグラード＝カザン＝サマラ＝アストラハン線という奥深くまで我が国領土を攻撃できる。ウクライナ領における偵察レーダー配備は、NATOがロシア空域をウラル地方まで緊密に統制可能にする。

最後にアメリカが中距離核戦力全廃条約を破壊してから、ペンタゴンは多くの地上拠点攻撃兵器を公然と開発している。これは５５００キロの射程距離を持つ弾道ミサイルも含む。

これがウクライナに配備されれば、ロシアのヨーロッパ域内すべてが射程に入る。トマホーク巡航ミサイルがモスクワに到達するまでの飛行時間は35分以下だ。ハリコフからの弾道ミサイルは7－8分でモスクワにつく。超音速攻撃兵器なら4－5分。喉にナイフをつきつけられているようなものだ。連中がこの計画を実施するつもりだと私は確信している。過去に幾度となくやってきたことでもあるからだ。NATOを東方拡大し、軍事インフラをロシア国境に動かし、我々の懸念や抗議、警告を完全に無視してきたではないか。いやはや、連中はそうしたものを一切気にせず、自分たちが必要だと思えば何でもやったのだ。

もちろん連中は今後も同じようにふるまうだろう。有名な格言にある通り「犬は吠えるが隊商は動き続ける」。はっきり言っておこう――こういうふるまいは容認しないし、これからも決して認めない。そうは言ったものの、ロシアは常にきわめて複雑な問題ですら、政治外交手段での、交渉テーブルでの解決を支持してきた。

我々は地域と世界の安定性についての、我々の巨大な責任を十分に認識している。かつて2008年にロシアは、ヨーロッパ安全保障条約を締結するイニシアチブを提起した。これに基づけば、どの個別ユーロ大西洋国家も国際組織も、他国の安全保障を犠牲にして自分たちの安全保障を強化することはできない。だが我々の提案は、ロシアがNATOの活動に制限をかけるのは許されないという口実で一蹴された。

さらにＮＡＴＯ加盟国だけが法的拘束力を持つ安全保障を得られるのだ、ということが明示的に我々に告げられた。

昨年12月、我々は西側の相方に、ロシア連邦とアメリカ合衆国の間の安全保障をめぐる保証についての条約草案を提示し、ロシア連邦とＮＡＴＯ加盟国の安全保障を確保する条約の草案も示した。

アメリカとＮＡＴＯは、漠然とした主張しか返さなかった。そこには合理性のかけらは見られたが、二次的な重要性のものでしかなく、時間稼ぎをして議論を迷走させる試みとしか思えなかった。

我々はそれを指摘しつつ、交渉に乗り出す準備はあるが、すべての問題はひとまとめに検討するし、そこにはロシアの中核的な提案も含めるのが条件だと指摘した。その提案の要点は三つ。まず、ＮＡＴＯのさらなる拡大阻止。第二に、ＮＡＴＯがロシア国境に攻撃兵器配備を控える。第三に、ＮＡＴＯブロックのヨーロッパにおける軍事能力とインフラを、ＮＡＴＯ・ロシア基本文書が調印された１９９７年時点の状態に巻き戻すこと。

こうした我々のしっかりした提案は無視された。繰り返すが、我々の西側の相方はまたもやあまりにお馴染みの、各国は自国の安全保障を確保する手法を自由に選んだり、いかなる軍事同盟や連合にも参加したりする権利を持っているのだという定式を語ってみせた。つまり、彼らの立場はまったく変わっておらず、我々は相も変わらぬＮＡＴＯの悪名高い「オープンドア」政策への言及を聞かされ続けるのだ。さらに、連中はまたしても、我々を強請ろうとして、恫喝の脅しをかけている。ちなみに連中はこの制裁を、ロシアが独立主権と軍を強化し続ければ、どのみち何があっても導入するつもりなのだ。まちがいなく、ウクライナでの情勢がどう展開しようとも、またも制裁の理由を見つけてきたり、あっさりでっちあげたりする。連中の唯一の目標はロシアの発展の邪魔をすることだ。そしてこれまでもそうしてきたように、その邪魔をずっと続ける。まともな口実などなしに、とにかく我々が存在するというだけで続け、独立主権や国の利益や価値観で妥協しない限り邪魔しようとする。

はっきり率直に申し上げたい。現在の状況では、根本的な問題についての対等な対話が実際にアメリカとＮＡＴＯにより実現しないままの状態では、我が国への脅威水準が大幅に高まった状態では、ロシアはその安全保障を確保するために対応するあらゆる権利を持っている。そして我々はまさにそれを行う。

ドンバス情勢について言えば、キエフのエリート支配層は紛争解決のためにミンスク合意に従うつもりがなく、平和的な解決に興味がないことを、いくどとなくはっきり示している。それどころか、2014年や2015年のように、ドンバスでの電撃戦を仕組もうとしている。そうした無謀な手口がどうなったかは周知の通りだ。

ドンバスの社会が砲撃にさらされない日は一日たりともない。最近形成された大規模軍は、攻撃ドローン、重火器、ミサイル、迫撃砲、多弾式ロケットランチャーを使っている。民間人殺害、封鎖、女子供、高齢者を含む人々への暴行は一向におさまらない。それが終わる気配すら見られない。

一方、西側の連中が唯一の代表を自認する文明世界と称するものは、これを見ようともせず、この400万人近い人々が直面している恐怖とジェノサイドが存在しないかのようだ。だがそれは確実に存在しているし、それも単にこうした人々が2014年の西側支援によるウクライナのクーデターに合意せず、ウクライナで全国政策の地位にまで高められた、野蛮で攻撃的なナショナリズムとネオナチズムへの移行に反対したというだけでそうした攻撃を受けているのだ。彼らは自分自身の土地に住み、自分の言語をしゃべり、自分の文化や伝統を維持するという基本的な権利のために戦っているのだ。

この悲劇がいつまで続くのだろうか？　いつまでこんなことに我慢しなければならないの

か？　ロシアはウクライナの領土的一体性を温存するために手を尽くした。長年にわたり、ドンバス情勢をおさめるための2015年2月17日のミンスク合意をかためた、国連安保理事会決議2202号の実施に向けて、一貫して辛抱強く要求してきた。

すべてが無駄だった。大統領やラーダ議員たちは次々に入れ替わるが、根底ではキエフで権力を掌握した、攻撃的でナショナリスト的な政権は変わらぬままだ。これはすべて2014年クーデターの産物であり、当時暴力、流血、無法状態に向けて乗り出した者たちは、ドンバス問題について当時もいまも、軍事的なもの以外の解決策を認識しない。

これについて私は、もうとっくの昔に行っているべきだった決断を下し、ドネツク人民共和国とルハンスク人民共和国の独立と主権を承認することが必要と考える。

ロシア連邦の連邦議会に対し、この決断を支持して、両共和国との友好相互支援条約を批准するよう依頼する。この二つの文書は間もなく準備され署名される。

キエフを掌握して権力を握り続けている者たちに、即座に攻撃をやめるよう求める。そうでなければ、流血継続の可能性に関する責任は、完全にウクライナ支配政権側にあることになる。

本日行った決断を発表するにあたり、ロシア国民と我が国の愛国勢力の支援が得られると確信している。
ありがとう。

ウクライナ侵略の辞

：大統領演説（2022年2月24日）

概要

ウクライナ侵略のプーチン演説だが、NATO／西側の攻撃からの自衛のため、という主張と、ドンバスのジェノサイド阻止のため、という主張がまとまらず、支離滅裂となっている。NATOが拡大してきた。これは我が国安保への脅威だ。西側は常に国連無視で武力行使してきた。そしてずっとロシアを敵視してきた。国境に武器を配備しようとしている。攻撃しようとしているのは明らかで、自衛のためにはウクライナを攻撃するしかない。ウクライナはナショナリストとネオナチに乗っ取られ、連中は西側の走狗だからこれも脅威なので自衛のためにはウクライナを攻撃するしかない。あとドンバスで虐殺が行われていて、独立国として助けを求められたから、助けるしかない。よって特別軍事作戦する。

ロシア市民のみなさん、友人諸君。

今日、ドンバスでの悲劇的な出来事と、ロシアの安全保障を確保するための主要な側面について、再びお話しする必要があると考える。

まず2022年2月21日の演説で述べたことから始めよう。そのとき、我々の最大の懸念と心配について語り、無責任な西側政治家たちがロシアに対して絶え間なく、無礼に、恥知らずに毎年毎年続けてきた根本的な脅威について語った。これはNATO東方拡大の話だ。これは軍事インフラをますますロシア国境に接近させている。

過去30年にわたり、諸君らが辛抱強く、ヨーロッパにおける平等で不可分な安全保障の原則について主要NATO諸国との合意に達しようとしてきたのは事実だ。我々の提案に対し、得られるのは必ず、身勝手なごまかしやウソか、圧力と脅しの試みであり、その間に北大西洋同盟は我々の抗議や懸念を無視してひたすら東に拡大を続けた。その軍事装置は移動しており、いま述べたように、我々の国境そのものに接近している。

なぜこれが起きているのか？　連中の例外主義や無謬性やすべて許されるという意識の高みから、上から目線でご託宣という無礼な話しぶりはどこからくるのか？　我々の利益や圧倒的に正当な要求に対する、この見下した侮辱的な態度をどう説明しようか？

答えは簡単。すべては明らかで自明だ。1980年代末、ソヴィエト連邦は弱くなり、その後解体した。この体験は我々にとってよい教訓となるべきだ。というのもそれは権力と意志の麻痺こそ完全な劣化と忘却への第一歩だと示してくれたからだ。我々がたった一瞬自信を失っただけで、世界の勢力均衡を乱すには十分だった。

その結果、古い条約や合意はもはや有効ではなくなった。懇願や要求は役に立たない。支配的な国家、時の権力の意向に沿わないものは、古くさく、陳腐で役立たずと罵倒される。同時に、そいつらが有益と見なすものはすべて、究極の真実として提示され、費用などおかまいなしに他国に乱暴かつ手段を選ばず押しつけられる。従わないものは強引な手法に曝されることとなる。

私が述べていることはロシアだけの話ではないし、これを懸念するのもロシアだけではない。これは国際関係の仕組みすべてに関連した話であり、ときにはアメリカの同盟国にも関わってくる。ソヴィエト連邦の崩壊は世界再分割をもたらし、その頃までに発達していた国際法の規範——中でも最も重要な、第二次世界大戦後に採用されてその結果をおおむね形成した根本的な規範——は、冷戦の勝者を名乗った連中にとって邪魔になったのだ。

もちろん実際には、国際関係とそのルールは世界とその軍事バランスの変化を考慮しなければならなかった。だがこれはしっかりと、滑らかに、辛抱強く、あらゆる国家の利益尊重と自国の責任を考慮して行われるべきだった。ところが絶対的優位性の感覚が作りだした多幸症が生じた。一種の現代的な絶対主義だ。それが自分たちだけに都合のいい決断を作り上げてゴリ押しした連中の、低い文化水準と傲慢さと組み合わさった。おかげで状況はちがった展開を見せた。

この例はいろいろある。まず血みどろの軍事作戦がベオグラードに向けられ、国連安保理事会決議もなしに戦闘機やミサイルがヨーロッパの中心に向けられた。平和な都市や重要インフラの爆撃が数週間も続いた。こうした事実を蒸し返さねばならないのは、一部の西側の相方がこれを忘れたがるからだ。そしてこれに我々が言及すると、連中は国際法の話を避けたがり、むしろ連中が必要だと解釈した状況を強調したがる。

それからイラク、リビア、シリアの番がやってきた。リビアに対する違法な軍事力の使用と、リビアへの国連安保理事会決議をすべて歪曲した活動は、同国を破滅させ、巨大な国際テロの部隊を作りだし、同国を人道的な危機へと押しやり、内戦の渦へと陥れ、それが何年も続いた。この何十万人、いや何百万人もの人々にとって作り出された悲劇は、リビア内部にとどまらず地域全体に波及し、中東や北アフリカからヨーロッパへの大規模脱出を引き起こした。

シリアも似たような運命を用意されていた。西側同盟が同国内で、シリア政府の承認も国連安保理事会の決議もなしに行った戦闘作戦は、攻撃と介入としか定義できない。

だが以上の出来事のはるか上をいくのが、もちろん何ら法的根拠のないイラク侵略だった。連中が使った口実は、イラクにおける大量破壊兵器の存在について、アメリカには信頼できると称する情報があるというものだった。この糾弾を証明するため、アメリカ国務長官は白い粉の入った容器をおおっぴらに、全世界の目の前で掲げて見せて、国際社会に対してそれがイラク製の化学戦争物質なのだと保証してみせた。後にそのすべてがインチキのデタラメだとわかり、イラクは化学兵器など持っていないのも明らかになった。驚異的だしショッキングながら本当だ。国家の高いレベルでのウソが目撃され、しかもそれが気高い国連の壇上で述べられた。結果として、人命の莫大な喪失、破壊、とんでもないテロの拡大が起きた。

全体として、ほとんどどこでも、アメリカがその法と秩序を抱えてきた世界中の多くの地域で、それは血みどろの癒されぬ傷を作りだし、国際テロと過激派の呪いが生まれたようだ。私が挙げたのは国際法の黙殺として最も顕著なものだが、決してこれだけではない。

こうした各種の話の中には、NATOを1インチたりとも東へ拡大しないという約束も含まれる。繰り返そう。連中は我々をだました。あるいは単純に言えば、我々を手玉に取った。もちろん、政治なんて汚いものだという話は耳にする。確かにそうだが、いまほど薄汚くなる必要はない。これほど悪質にならなくてもいいはずだ。この種の詐欺師じみた行為は、国際関係の原理に反するのみならず、何よりも世間的に認められた道徳性と倫理の規範に反している。このどこに正義と真実があるのか？　ウソと偽善だらけではないか。

ちなみにアメリカの政治家や政治学者、ジャーナリストたちは、近年では立派な「ウソの帝国」がアメリカ国内にできたと書いたり述べたりしている。これはなかなか反論しがたい——本当なのだから。しかし、あまり謙遜することもない。アメリカはまだ偉大な国であり、仕組みを作れる権力でもある。その取り巻き国はすべて、おとなしく従順にイエスと言って、アメリカの言い分をちょっとでも口実があればオウム返しにすべきだというにとどまらず、その行動を模倣して、提示されるルールを熱烈に受け入れねばならない。したがって、いわゆる通称西側ブロックはアメリカが己の姿に似せて作り上げたものだから、おそらくは完全に、まさに同じ「ウソの帝国」だときちんと根拠を持って自信たっぷりに言える。

我が国はと言えば、ソヴィエト連邦解体後、新生現代ロシアの空前のオープン性すべて、アメリカや西側の相方と正直に協力する用意と、その実質的に一方的な軍縮を前に、連中は即座に我々に最終的な締め付けをかけ、我々を始末し、完全に破壊しようとした。これが1990年代と2000年代初頭のことだ。この頃、いわゆる集合的な西側は積極的に分離主義を支援して、南部ロシアの傭兵ギャングどもを積極的に応援していた。我々がコーカサスの国際テロリズムの背骨をへし折る前に、どれほどの被害者、どれほどの損失、どれほどの試練に耐えねばならなかったことか！　これは記憶に残るし決して忘れることはない。

まともに言うなら、我々を自分の利益のために利用する試みはごく最近まで決して止むことはなかった。連中は我々の伝統的価値観を破壊して、我々を、我が国民を、内部から腐食させる連中の偽の価値観を押しつけようとした。連中が他国に無理やり押しつけようとし、人間性に反するが故に堕落と劣化に直結する態度だ。そんなことは実現しない。だれもそんなことに成功した例はなく、いまも成功しない。

だがそれでも、2021年12月に我々はまたもや、ヨーロッパ安全保障とNATO非拡大の原則について、アメリカやその同盟国と合意しようと試みた。我々の努力は無駄だった。アメリカはその立場を変えていない。我々にとって重要な問題でも、ロシアと合意する必要があるとは思っていない。アメリカは独自の目的を追求し、我々の利益を無視する。

もちろんこの状況で当然生じる疑問がある。次は何だ？　何を覚悟すべきだろうか？　もし歴史が多少なりとも示唆を与えてくれるなら、１９４０年と１９４１年初頭にソヴィエト連邦は、戦争を防ぐか少なくともその勃発を遅らせるために、かなりの努力をしたことがわかっている。このためにソヴィエト連邦は、ギリギリ最後まで潜在的な攻撃者を挑発するまいとして、最も緊急性が高く明白な準備を控え、先送りにしたのだった。そしてやっと行動をとったときには、もう手遅れだった。

結果として、ソ連はナチスドイツ侵略に対抗する準備ができていなかった。母国が攻撃されたのは１９４１年6月22日で、宣戦布告もなかった。ソ連は敵を阻止し、さらに撃破したが、そのためにすさまじい代償を支払った。大愛国戦争に先立って敵のご機嫌を取ろうとする試みは結局はまちがいで、我が国民は高いツケを払わされた。敵対が始まって最初の一月で、我々は戦略的な重要性を持つ広大な領土を失い、何百万人もの命が失われた。この間違いは繰り返さない。そんなことをする権利はないのだ。

世界支配を目指す者たちは公式にロシアを敵国認定した。しかも何の代償もなしに。疑うなかれ、連中はそんな行動をする理由などなかった。確かにやつらは相当な金銭的、科学的、技術的、軍事的能力を持っている。それは承知しているし、耳にしている経済的な脅しについても客観的に理解している。この粗暴で果てしない恫喝に対抗する自分たちの能力に関する評価も同様だ。この点で我々は何の幻想も抱いておらず、きわめて現実的な評価をしていることは繰り返しておこう。

軍事問題について言えば、ソヴィエト連邦解体でその能力の相当部分を失ったとはいえ、今日のロシアはいまだに世界で最も強力な核保有国の一つだ。さらに一部の最先端兵器についてはいまだにある程度の優位性を持つ。この文脈で、潜在的な攻撃者が我が国を直接攻撃しようものなら、だれであれ確実に敗北を喫し、恐ろしい結果を見ることになる。

同時に、技術は防衛部門を含め、急変している。今日は最先端だった者が、明日は別の者に取って代わられる。だがロシアに隣接する遠くの軍事的存在は、進展を許してしまえば今後何十年も、いやヘタをすると永遠にそのままとなり、ロシアにとってますます増大し、まったく容認しがたい脅威を作り出す。

現在ですら、NATOの東方拡大でロシアにとっての状況は毎年悪化し、危険を増している。さらにこの数日、NATOは同盟のインフラをロシア国境に近づける活動を加速し強化する必要があるという主張を率直に述べている。言い換えると、彼らは立場を強化している。我々はこうした展開を、手をこまねいて見すごすわけにはいかない。そんなことをしたら、まったくもって無責任な行為となる。

北大西洋同盟がこれ以上少しでも拡大したり、ウクライナ領に軍事的な足場を築こうという現在進行形の活動が進んだりするのは、我々には受け入れられない。もちろんこれはNATO自体の問題ではない。NATOはアメリカの外交政策の道具でしかない。問題はロシア隣接領域(これは歴史的には我々の領土だと言っておかねばならない)に、敵対的な「反ロシア」が形成されつつあることだ。完全に外部から操られたこの反ロシアは、NATO軍を招いて最先端兵器を手に入れるために手を尽くしているのだ。

アメリカとその同盟国にとって、これはロシア封じ込め政策であり、明らかな地政学的利得がある。我が国にとってこれは生死に関わる話で、国としての歴史的未来に関わる。これは誇張ではない。これは事実だ。我々の利益に対する疑問の余地のない脅威にとどまらず、我が国家存続とその主権への脅威なのだ。これは我々が幾度となく述べてきた最後の一線なのだ。それを連中は超えてしまった。

これで話はドンバス情勢に移る。2014年にウクライナでクーデターを仕組んだ勢力が権力を握り、それを形だけの選挙手順の助けもあって維持ししつつ、平和的な紛争解決の道を放棄したことがわかる。8年にわたり、8年という果てしない年月にわたり、我々は平和的で政治的な手段で状況を解決しようと、あらゆる手を尽くしてきた。すべて無駄だった。

前の演説で述べたように、ウクライナで起こったことを見て同情しないわけにはいかない。もはや耐えがたくなった。あの残虐行為、あそこに暮らす何百万人もの人々、ロシアに希望をかけ、我々すべてに希望を託した人々のジェノサイドを止めねばならなかった。ドンバス人民共和国の独立承認の決定背後にあった主要な動機は、彼らの願望、その気持ちと苦痛なのだ。

加えて次の点を強調しよう。自分の目標にばかりかまけて、主要NATO諸国はウクライナの極右ナショナリストとネオナチを支援している。この連中は、クリミアとセヴァストーポリの人々が自由にロシア復帰を選んだことを、決して許さないだろう。

ヤツらはまちがいなくクリミアに戦争を持ち込む。ちょうどドンバスでやったのと同じように。無実の人々を殺す。大愛国戦争の中で、ウクライナのナショナリスト懲罰隊やヒトラーの手先どもがやったのと同じように。ヤツらはまたロシア地域のいくつかに対して公然と領土主張を始めた。

出来事の流れと入ってくる報告を見れば、ロシアとこうした勢力との間の対決は避けられない。時間の問題だ。連中は準備を整え、好機を狙っている。さらに連中は核兵器獲得を目指すところまでいった。そんなことは許さない。

すでにロシアはソヴィエト連邦解体後の新たな地政学的現実を受け入れたと述べた。我々はすべての新生ポストソ連国家を敬意をもって扱ってきたし、今後もそのように行動する。彼らの主権は尊重してきたし、今後もそうする。これはカザフスタンが国家体制と一体性の面で悲劇的な出来事や課題に直面したとき、我々が提供した支援からもわかる（訳注：2022年1月の燃料価格高騰をきっかけとした大規模な反政府デモを、外国のテロ工作と断じて支援表明したこと）。だがロシアは今日のウクライナ領から永続的な脅威にさらされている。こんな状態では、安全など感じられず、発展はおろか存続すらできない。

2000‐2005年に我々は軍を使ってコーカサスのテロリストを押し戻し、国家の一体性のために立ち上がった。ロシアを守ったのだ。2014年にはクリミアとセヴァストーポリの人々を支援した。2015年には我が軍を使い、シリアからのテロリストがロシアに侵入するのを防ぐための信頼できる盾を作った。これは自衛の問題だ。他に選択肢はなかった。

今日、同じことが起きている。ロシアと我が国民を守るために、連中は我々が今日使わざるを得なかったもの以外の選択肢を残してくれなかった。こうした状況において、我々は大胆で即時の行動を採らざるを得ない。ドンバス人民共和国がロシアに支援を求めたのだ。

この文脈で、国連憲章51条[*8]（第7章）に基づき、ロシア連邦院の承認を得て、さらに2月22日に連邦議会で批准されたドネツク人民共和国とルハンスク人民共和国との友好相互支援条約の実施として、私は特別軍事作戦を実施する決断を下した。

この作戦の目的は、いまや8年にわたりキエフ政権の手による屈辱とジェノサイドに直面してきた人々を守ることである。これを実現するため、我々はウクライナを脱軍事化し、脱ナチ化することを目指し、さらにロシア連邦国民を含む民間人に対して無数の血みどろの犯罪を行ってきた者たちを裁判にかけることを目指す。

ウクライナ領を占領する計画はない。だれにも武力で何かを押しつける意図はない。同時に西側からは、全体主義のソ連政権が調印した、第二次世界大戦後の結果を決めた文書にはもはや従う必要がないという主張がますます聞こえてくる。これにどう応えたものか？

第二次世界大戦の結果と、ナチズム打倒のためにロシア人が支払わねばならなかった犠牲

＊8　「第51条　この憲章のいかなる規定も、**国際連合加盟国に対して武力攻撃が発生した場合には**、安全保障理事会が国際の平和及び安全の維持に必要な措置をとるまでの間、個別的又は集団的自衛の固有の権利を害するものではない。この自衛権の行使に当って加盟国がとった措置は、直ちに安全保障理事会に報告しなければならない。」（強調訳者）。この時点で国連加盟国への武力攻撃は発生していない。

は神聖なものだ。これは戦後の数十年で生じた現実の中で、人権や自由の高い価値と矛盾するものではない。各国が国連憲章の第1条に定められた自決権を享受できないということではない。

今日のウクライナの一部となった領土に暮らす人々は、第二次世界大戦後にソヴィエト連邦が作られたとき、どのように人生を構築したいか尋ねてはもらえなかったことを思い出そう。我々の政策は自由に導かれたものだ。自分の未来、子供たちの未来を独立して選ぶ自由である。今日のウクライナに住むあらゆる人々、住みたいと思うあらゆる人々は誰でも、自由な選択を行う権利を享受できねばならないと信じる。

この文脈で私はウクライナ市民に訴えたい。2014年、ロシアはクリミアとセヴァストーポリの人々を、諸君ら自身が「ナッツ」と呼ぶ連中から保護せざるを得なくなった。クリミアとセヴァストーポリの人々は歴史的な故国であるロシア復帰を支持する選択を行い、我々はその選択を支持した。すでに述べた通り、他に行動の道はなかった。

目下の出来事は、ウクライナやウクライナ国民の利益を侵害しようという願望とは一切関係がない。これはウクライナを人質としてとり、それを我が国や我が国民に対するものとして利用しようとする連中からロシアを防衛することと関連している。

繰り返そう。我々はこちらに対して作り上げられた脅威と、現在起きていることよりもひどい災禍から自衛するために行動している。これがいかにつらくても、これを理解して、我々と協力し、この悲劇のページをできるだけすぐに終わらせ、共に前進し、だれにも我々の問題や我々の関係に口をはさませず、それらを独立に発展させて、こうした問題すべてを克服し、国境はあれど我々を内部から一つの全体として強化するために有利な条件を作り出せるようにしてほしい。私はこれを、我々の共通の未来を信じている。

またウクライナ軍の軍人たちにも呼びかけたい。

同志たる将官諸君、

君たちの父親、祖父、曾祖父が、ナチ占領者たちと戦って共通の母国を守ったのは、今日のネオナチたちによるウクライナでの権力掌握を許すためではない。君たちが忠誠の誓いをしたのはウクライナの国民に対してであって軍政に対してではない。連中は国民の敵であり、ウクライナを収奪してウクライナ国民を侮辱しているのだ。

連中の犯罪的な命令実行を拒否するよう訴える。即座に武器を置いて家に帰りたまえ。これがどういう意味か説明しよう。これに同意するウクライナ軍の軍人は、戦闘地域を自由に離れて家族の元に戻れるのだ。

改めて、今後起こりかねない流血の責任はすべて、完全に、ウクライナの現政権にあるのだと強調しておく。

今度は、こうした展開に外部から介入したい誘惑にかられる人々に、とても重要なことを言おう。我々の邪魔をしようとしたり、あるいはそれ以上に我が国や国民への脅威を作り出したりする者たちが知るべきなのは、ロシアは即座に対応するということだ。そしてその影響は、お前たちが歴史上で一度も見たことがないほどのものとなる。事態がどのように展開しても、我々の用意はできている。これについて必要な決断はすべて下されている。私の言葉に耳を傾けてくれることを祈る。

ロシア市民諸君、

我ら祖先の文化、価値観、伝統はどれも、国家全体や民族の厚生や存続そのもの、その成功と有効性に対して、強力な基盤を提供してきた。これは絶え間ない変化にすばやく対応する能力、社会的なまとまりの維持、前進のために手持ちの力をすべて結集して活用する用意に直接依存している。

我々は常に強くあらねばならない。だがこの強さは様々な形をとる。この演説の冒頭で申し上げた「ウソの帝国」は、主に粗野な直接的武力で政策を進める。これはロシアで言う「筋肉バカ」というヤツだ。

正義と真実を味方につけることこそが我々を真に強くするのは周知の通り。それなら、我々の強さと戦う意欲こそが独立と主権の基盤であり、自分の家、家族、祖国の信頼できる未来を構築するために必要な基盤を提供するのだ、というのは反論しがたいだろう。

親愛なる同胞諸君、
ロシア軍の献身的な兵や将校たちは、専門性と勇気を持って任務を実行すると確信している。あらゆる水準の政府機関や専門家が効率的に働いて、経済や金融システムと社会厚生の安定性を保証してくれることに疑問は抱いていないし、同じことが企業重役や実業界すべてについても言える。議会の政党や市民社会も、結束した愛国的立場を採ってくれることを期待する。

結局のところ、ロシアの未来はその多民族国民の手にある。これは我が国の歴史において常にそうだった。これはつまり、私が行う決断は実行されるということであり、定めた目標を実現するということであり、母国の安全を信頼できる形で保証するということだ。

諸君の支持と、父祖の国に対する愛情に根差した無敵の力を信じている。

地方への社会経済支援をめぐる会議の開会の辞

（2022年3月16日）

概要

ウクライナはろくでもない、恩知らず、ドンバスで虐殺している、ネオナチだ、核兵器を持とうとした、そして生物兵器まで開発している（そんな話はこれまで一度もない）。ウクライナの背後にいるNATOや西側はロシアをつぶそうとしている、流血を煽っている。メディアやネットを使ってフェイクニュースを流している。経済制裁は攻撃に等しい、だが我が国は負けない。制裁が効かないのは欧米の経済支配が弱まっているから。

その対応としては、政府による公共受注の支払いを加速して資金速度を高めろ。規制緩和し、民間企業の邪魔をするな。失業対策がんばれ、最低賃金をあげて給付金も増やせ。輸出企業は余った財を国内に流せ。価格統制絶対禁止、供給増で価格を下げろ。輸入代替をもっと加速するように。公共発注と資金供給を通じて民間の資金を絶やさずに危機を乗り切れ。

前半の無内容なプロパガンダと、後半の実務施策の適切性や鋭さの対比が見所。


同僚諸君、こんにちは。

本日は政府高官、連邦構成主体の全権代表大統領代理、ロシア地域首長が集まっている。

この会合は、我が軍がウクライナとドンバスで特別軍事作戦を遂行中という複雑な時期に開催されている。当初、2月24日の朝に、私はロシアの行動の理由と主な目的について公式に発表したのを思い出してほしい。それは8年近くにわたり、極度に野蛮なやり方で本当のジェノサイドにあってきたドンバスの我が国民を助けるためだ。そのやり方とは、封鎖、懲罰行動、テロ攻撃、絶え間ない砲撃などだ。彼らの罪といえば、父祖の法や伝統に従って暮らし、母語をしゃべり、子供を好きに育てるという基本的人権を要求しただけだ。

これらの年月にわたりキエフ当局は、危機の平和的解決のためのミンスク対応パッケージ実施を無視し妨害してきたし、最終的には去年になって、公式にその実施を拒絶した。

またNATO加盟の計画を実施し始めた。さらにキエフ当局は核兵器とその発射車両を持つ意図を発表した。これは本当の脅威だ。外国の技術支援のおかげで、親ナチのキエフ政権は近い将来に大量破壊兵器を獲得し、もちろんそれをロシアに向けただろう。

ウクライナには何十ものラボがあり、軍事バイオ計画がペンタゴンの指導と資金援助のもとで進められていた。そこでコロナウイルスの変種、炭疽菌、コレラ、アフリカ豚熱などの恐ろしい病気などに関する実験を進めていた。こうした秘密計画の痕跡を隠そうと、必死の努力が行われている。だが我々は、生物兵器の一部がウクライナ領内で、ロシアの間近で作られていると考えるべき根拠を持っている。

こうした展開はロシアの安全保障に直接的な脅威となるという我が国の無数の警告は、ウクライナとそのパトロンたるアメリカやNATOにより、公然と身勝手な傲慢さをもって拒絶された。

言い換えると、我々の外交努力はすべて無駄だった。我々に何の落ち度もないのに生じた問題を解決するための、平和的な手段はまったく残されなかった。こうした状況にあって、我々はこの特別軍事作戦の開始を余儀なくされた。

キエフなどのウクライナ都市に対するロシア軍の動きは、当該国を占領しようという願望と結びついたものではない。それは我々の目標ではない。これは2月24日の私の宣言で指摘した通りだ。

ロシア国防省と幕僚が起草した戦闘戦術についていえば、これは完全に正当化された。我が仲間たち——兵士や将校たち——は勇気と英雄性を見せており、ウクライナ都市の民間人被害を避けるために手を尽くしている。

これを言うのは初めてだが、言わせてもらおう。ドンバスでの作戦の発端から、キエフ当局は敵対を避ける機会を各種の経路で提示されていた。流血にかかわるものとして、兵をあっさりドンバスから退却させればよかったのだ。やつらはそれをやりたくなかった。ふん、向こうが決めたことだ。いまや連中は、現実の地上で何が起きているか理解するだろう。

作戦は、承認された計画に厳密に従って、成功裏に実施されている。

指摘しておかねばならないが、アメリカなどの西側諸国の後押しで、ウクライナは意図的にドンバスにおける武力、虐殺、民族浄化のシナリオを用意していた。ドンバスと、後にクリミアにおける大規模な虐殺は時間の問題だった。だが我が軍がその計画を粉砕した。

キエフは単に戦争、ロシアへの攻撃を準備していただけではない——実際にそれを実行していたのだ。クリミアで転覆とテロリスト地下組織を組織しようという無数の試みがあった。ドンバスでの敵対行為と平和な住宅地への砲撃は長年続いていた。この間に民間人1万4000人近くが、子供を含め殺されてきた。

ご存じの通り3月14日にはドネツク中心部にミサイル攻撃があった。これは明確な流血テロ行為であり、20人以上が死亡した。砲撃が過去数日にわたり続いている。狂信者の暴れぶりと呪われたものの絶望をもって各種広場を無差別に攻撃している。ナチスがなるべく多くの無辜の犠牲者を道連れにしようとしたときのような振るまいだ。

だがこの極度の身勝手さにおいてショッキングなのは、単にこのミサイルをドネツクに向けて発射したのがロシアだと称する、露骨なウソや声明ではなく（そこまで見下げ果てたことを言うのだ）、いわゆる文明世界と称するものの態度だ。ヨーロッパやアメリカのマスコミは、ドネツクでのこの悲劇に見向きもせず、何も起きなかったとでも言うようだ。

このようにして連中は、過去8年にわたりドンバスで母親たちが子供を埋葬し、高齢者が殺されるのを、偽善的に見て見ぬ振りをしてきたのだ。これはとにかく道徳的頽廃であり、完全な非人間化だ。

もはやこのドンバス住民に対するとんでもない態度を許容することはできなかった。このジェノサイドを終わらせるため、ロシアはドンバス人民共和国を承認して、彼らと友好相互支援条約に調印した。こうした条約に基づき、これら共和国は、ロシアに攻撃阻止のための軍事支援を訴えた。我々はこの援助を行う以外の道はなかった。それ以外の行動をとる権利などなかったのだ。

この点は強調するし、注目してほしい。もし我が軍が人民共和国の中だけで行動し、彼らが自らの領土を解放する支援をしただけでは、最終解決策にはならないし、平和にもつながらないし、最終的に脅威を取りのぞくことにもならなかった――我が国にとって、今度はロシアにとって。それどころか新しい前線がドンバスとその国境周辺に展開して、砲撃と挑発が続いただろう。言い換えるとこの武装紛争はいつまでも続いたはずだ。それはNATOが軍事インフラをもっと急速かつ強力に配備するにつれ、キエフ政権の報復政策的なヒステリーで油を注がれただろう。この場合、我々はこの攻撃、西側同盟の攻撃兵器がすでに国境にあるという事態に直面していたはずだ。

繰り返す――我々は自衛のため、ロシアの安全保障のため、この特別軍事作戦以外にどうしようもなかった。我々は設定した目標を実現する。まちがいなくロシアとその国民の安全を確保するし、決してウクライナが我が国に対する攻撃的活動の橋頭堡として使われるのを許しはしない。

　我々は、いまでも交渉の中で、ロシアの未来にとって根本的な重要性を持つ問題を論じる用意がある。これはウクライナの中立国としての地位、脱軍事化、脱ナチ化を含む。我が国はこうした交渉を招集して実施するために手を尽くした。人々やその命を救うためにあらゆる機会を使わねばならぬと認識しているからだ。

　だが幾度となく、我々はキエフ政権（西側のご主人たちはこいつらに、攻撃的な「反ロシア」の立場を作るという任務を与えている）はウクライナ国民の未来など気にしていない。人々が死んでいても、何十万、いや何百万もの人々が家から逃げ出さねばならず、ネオナチや解き放たれた武装犯罪者たちが支配する都市で、すさまじい人道的惨劇が起きていることも気にしないのだ。

　明らかにキエフの西側パトロンどもは、流血を続けろと手下を後押しし続けているのだ。キエフに武器や諜報をしつこく提供し続け、さらに軍事顧問や傭兵といった他の支援も提供している。

　やつらは経済、金融、貿易などの制裁をロシアに対する武器として使っている。だがそうした制裁はヨーロッパやアメリカに逆噴射している。そこではガソリン価格、エネルギーや食品価格が高騰し、ロシア市場に関わる産業の雇用が消えた。だから、我々に責任をなすりつけるな。諸君らの国で起こる悪いことすべてをロシアのせいにしないでくれ。

西側の一般人にも聞いて欲しい。あなた方はずっと、自分たちの現在の困難はロシアの敵対行動の結果であり、ロシアの脅威と称するものに対抗する活動の費用を、あなたたち自身の懐から支払わねばならないと言われ続けている。それはすべてウソだ。

真実はといえば、西側の何百万人もが直面している問題は、あなた方自身の国の支配エリートによる、長年の行動の結果であり、彼らのまちがいと近視眼的な政策や野心のせいなのだ。このエリートは西側諸国の国民生活改善のことなど考えていない。自分自身の身勝手な利益とすさまじい利潤に目がくらんでいるのだ。

これは国際機関が提供するデータにも見られる。これは明らかに西側先進国においてすら、社会問題が近年になって悪化し、格差と金持ちや貧困者のギャップが拡大し、人種民族紛争が実感されるようになってきたことを示しているのだ。西側の福祉社会、いわゆる黄金の10億と言われるもののウソが、いまや崩壊しつつある。

繰り返すと、地球全体がいまや西側の野心や、あらゆる手を使ってまぼろしの西側支配を維持しようとする試みについて、代償を支払わされているのだ。

制裁をかけるのは、アメリカとEU諸国の政府や中央銀行による、無責任で近視眼的な政策の論理的な継続であり集約だ。連中自身が最近では世界的インフレを押し上げ、その行動が世界的貧困と格差拡大を世界中でもたらしている。すると疑問が生じてくる――食料不足拡大により世界最貧国で餓死する何百万人もの責任をだれがとる？

繰り返すと、世界経済と世界貿易全体が大打撃を受けているし、主要準備通貨としての米ドルに対する信頼も打撃を受けたのだ。

ロシア銀行の通貨準備の不当な凍結は、いわゆる第一級資産の信頼性終焉を意味する。実はアメリカとEUはロシアに対する債務をデフォルトしたということだ。いまやだれもが、財政準備があっさり盗まれるのがわかった。そして目先で多くの国は――これは確実に起こるはずだ――紙きれやデジタルの資産を、原材料、土地、食品、黄金といった実物資産の実物準備に換えはじめるだろう。そうなればこうした市場の不足はさらに悪化する。

ロシア企業の外国資産や口座の凍結はまた、我が国内企業や個人に対して、自国への投資ほど信頼のおけるものはないという教訓にもなっていると付け加えよう。これは私自身が何度も言っていることだ。

アメリカやその走狗どもからの恥知らずな圧力にもかかわらず、我が国の中で働き続けている外国企業の立場には感謝している。彼らは確実に、追加の成長機会を将来見出すことだろう。

またパートナー企業を臆病にも裏切り、ロシアの従業員や顧客への責任を忘れ、反ロシアキャンペーンからの実在しない配当を稼ごうと拙速に動いた連中がだれかもわかっている。だが西側諸国とはちがい、我々は財産権を尊重する。

指摘しておくが、新しい制裁や制限のパッケージは、どのみち軍事作戦がなくても実施されていたはずだということは、明確に理解すべきだ。これは強調しておきたい。西側にとって、我々のウクライナでの軍事作戦は、制裁を上乗せする口実でしかないのだ。実際、今回の制裁はきわめて集中的だ。同様に、連中はクリミアの住民投票を口実に使った。これはちなみに8年前の今日、2014年3月16日に行われたもので、クリミアとセヴァストーポリ住民が歴史的な祖国と一つになるという自由な選択を行ったときだ。

繰り返すが、これらはただの口実だ。ロシアを封じ込め弱体化させるという政策は、経済的孤立、封鎖などを含め、すでに考え抜かれた長期戦略なのだ。西側指導者たちはもはや、制裁が個人や企業対象ではないことを隠そうともしない。連中の狙いは、我が国経済すべて、社会文化圏すべて、あらゆる家族、あらゆるロシア市民に打撃を与えることなのだ。

実のところ、何百万人もの生活を悪化させるよう設計された手法は、すべて攻撃の性格を持っている。経済、政治、情報的な手段による戦争だ。しかもそれは包括的で恥を知らない性質のものだ。ここでも西側の政治トップは、それを公然と語るのをためらいさえしない。

このポリコレだの私有財産不可侵性だの言論の自由だのという口先の虚飾は、一夜にして吹き飛ばされた。オリンピックの原理すら踏みにじられた。やつらはためらいもせず、パラリンピック選手たちを通じた意趣晴らしを行った。「スポーツと政治は別物」とやらもこれっきりだ。

西側諸国の多くでは、人々はロシア出身というだけで迫害されている。医療を拒まれ、子供たちは学校から追い出され、親は失業し、ロシア音楽、文化、文学は禁止されている。ロシアを「キャンセル」しようとして、西側はそのまっとうさという仮面を脱ぎ捨て、粗野にふるまい本性をあらわした。1930年代の反ユダヤ的なナチスのポグロムがどうしても連想されるし、さらには大愛国戦争中に我が国に対するナチスの攻撃に加わった、多くのヨーロッパ諸国で彼らの手先が行ったポグロムも連想される。

ロシアに対する大規模な攻撃がサイバー空間でも仕掛けられた。空前の情報キャンペーンが、グローバルなソーシャルネットワークやあらゆる西側メディアを通じて実施され、そいつらの不偏不党性だの独立性だのが、ただのまやかしだったことが証明された。情報アクセスは制限され、人々は各種のフェイク物語、プロパガンダ、捏造、つまり単純にいえばインチキを食わされている。それがあまりにひどくなっていて、アメリカのソーシャルメディア企業は、ロシア国民殺害を呼びかける投稿をしても構わないと言っている。

このウソの帝国が使えるリソースの莫大さはわかっているが、それでも真実と正義に直面すれば、そんなものは無力となる。ロシアは決して全世界に対して立場を訴えるのをやめない。そして我々の立場は正直でオープンであり、ますます多くの人がそれを耳にして、理解し、共有してくれる。

できるだけ直裁に言おう。いわゆる集合的な西側の、偽善的な口先や最近の行動の背後には、敵対的な地政学的意図が存在している。そいつらは、強く主権を持つロシアなどに用はない——とにかく用はないのだ。そして我々の独立政策や、自国利益のために立ち上がったことについて、我々を決して許しはしない。

連中が北コーカサスでテロリストや強盗どもを後押しし、分離主義とテロリズムを支援していたことは忘れない。ちょうど1990年代や2000年代初頭と同様に、またも我々を始末し、弱い依存した国にすることで我々を無へと還元してしまい、領土一体性を破壊して、ロシアを好き勝手に解体しようと再び画策しているのだ。あのときも連中は失敗したし、こんども失敗する。

そう、もちろん連中は、いわゆる第五列を後押しする。これは国民の裏切り者だ——この国の中で儲けるくせに外国で暮らす連中だ。そして「暮らす」といっても地理的な意味ではなく、心の中で、その奴隷根性においてということだ。

マイアミや仏領リヴィエラに別荘を持つ連中をいささかも糾弾するつもりはない。フォアグラや牡蠣や連中のいうジェンダーの自由とやらなしでは生きられないなら、別にそれで構わない。そんなことはまるで問題でもなんでもない。問題はここでも、こうした連中が基本的には心の中であっちにいて、我が国民やロシアと共にここにいるのではないということだ。連中の意見では——連中の意見だ！——そういうのは上位カーストに所属すること、上位人種に所属することのしるしなのだ。こういう手合いは、上位カーストの入り口のベンチに座らせてもらえるためなら、自分の母親でも売り飛ばす。連中とそっくりになって、あらゆる点で連中を真似たがっているのだ。だがそいつらが忘れているか、あるいはそもそもまるで理解していないのは、その上位カーストとやらがそいつらを必要としているにしても、それはロシア国民に最大の被害を与えるための使い捨ての原材料としてだけの話なのだ、ということだ。

集合的な西側は、我々の社会を分断して自分の利益になるようにして、制裁の損失や社会経済的影響と戦わせ、ロシアでの市民騒乱を挑発しようとして、それを果たすために第五列を使う。すでに述べた通り、やつらの狙いはロシアを破壊することだ。

だがどんな国民も、そしてロシアの人々は特に、常に真の愛国者とクズや裏切り者を見分けられるし、そいつらを口に入ったムシのようにあっさり吐き出してしまえる。歩道に吐き出すのだ。このような、社会の自然で必要な自己解毒は、我が国、我々の連帯とまとまり、そしてあらゆる課題に対応する意欲を高めてくれると私は確信している。

いわゆる集合的な西側と第五列は、すべてを、万人を、自分たちの基準で見るのになれている。すべては売り物で、すべては金で買えると思っており、したがって、我々が挫折して退くと思っている。だが連中は我々の歴史も、我が国民も十分には知らない。

実際、世界中の多くの国は背中を丸めて暮らすのに耐えてきた。自分たちに対して主権を持つ上位国からやってくる決断を、唯々諾々と受け入れるしかなく、それを卑屈に見上げるばかりだった。多くの国はそうやって暮らしている。残念ながらヨーロッパも同様だ。

だがロシアは決して、そんな惨めで屈辱的な立場には置かれないし、我々が戦っているこの戦闘は、主権と国や子供たちの未来をかけた戦いなのだ。ロシアとなり、ロシアであり続ける権利のために戦うのだ。我が兵士や将官たち、祖国の忠実なる守り人たちの勇気と決意は、我々を鼓舞してくれるのだ。

諸君、

明らかに現在進行中の事態は、政治や経済における西側諸国の世界支配を怪しくしている。さらにそれは、ここ数十年で発展途上国や全世界に押しつけられていた経済モデルを疑問視するものだ。

重要な点として、アメリカとその提灯持ちたちが見せる制裁へのこだわりは、世界人口の半分以上を擁する諸国には共有されていない。こうした国々は、グローバル経済で最も急成長し、最も有望な部分となる。そしてそこにはロシアも含まれる。

実際、いまの状況は困難だ。ロシアの金融会社、主要企業、中小企業は空前の圧力に直面している。

まっ先に制裁を受けたのは銀行システムだが、我が国の銀行はこの課題に対処した。彼らは文字通り昼夜を問わず働き続け、個人顧客の間の支払いや決済を行い、企業活動を確保している。

制裁第二波は、小売り分野でパニックを引き起こそうとするものだ。推計によれば、過去3週間で財の追加需要は1兆ルーブルを超えた。だが我が国の製造業者、供給者、輸送物流企業は人間的に可能な限り手を尽くして、小売りチェーンでの大規模な品不足を回避した。

実業界と企業、銀行、機関のチームたちに感謝したい。彼らは制裁に関連する課題にうまく対応しているだけでなく、経済の継続的な持続的発展に向けた基盤を敷いてくれているのだ。政府、ロシア銀行、州知事や地方部チームにも特に感謝したい。現在の厳しい状況の中で、諸君は責務を見事に果たしてくれている。

当然ながら経済的電撃戦をロシアに仕掛け、社会を意気消沈させて小突き回そうという試みは失敗した。だからますます大きな圧力を我が国にかけようという試みも目にすることだろう。だが我々はそうした困難も克服する。ロシア経済は新しい現実に適応する。科学技術における主権を強化し、農業や加工産業、インフラ、住宅を支援する追加リソースを配分し、急成長するダイナミックな国際市場に食い込むべく、外国貿易の結びつきを開発し続ける。

明らかに、この新しい現実の中で我々は経済に深い構造変化を加えねばならないし、それが簡単だとか、一時的なインフレや失業の上昇につながらないなどというふりをするつもりはない。

この状況で、我々の仕事はそうしたリスクを最小限に抑えることだ。単に国家の社会的約束をすべて果たすにとどまらず、国民やその所得を支援する、新しいもっと有効な仕組みを始動させねばならない。

母親と子供の保護と、子持ち家庭の支援に注力しよう。すでに4月1日付で、低所得世帯の8－16歳の子供に対して補助金をだすという決定をした――すでにご存じだろう。補助金額はあらゆる子供1人当たり、最低生活水準の50－100％だ。現在、全国平均は1万2300ルーブルに上がっている。だから母親がまず妊娠してから子供が17歳になるまで、均一の支援の仕組みができる。

政府には、この仕組みの運用を監督するよう指示を出し、家族の物質的な状態変化がすぐにわかるようにする。つまり、親が失業したり困難に直面したりするなら、家族がすぐに国家支援を受けられるようにすることが必要だ。

また政府には失業者を支える手段の有効性をすぐに分析するよう求める。そうした手段は当然拡大されねばならない。これは社会契約手法などを使うものとなる。

物価高騰が人々の所得に大きな打撃なのは承知している。だからあらゆる社会給付を増やす行動をすぐに採る。これは補助金や年金を含む。最低賃金を引き上げ、最低生活水準費用も引き上げ、公務員の賃金も上げる。政府はその増分の正確な割合を算出してほしい。強調するが、現在の困難な条件下ですら、我々は貧困と格差を年末までに減らさねばならない。この問題はいまでもまったくもって解決可能だ。政府と州や地方にはこの問題に専念してほしい。これが単なる経済問題ではなく社会正義の問題だというのも付け加えておこう。

現時点では、多くの点が連邦の構成主体の長が示す範と、責任を引き受ける意欲にかかっている。州や地方の首長に追加の権限を与える政令に署名した——市民や経済や社会政策を支えるための柔軟かつすばやい決断を、現場の実際の状況に照らして実施する権限が与えられる。コロナウィルスと戦うときに、まさにこのようにして足並みを揃えたことを思い出してほしい。州や都市、村ごとに状況を検討できるようにした——そして状況は場所ごとにちがっているのだ。

連邦の構成主体の連邦機関のあらゆる部局には、州当局と作業を連携させるよう指示する。そして知事は経済発展を確保するための運営センターを設立し、自らこの仕事を率いねばならない。

そこでの優先事項は何か？

現在の問題を克服するにあたり、民間企業が鍵となる役割を果たすべきだ。彼らはすぐに物流を見直し、新しい供給業者を見つけて、需要の高い製品の生産を増やせるからだ。雇用や所得、賃金の確保と安定したバランスの取れた経済パフォーマンス支援は、一般に民間企業がどれだけすばやく正しいソリューションを見つけて実施できるかにかかっている。

だからこそ外圧に対しては最大限の実業の自由と実業の主体性支援で応えねばならない。政府、法執行機関と監督省庁に対しては、無用な行政手続きや規制障壁をなくす活動を続けてほしい。さらに、各種の査察だの監督手続きだのを課すことで、民間部門や地方当局に負担をかけて、最も重要な業務に彼らが専念できないようにするのは許しがたい。

運転資金と融資の欠如や高コストは、企業がいま直面する大きな問題であり、中央銀行が適切な対応を強いられることになった。この点で、以下の施策を講じるよう命じる。

まず政府当局からの発注に対応して納品したり、部分的に国有だったりする企業に対しては、納品した財やサービスについて即座に支払いが行われるべきであり、それら企業はその売上をすぐに事業に再投資すべきだ。この点で、私は公共契約について前払い金額を増やすよう提案する。前払い金は最低でも契約総額の半分以上であるべきで、納品した財やサービスに対する残金の支払期日は、7営業日以下に減らすこと。似たような決定は、連邦の下位機関、地方自治体、国が関与する企業の水準でも行われねばならない。

第二に、開発機関から起業家が追加リソースを調達するのを改善するのが不可欠である。これはつまり、プロジェクトファイナンスファクトリー[*9]の活動拡大（このスキームはうまく機能してるし、実践からそのサービスの需要が高いのはわかっている）、工業開発基金（これは実にうまく機能しているツールの一つだ）を通じた事業投資計画資金の提供、中小企業銀行、保証基金など地域支援機関を通じた支援などのことだ。ここに政府に対し、連邦の下位機関に対してこうした地域ツールに資金提供するため、追加予算を割り当てるよう指示する。

政府や州の同輩たちには、最も重要な責務は消費者市場の財を欠かさないこと、特に不可欠な供給、薬品や医療品を欠かさないことだという点に留意してほしい。価格上昇につながる物流の問題などの客観的問題はすぐに解決するように。同時に、価格統制による介入は絶対に避けねばならない。価格引き下げや安定化をもたらすのは、財の供給増のみであり、それ以外の何物でもあってはならない。

これとは別に輸出業者について。国際市場への納品が円滑に進まない場合は、生産量を抑えるのではなく、追加の財を国内市場にまわすように。これは客観的に国内価格を引き下げ

＊9　訳注：重点産業向けのプロファイナンススキーム。https://veb.ru/en/business/project-finance-factory/

るはずだ。たとえばガソリン、軽油、アスファルト、金属などの輸出財などだ。政府や連邦反独占局には、こうした市場を常時注視してほしい。

さらにロシアが直面する新しい課題を鑑みて、長期開発アジェンダを維持拡大しなければならない。これはあらゆる連邦および地域プロジェクトの計画を含む。刺激ツールとして予算システムの可能性を全面的に使わねばならない。

すでに合意した通り、建設プロジェクトを含む各種プロジェクトへの連邦資金は全額実施される。さらに12月には、建設費が客観的理由で上昇した場合には追加資金をつけると決定した。

ここで言っておくべきだと思うが、現状において連邦予算の資金繰りには何も問題はない。経済は適切な歳入を生み出している。これはつまり財政ファイナンスに頼らなくてよいということだ。簡単にいえば、中央銀行はお金を刷る必要はない。歳入はある――しっかりした市場歳入だ。問題の根っこはお金ではない。繰り返すがリソースはあるのだ。主要な困難はスペアパーツの供給、技術や建設資材、下請け業者の仕事の組織にある。したがって、個別プロジェクトやプロジェクトのフェーズの実施期限は変化せざるを得ないかもしれない。これは政府機関や実業界代表の滑らかな運用を必要とするし、輸入代替計画の実施を加速する必要も出てくる。これは重要な点だ。

その過程で、地方部と連邦政府との間の協力手順を簡素化し、連邦の各州にリソース使用の自由度を高め、新規建設プロジェクトや計画実施の機会をもっと与えるのも重要だ。

道路建設の追加予算がすでに各地域に割り当てられた。政府には他のインフラ施設への資金も増やすよう要請したい。年内に着工してほしい。さらにロシア企業への発注増加、たとえば公共交通の改善などの面での可能性も検討してほしい。

当然これは、ロシア連邦の地方予算に深刻な追加負担となる。したがって合意した通り、財政能力を均等にするためさらに補助金の補正を行う。また地域財政を支援する他の手法も使う。だから財政赤字借入について今年予定されていた返済はすべて停止し、商業融資に対する返済は、必要に応じてすべて財政赤字に変える。政府にはこの問題を詳細に検討し、あらゆる問題の根底に達してほしい。望む結果を得るには一件ごとの検討しかない。

加えて財務省はすべての州に無条件の融資ラインを追加で提供する。総歳入の最大10％、返済は年末までだ。

インフラ予算融資は同じ額を維持する。政府に対しては、このプログラムの柔軟な運営の仕組みを作るよう指示し、すでに述べたプロジェクト実施にあたっての課題を考慮するように述べた。各州はプロジェクトのポートフォリオと中身を素早く改訂し、現在の状況で最も効率的に実施できるものに集中するように。必要なら、インフラ融資の額を増やす可能性も検討する。これは可能だし十分実現できる。全般的に、州の財政状況を注視して、必要ならばそれを支援する追加の決断を行う。

あらゆる水準の政府との直接コミュニケーションと、行動の順番の明確化が現在は何より重要だと強調したい。国家評議会とその専門委員会はその有効性を証明した。セルゲイ・ソビャーニン率いる公共行政委員会が、政府の同僚たちと組んで、地方アジェンダにおける問題あるアイテムに専念し、最高の解決策を考案して、それを全ロシア州に拡大してほしい。コロナ対応でかなりの経験が得られたはずだ。

諸君、

我が国の経済、国家予算と民間部門は、長期の作業に取り組むための必要リソースを持っている。2030年までの期間に設定したあらゆる戦略的、国家的な目標は達成せねばならない。現在の課題とそれがもたらす機会は我々を奮い立たせるべきだ——我が国民のために目に見える結果を実現するため、我々はこれに専念しなければならない。

明らかに、計画を微調整しなければならない。実業界、学術界、公共組織からのイニシアチブも歓迎する。この点で、地方地域にも戦略イニシアチブ局が召集したフォーラム組織に加わってほしい。この「新時代のための強力なアイデア」というフォーラムでは、あらゆるロシア市民は、それぞれの都市、州、国全体を前進させるための自分の提案や具体的なプロジェクトをプレゼンする機会が与えられる。

繰り返すが、現在の展開は我々すべてにとっての課題となる。我々がそれを尊厳を持ってくぐり抜けるのは確信している。頑張って、協力し、お互いを支え合うことで、あらゆる課題を克服し、ますます強くなれる。これはロシア千年の歴史で常にそうだった。諸君にはこの作業について、そのように考えて欲しい。

では議事内容の議論に移ろう。

予備役動員します

：大統領演説（2022年9月21日）

概要

我が軍は諸君の愛国的活躍により圧倒的優位で次々に各地をウクライナの西側傀儡ネオナチ政権の拷問と虐殺から救っている。でも、同胞をジェノサイドから救うにはまだまだ仕事が残っている。西側も激しくテコ入れしてくるし、戦線も延びてきた。よって、予備役の部分動員を行う。召集されたら従軍しなさい。これは国防省と幕僚が考えたことで、私はそれを承認しただけ。西側はザポロジエ原発を砲撃していてやばいし、核攻撃すらちらつかせている。必要ならこちらも手持ちのあらゆる兵器を使って反撃するから覚悟しろ。これはハッタリではない。

友人諸君、
この演説の主題は、ドンバスでの状況と、それを2014年の武装国家クーデターで政権奪取したネオナチ政権から解放する、特別軍事作戦の方向性だ。

本日、私はみなさんにお話しする——我が国の全市民、様々な世代、年齢、民族の人々、我が偉大な母国の人々、すべて偉大な歴史的ロシアで結ばれた者たち、前線で戦い戦闘任務を果たしている兵士、将官、義勇兵諸君、ドネツクとルハンスク人民共和国やヘルソン、ザポロジエ州などネオナチ支配から解放された地域にいる我が兄弟姉妹たちに。

ここでの話は、ロシアの主権、安全保障、領土的一体性の保護、同胞たちが独立に自分たちの未来を決める願望と意志を支えること、支配を温存してこれを目的に自分たちの意志やできそこないの価値観を他の国や国民に強引に押しつけ続けようとするために、あらゆる主権を持つ独立の発展地域を妨害して弾圧しようとする、一部西側エリートの攻撃的政策に関するものだ。

西側としての目標は、我が国を弱め、分断し、最終的に破壊することだ。彼らはいまや公然と、1991年にはソ連を切り刻めたと言うようになり、いまやロシアにも同じことをする頃合いだという。つまりは無数の地域に分割し、互いに必死の決闘をさせようというのだ。

連中がこれらの計画を考案したのはずっと昔のことだ。やつらはコーカサスで国際テロ集団を後押しし、NATO攻撃インフラを我が国の国境近くに動かした。無差別なロシア恐怖症を武器として使い、何十年にもわたりロシアへの憎悪を育てた。特に、反ロシアの橋頭堡となるよう設計されたウクライナでそれを推し進めた。ウクライナ国民を鉄砲玉にして、ロシアとの戦争に押しやり、それが2014年に解き放たれた。軍を民間人に対して使い、ジェノサイドと封鎖とテロを、国家クーデターの結果としてウクライナで生まれた政府を承認しなかった者たちに使ったのだった。

キエフ政権が公式にドンバス問題の平和解決を拒否し、核兵器保有の野心を表明するところまでいった時点で、ドンバスでの新たな攻勢――これまで2回あった――は避けがたいのが明らかとなり、それに続いてロシア領のクリミア、つまりはロシア自体への攻撃が行われるのもまちがいないこととなった。

この関連で、予防的な軍事作戦を行う決断が、必要かつ唯一の選択肢となった。この作戦の主要な目標は、ドンバス全体を解放することであり、それはいまも変わらない。

ルハンスク人民共和国はほぼ完全にネオナチから解放された。ドネツク人民共和国での戦いは続いている。過去8年にわたり、キエフ占領政権は深く階層化された永続的な防衛線を作りだした。彼らと正面切って対決すれば大きな損失が生じ兼ねず、このため我々の軍は、ドンバス共和国の軍と同様に、有能かつ系統的に行動し、軍備を使って人命を助け、一歩ずつドンバス解放を目指し、都市や町からネオナチどもを一掃し、キエフが人質や人間の盾にした人々を助けているのだ。

ご存じの通り、契約に基づいて働く専門軍事人員もこの特別軍事作戦に参加している。彼らと肩を並べて戦っているのは義勇部隊だ——民族、仕事、年齢はちがえど、真の愛国者たちだ。彼らは立ち上がり、ロシアとドンバスを守れという心の呼びかけに応えた。

これとの関連で、私はすでに政府と国防省に対して、義勇兵とドネツクやルハンスク人民共和国の軍兵員たちの法的な地位を確定するよう指示した。それはロシア正規軍の専門軍人と同等でなければならないし、物質面、医療、社会給付の面でも同等でなければならない。義勇兵部隊やドンバス国民の民兵に対する軍などの装備供給をまとめるにあたっても、格別の配慮が必要となる。

国防省と幕僚の計画や決断に沿ってドンバス防衛という主要目標実現を目指しつつ、我が兵はヘルソン州とザポロジエ州その他でかなりの地域を解放した。これで1000キロ以上に及ぶ長い戦線が生じた。

本日初めて公表したいことがある。特別軍事作戦の開始後、特にイスタンブール会談の後で、キエフ代表は我々の提案に対してかなり肯定的な意見を述べていた。こうした提案は、何よりもロシアの安全保障と利益を重視するものだった。だが平和的解決はどうやら西側のお気に召さなかったようで、このためいくつか妥協が調整されたあとで、キエフはそうした合意をすべて潰すように命じられたのだった。[*10]

さらなる兵器がウクライナに注ぎこまれた。キエフ政権は新たな外国傭兵やナショナリストの集団を導入した。これはNATOの基準に従って訓練を受け、西側顧問の命令を受ける軍事部隊だ。

同時に、ウクライナ全土で自国民に対する報復レジームは、2014年武装クーデター直後に設立されたものだったが、熾烈に強化された。恫喝、テロル、暴力の方針はますます大衆規模となり、恐ろしく野蛮な形となっている。

以下を強調しておいたい。ネオナチから解放された地域の人々、これは主に歴史的なノヴォロシアの地域だが、そうした人々の大半はネオナチ政権の軛の下で暮らしたいとは思って

*10 訳注：実際には、もともとロシアの高飛車な要求もありイスタンブールでは合意には到らず、さらにその後ブチャ虐殺が明らかとなって交渉そのものが決裂した。

いない。ザポロジエ州やヘルソン州の人々や、ルハンスクとドネツクの人々は、これまでも、そして今なお［ウクライナが］征服したハリコフ州で行われている残虐行為を目撃している。バンデーラ主義者の残党やナチ懲罰遠征隊のメンバーたちは、人々を殺し、拷問し、収監している。平和的な民間人に対して恨みを晴らし、殴りつけ、蛮行を働いている。

この攻撃が勃発するまで、ドネツクとルハンスク人民共和国や、ザポロジエ州とヘルソン州には750万人が暮らしていた。その多くは難民となって家を離れざるを得なくなった。残った者たち――500万人ほど――はいまやネオナチ戦闘員の発射する砲撃やミサイル攻撃に曝されている。この連中は病院や学校に発砲して、平和な民間人にテロリスト攻撃を仕掛ける。

我々は、我が親族、知人たちを屠殺人に切り刻ませるのを放置する道徳的権利などない。自分の運命を決めようという彼らの誠実な苦闘には、応答するしかないのだ。

ドンバス人民共和国や、ヘルソン州とザポロジエ州の軍事民間行政府は、自分の領域における住民投票を将来的に行うという決定を採択し、ロシアにこれを支持してくれと訴えた。

人々が意思表明できるように、こうした住民投票の安全な条件を整えるために手を尽くすことは強調したい。そしてドネツクとルハンスク人民共和国やザポロジエ州とヘルソン州において、住民の多数派が行う選択を支持する。

友人諸君、
今日我が軍は、すでに述べたように、1000キロ以上も延びる戦線で戦っている。相手にしているのはネオナチ部隊だけでなく、集合的な西側の軍事装置すべてなのだ。

この状況で、私は以下の決断をせざるを得ない。これは我々の直面する脅威に対してまったく適切なものである。もっと厳密に言えば、母国とその主権および領土的一体性を守り、我が国民や解放領域の人々の安全を確保するため、ロシア連邦内の部分的な動員が必要だという国防省と幕僚の提案を支持することが必要だと考える。

既に述べたように、これはあくまで部分的な動員だ。言い換えると、予備役、主にこれまで軍の経験があり、軍の職業的な専門性を持ちそれに応じた経験を持つ者だけが召集される。部隊に送られる前に、従軍召集された者たちは義務とされる追加教練を受ける。これは特別軍事作戦の経験に基づくものとなる。

私はすでに部分動員の大統領令に署名した。

法制に従い、連邦院の上下両院――連邦評議会と国家院――は公式にこれについて文書で通達を受け取る。

同院は本日9月21日付で開始される。私は州の首長に対し、軍徴募局の作業に必要な支援を行うよう指示する。

この動員令に従って召集されたロシア市民は、契約で戦っている軍人の地位、給与、社会給付が与えられることは指摘しておく。

さらに部分動員に関する大統領令は国家防衛命令を満足させるための追加手段を定めるものである。防衛産業企業の長は、兵器と軍備の生産増加目標達成と、そのための追加の生産設備使用について、直接的な責任を負う。同時に、政府は遅滞なく防衛企業の材料、資源、資金のあらゆる側面支援に対応しなくてはならない。

友人諸君、

西側の、攻撃的な反ロシア政策はあまりに行きすぎており、我が国と国民に対する果てしない脅しをかけ続けている。一部の無責任な西側政治家たちは、単にウクライナに長距離攻撃兵器配備の手配計画について語っているだけにとどまらない。こうした兵器は、クリミアを含むロシア各地に攻撃を仕掛けるのに使えるのだ。

こうしたテロリスト攻撃は、西側兵器を使ったものを含め、ベルゴロドとクルスク州の国境地域に配備されている。NATOはリアルタイムでロシア南部地域を通じて偵察を行っており、近代的なシステム、航空機、艦船、人工衛星、ドローンを利用している。

ワシントン、ロンドン、ブリュッセルは公然と、キエフがロシア領に敵対行動を採るよう奨励している。どんな手を使っても戦場でロシアを敗北させねばならないと公然と述べ、その後は政治、経済、文化などあらゆる主権を奪われ、収奪されねばならないと述べる。

ヤツらは核の脅しすら使っている。私が言っているのは、西側の後押しで行われたザポロジエ原子力発電所砲撃の話だけではない。ちなみにこの砲撃も核の大惨事の恐れがある。だがそれ以外に、主要NATO諸国の高位代表の一部が、大量破壊兵器――核兵器――をロシアに使う可能性があり、またそれが容認できると発言しているのだ。

ロシアに対してこのような発言をする者に対しては、我が国は別種の兵器も持っていて、その一部はNATO諸国が持つものよりも近代的なのだ、と警告しておこう。我が国の領土的一体性への脅しがあり、ロシアとその国民を守るためであれば、我々はまちがいなく手持ちのあらゆる兵器システムを活用する。これはハッタリではない。

ロシア市民は、我が母国の領土的一体性、我が国の独立と自由は防衛されると安心してくれていい――繰り返すが――そのためには手持ちのあらゆる手段を使う。我々に対し核の恫喝を使う者は、巻き起こった風が逆転することもあるのだと知るがいい。

世界支配を狙い、我が母国を分割して隷属させようと脅したがる者を阻止するのは、ロシアの歴史的伝統であり宿命でもある。今回も我々がそれを実現するのはまちがいない。諸君の支持を信じている。

まとめ　プーチン思想の推移

さてプーチンが書いたり語ったりしたことをたくさん読んでもらった。そこから何が言えるだろうか？

ここから先は、素人の山形が訳しつつ思ってきたことをまとめただけの戯れ言なので、そういうものとして見て欲しい。プーチン発言に関心があるだけ、という人や、すでにすべてをご存じという方は見なくてもいいだろう。その一方で、対象についてまとめて読み込むことで得られる見通しにも、多少の意義はあるはずだとは思う。

まずは前提から。本書に収録した各種の文章や、彼に関する様々な一般解説書を読むと、彼はずっと何よりも、ロシアを偉大にしたいと思っていた。メイク・ロシア・グレート・アゲイン。これは最初に挙げた「新千年紀を迎えるロシア」でも謳われているし、2012年首相期のロシア将来像でもはっきり謳われている。ドレスデンのKGB出張所にいた彼は、ベルリンの壁崩壊のときにかつての宗主国たるソ連／ロシアが何もできずに、将棋倒しのように東欧諸国の崩壊を許してしまったことが、大きなトラウマになっていた。さらに、ボリシェヴィキやエリツィンが、大ロシアの地方の地域に自治共和国として独立主権を与えてしまったのを、彼は多くの演説で大きなまちがいとして悔恨をこめて力説している。

そして彼が1999年末にエリツィンから受けついだロシアは、本当にボロボロだった。ほとんど失敗破綻国家寸前、産業はないも同然で過去の資産切り売りしかできず、1人当たりGDPの水準は2000ドルを割るドツボの最貧国状態。国は内紛で荒れ、政治家はクーデターといがみ合いを繰り返し、マフィアが幅をきかせ、チェチェンを始めイスラム系の地域は分離独立を目指してテロを繰り返す有様。国として存続できるかどうかも、必ずしも明らかではない状態だった。

1999年の「新千年紀を迎えるロシア」は、その低い現実を十分に認識し、もっとロシアは頑張らねばならないと述べた。そのためには、まず強い国家だ。愛国心とロシア独自思想を持って、国の一体性を維持しよう。安定した国を作ろう。そしてそのうえで、まともな産業発展を実現し、人々の生活水準を上げよう。そしてそのためには、経済的に西側の市場やサプライチェーンとの統合を進めよう。同時に政治的にも西側と協調し、国際的な発言力も回復しようじゃないか、かつてのソ連のような、一目置かれるような存在になろうじゃないか、と彼は謳った。

もちろん、これはスローガンだ。どんな途上国の開発戦略文書も、だいたいこんなものだし、その多くはただの作文にとどまる。だが、プーチン配下のロシアは、これを結構うまくこなした。国はまとまった。時間はかかったが、チェチェンなども強引に押さえつけた。経済力は急激に高まった。国際テロ対応でアメリカとも協力の余地がありそうだった。

そして、西側もそれを歓迎していた。なんといってもロシアはソ連から引き継いだ核を大量に持っている。そんな国が、何をしでかすかわからない危なっかしい状態では困る。安定は大歓迎。それを支える繁栄も大歓迎。西側の市場や政治秩序に、対等な一員としてしっかり参加してくれるなら、これもありがたい。テロでの協力も嬉しい。

ここまではいい。対等な参加、繁栄、協力。だが……ロシアと西側の念頭にあるものは、言葉は同じでもまったくちがっていた。それは、ロシアという国についての認識の差から生じるちがいだった。

ロシアという国への認識の差

西側にとって、ロシアは大国ではあるが、かつてのソ連のような超大国ではない。言っては悪いがヨーロッパの図体だけでかいB級国、という程度の位置づけだ。特に、プーチン就任時のロシアはそうだった。当時のロシアは拙速な市場経済移行で国中が大混乱、ギャング支配が横行する、失敗国寸前の状態だ。それをまともな国扱いしてあげるだけでも、ありがたく思え、というのが西側の本音だ。うまくやれば、まあポルトガルくらいになれるといいね、といったところだろう。

ただそのB級国がソ連からなまじ大量に核兵器などを引き継いだおかげで、分不相応な軍事力（と肥大したプライド）を持っているのが悩みの種だ。ソ連崩壊後のロシアは、とにかく不安定で何が起こるかわからず、西側的には腫れ物にさわるように扱って、とにかく安定してもらおう、形だけでも普通より大きめに扱ってあげるから、だんだん内実も充実させてね、というのが実際のところだった。参加、繁栄、協力とはそういうことだ。

これに対してプーチンの期待していたものはかなりちがった。対等、というのは、かつての超大国ソ連並みの待遇でアメリカとタメを張る存在として認知せよ、ということだった。参加というのは、そういう「対等」な立場での参加ということだ。ロシアがNATO統合を模索していたブッシュ政権初期に、当時のロシア閣僚は「ふざけるな、ロシアがラトビアなんかと同じ発言権しかない場に参加するもんか」と一蹴したそうだ。[*1] つまりプーチンが求めていた「対等」はオーウェル的な「他の国よりもっと対等」な立場だった。

それは無茶だ。身の程知らずだろう、と思うのが人情だろう。言い分はわかるが、おまえ自分をよく見ろ、というのが普通だ。でも、プーチンが考えていたのはそういうことだ。ミサイル交渉などで彼は、アメリカが自分たちの要求をのまない、とグチる。そして彼は「対等」というお題目のため、国際法、国連安保理、その他の旗印をいろいろ持ち出す。自分が「対等」に一票持っているところだから。気持はわかる。アメリカの無茶に怒るのもわかる。が、なんだかんだ言いつつ、いまのロシアはかつてのソ連とはちがうのだ。でもプーチンは、そうは思わなかった。

そしてこの認識の差から、いろいろすれちがいも起こるし、お互いに不満も生じる。そしてそれをプーチンがこじらせた結果として生じたのが、強い被害妄想だ。

＊1　フィリップ・ショート『プーチン』（山形・守岡訳、白水社、2023）下巻p.28

被害妄想

本書に収録した文章の中でそれが最初にうかがえるのは、ベスラン小学校襲撃事件制圧後の演説だ。彼はこのときにすでに、国内テロが西側の工作の仕業だ、と言い始めている。西側が、核大国たるロシアを潰そうとしてテロを煽っているのだ、と。ミュンヘン演説では、ロシアが仮想敵国扱いされていることに不満を明らかに述べている。そしてそれがますます発展して、ウクライナ侵略の演説では、NATOも西側も自分たちへの攻撃準備を整えており、明日にも攻撃してくる、という話になっている。

第3期のまとめ文でも述べたように、これが本当に被害妄想なのか、それとも方便なのかは、なかなかわかりにくかった。というのもクリミアの頃までのプーチンは、そうした被害妄想漬けの恨み節をさんざん述べつつも、それに対してロシアがいかに高潔で遵法精神あふれる、一枚上手の大人の対応を常に行うか、という主張の枕としてそれを使ってきたからだ。だから、それが本当の被害妄想なのか、それとも己の正当性を誇示してみせるための詭弁なのかは、なかなか判断がつかなかった。だが第4期の文章を読むと、彼はそれを詭弁の枕として使っていたのではないことがわかる。被害妄想じみた議論がそのまま出てきているし、これまでもずっとそれが本心だったのだろうと推測できる。

ついでに言うと、プーチンはむしろ西側こそ被害妄想だと言いつのってきた。西側はロシアが自分たちのような野蛮な国だと思って他国を侵略すると思っているが、そんなことをするわけがない、おまえたちの冷戦ブロック思考の遺物をなんとかせい、という話だ。が、いまとなっては、西側——特にロシアの近隣国——がロシアに対して感じていたのは、被害妄想でも考えすぎでもなんでもなく、ロシアの魂胆についての正確な認識だった、ということは言えるだろう。少なくとも、2008年のジョージア戦争頃からは、もはやそこに疑問の余地はなくなっていたはずだ。

が、それは置いておこう。いずれにしても、プーチンがロシアについて抱いていた自己認識はかなり思い上がったもので、それが西側の認識とずれまくっていたことで、どこでどんな交渉を行っても不満がつのるばかりとなり、それがやがては被害妄想に転じた、というのが、各種の演説などから読み取れる一つのポイントとなる。

経済成長と軍事作戦

さて始末に悪いのは、そのロシアの思い上がった自己認識に、三分の理程度とはいえ裏付けがあったということだ。ロシアは異様なほど成功した。完全な失敗国寸前の状態から、プーチン様のご指導のもとですさまじい成長をとげた。この調子でいけば、欧米に追いつき追い越すのも夢ではない——そう思ったとしても、いちがいには責められない部分はある。

プーチンも初期は、自分の＝ロシアの立場がよくわかっていた。「新千年紀を迎えるロシア」でもわかる通り、ロシアはダメダメだ、もっとがんばらねば、というのが彼の原動力だった。だが始末の悪いことに、彼は結構成功してしまった。1人当たりGDP（人口はそんなに増えていないので、GDPそのものでも同じことだ）は急成長した。それが2008年世界金融危機で、急落はしたが、急激に回復してはいるし、その回復自体がロシアにとってはプライドの元だ。欧米の悪しき金融資本主義のもたらしたドツボから、自力で見事に立ち直おり、経済の独立性が示されたような気分になれたのだから。

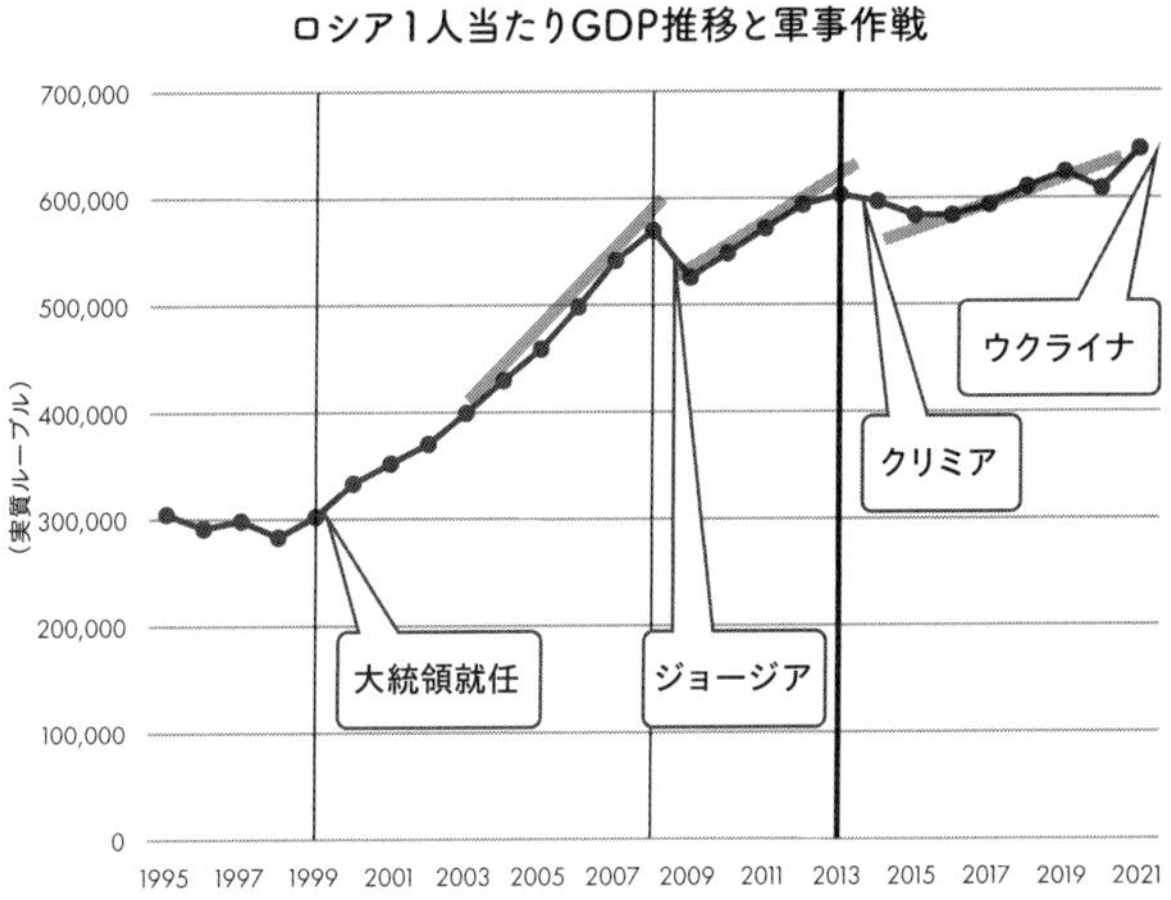

データ出所：世界銀行

プーチンが成功したとはいっても、当初考えていたような、強い最先端のハイテク産業育成に成功したということではない。その成長の多くは、石油と天然ガスの儲けだ。それは彼も承知していて、2012年の大統領再任前の論文でも認めているし、そこから脱出する必要があることは書いている。それでも、一部の国のように資源の上がりがまったく下々の国民に渡らない状況ではない。オリガルヒどもがかなり独占して、ひどい格差は生じつつ、一般庶民もまあまあ恩恵を受けている。

プーチンはそこで、かつてのソ連のような超大国復帰は時間の問題だと思った。それに対し、その他の国は、思ったよりはいいね、もう少しがんばればポルトガルよりは上の、スペインくらいになれるかもね、としか思わなかった。これは、前出の自己認識のずれを拡大するばかりとなり、それはもちろん転じて、劣等感と被害妄想とルサンチマンの源となった。

だがその経済発展と軍事行動との関係を見ると、ある種のパターンが見えるように思える。ロシアはだいたいしばらく(5年ほどだろうか)順調に経済が発展すると、それで気が大きくなってしまうのだろうか、何かしら軍事作戦に乗り出すのだ。

ジョージア戦争は、大統領第2期の急成長後にやってきた。クリミアは、金融危機での落ち込みから見事に復活を遂げて成長が続いた後に行われた。ウクライナですら、クリミアによる制裁での落ち込みから立ち直り、コロナから復活したところで行われている。ぼくはコンサルなので、なんとなく前ページのグラフに灰色線でも引いてみたくなる感じだ。

これはもちろん、ちょっとアンフェアな部分もある。それぞれ開戦の具体的なきっかけには必ずしもはっきりしない部分があるし、偶発的な要素も強いからだ。

が、その一方でジョージアのアブハジアと南オセチアの状況はすでに一触即発ではあったし、ロシア側もいずれ何かしら口実を見つけておっぱじめたのではないか、と勘ぐりたくもなる。マイダン革命も、岡目八目ながらその前後のどこかで起きただろう。さらにそれに乗じてクリミア併合に乗り出すというのは、ロシアのプーチンが敢えて選んだ道だ。

これだけの話をもとに、あまり断言めいたことは言えないけれど、プーチンの優先順位は少しうかがえそうだ。彼にとっては、経済は大国イデオロギー以下で、それに奉仕する存在でしかない。国民が豊かになるとかは、二の次。経済力が高まれば、それは大国イデオロギーに奉仕させ、その直接的な表現たる軍事活動に乗り出す、という発想が基本的にあるのではないかとも思えてくる。

ただしウクライナ戦争では、これはあまり強くは言えない。クリミア後の経済成長は弱い。灰色線の傾きはかなり弱くて、ジョージアやクリミアでの紛争に先立つ時期ほどの国力躍進とは言いがたい。低経済成長の中で、プーチンとロシア国民との社会契約の性質が変わった可能性はある。が、これはいささかここでのぼくの能力を超える話だ。

だが、もしこの見方に少しでも妥当性があるとすれば、この灰色線が出てくる2000年代半ばくらいから、プーチンはおそらくずっとウクライナ（おそらくはそれより広い他の国も含め）に対し、かなり強い領土的野心を抱いていた、ということが言えそうだ。そして、非常に長期的な戦略をもって、それを着実に実現してきた、と考えた方がいいのではないか。

プーチンの領土的野心と長期戦略

そもそもメイク・ロシア・グレート・アゲインという目標において、グレートさの一つの要素は、国土の大きさだ。前にも述べた通り、彼はソ連解体が大失敗だったと思っていた。尊敬する先人とはいえ、エリツィンが気前よく地方共和国に主権をどんどん渡し、独立国にしてしまったのは、おおまちがいだったと思っていた。これは、本書に収録した演説や記者会見の三分の二で、ことあるごとにプーチンがはっきり述べていることだ。毎回「まあそれは済んだことだし、今さら仕方ない」というようなことは言うが、そのしつこさから見て、彼は実は仕方ないとは思っていない。何か仕方があるのでは、といっしょうけんめい模索している。

だからそもそも彼がそのソ連解体を巻き戻し、国土的にもでかいロシアを復活させたい、という遠大な夢想を持っていたと考えるのは、そんなに無理な話ではないと思う。そしてそこに領土回復、ウクライナ奪還を含めるのも自然な話だろう。

市井の素人と話をすると「いやそんなの一目見れば当然でしょう」と言われる。そして同じく素人たるぼくも当然そう思っていた。クリミアがあって、次にウクライナ。シリーズ物の定番じゃないですか。だが、各種の本を見ると、どうも専門家の見方はちがうようなのだ。

その筋の本を見ると、ロシアは「勢力圏」というものにこだわっていたという。自分が影響力を行使できる国の範囲、とでも言おうか。だがこの説明を見ると、それってつまり言うことを聞く国、おおむね言いなりの国、つまりは準属国の別名でしょう？　その勢力圏のあり方も様々だ。友好国＜同盟国＜連合国＜経済軍事的な依存＜傀儡政権＜属国＜連邦内主体。こうした支配関係のグラデーションの中で、どこを落とし所にするかは状況次第だろう。ジョージア、そしてウクライナが、カラー革命で離反し、政治的、軍事的、経済的に言うことを聞かせられないなら、別の形で政治を続けるまでだ。そして勢力圏を維持するもっとも確実な方法は、併合し自国にしてしまうことだろう。ジョージア戦争もクリミア併合等も、そういう流れの一環でしょうに。
だが専門家はなぜかそれを否定する。たとえばいまをときめくロシア軍事専門家の小泉悠はこう書く。

この戦争［クリミア併合］はあくまでもクリミアの強制併合とドンバスにおける限定・低烈度紛争の惹起という限定的なものであり、ロシアがウクライナを直接支配しようとしていたわけではない。むしろウクライナを紛争国家化することで西側への接近を困難にさせ（中略）、さらには領域の占領を以てウクライナへの影響力行使の梃子とするというのが、2014年以降のウクライナに対するロシアの基本的戦略であった。（中略）だが2021年秋以降に再燃した軍事的危機は最終的に戦争へと至り、しかもそれはウクライナの首都と広範な領域を占領しようとするものであった。となると、これは2014年以降にロシアが採用してきた対ウクライナ戦略の文脈では説明しきれない。[*2]

＊2　小泉悠『ウクライナ戦争』ちくま新書、2022年、pp.65–6.

なぜ説明しきれないいんだろうか？　というか、小泉悠にケチをつけるとは身の程知らずも極まれりだが、その2014年以前の文脈というものの解釈がまちがっていたと認めればよいのでは？　それは単にロシアの活動が限定的なもので、ここらで止まってくれると考えたい西側関係者（研究者も含む）の単なる希望的観測じゃないの？　それがロシアの戦略なのだと思った根拠は、どうもクリミアを取ったあとで、ドンバス地方や、ノヴォロシアでの動きが限定的だったから、ということらしい。が、それは自分の体力や防御し易さを考慮しただけでは？　とりあえず止まった、というだけではそれが戦略のすべてだった、ということにならないのでは？

無理に別枠の戦略をたてようとするので話がややこしくなる。ロシアはずっと、併合かそれに近い領土的野心をウクライナ（さらにおそらくベラルーシやバルト諸国など）に対して抱いていたのでは？　西側への接近困難とか影響力行使とかいうのは、単なるおまけで、それはそれでありがたいけれど、決して本筋ではなかったのでは？　本筋はウクライナ侵略併合で、2014年はそのリハーサルだ。一気にウクライナ全部をやる体力がないので小休憩しただけで、大きな戦略自体はずっと継続しており、2022年になって中休みが終わったというだけでは？

この見方をある程度裏付けそうな話もある。まず、2022年の侵略直後に誤って流出した『ロシアの攻勢と新世界の到来』[*3]という勝利宣言文書では、まさにその通りのことが書かれているのだ。さらに佐藤優のマブダチだか師匠だかで、ドネック転覆工作担当のアレクサンドル・カザコフは2019年に、半端に賢い軽薄バカに特有の口の軽さで、まさにウクライナの順次実効支配と併合戦略を冗談めかして明言している

具体的な例を挙げて説明しよう。ウクライナとドンバスについてである。これらの地域に対するプーチンの計画と戦略を知っていると言える者はいるだろうか？　例えば、もし近い将来にドンバスを、そしてその後、崩壊の時を経てウクライナ全体を一部ずつロシアに統合するつもりだとプーチンが宣言したら、この戦略的な目標の達成は容易になるだろうか？　無論、否である。[*4]

＊3　訳注：邦訳は https://cruel.hatenablog.com/entry/2022/03/02/001238
＊4　アレクサンドル・カザコフ『ウラジーミル・プーチンの大戦略』佐藤優監訳、原口房枝訳、東京堂書店、2021、pp.44—5.

つまり2019年時点では、カザコフのような下っ端が、冗談めかしてではあれ、これを公言してもお咎めがないくらいには、この戦略はプーチン周辺で常識と化していたということではないのか？

繰り返すが、その必勝パターンはジョージアとクリミアでほぼ確立していた。まず現地で、ロシア人居住地域が迫害されている、虐殺されていると騒げばよい。次に、何か攻撃の口実を待つ——相手の攻撃でも、失脚した大統領でも、いろいろ口実はあるだろう。そして人道的支援だと称して武力侵攻し、住民の意思だと称して独立させる。併合までするかどうかはオプションだ。恩着せがましく停戦してやって、国連のお墨付きでももらえばボーナスポイント。しかも、制裁をくらっても、他のところで危機を作ってけしかけ、それを収めてやって恩を着せるマッチポンプ手口も完成した。紛争や難民を武器化する手法もできた。

そして2022年のウクライナ侵略も、この方式でやれば、たぶん成功していただろう。虐殺があったと騒いで、ドンバスだけを侵略し、独立させて併合すれば、西側は、クリミアの場合と同様に一瞬口先で憂慮してみせるだけで、すぐに忘れ去っただろう。そもそも彼らは、クリミアに際してすでに一度ドンバスを見捨てている。今回も見捨てない理由がない。西側の大半の人は、ドンバスがどこにあるかさえご存じない。

そう考えると、このカザコフの引用の中にある「崩壊の時を経て」というのは、結構ヤバい意味を持ちそうだ。具体的に何を念頭においているのかはわからないけれど、たぶんドンバスが終われば、続いて何かウクライナ全体を内戦に陥れるような計画があったんだろう。そこにロシアが乗り込んで、救済者のような顔をしつつウクライナ全部を奪取するような手口が、おそらくは考えられていたのでは？

ところが、実際にはそうは進まなかった。なぜだろうか？　しかも、2022年の1月くらいまでは、ドンバス地方での動きは決してこのシナリオから外れたものではなかった。が、2月21日に急に変な演説が登場し、シナリオから外れた。なぜだろう？

第4期の文章の前振りを読んだ方は、ぼくが何を言うかわかるだろう。プーチンが少し正気からはずれ始めたからだ。

プーチンの頭の中

もっとちがう説明は考えられる。何よりも年齢だ。クリミアからすでに10年。ドンバスを同じ手で併合して、ほとぼりが冷めるまでまた10年。次がどこになるにせよ、その頃プーチンが生きているかもわからない。だからかなり間際になって、オレの目の黒いうちに、一発勝負で悲願のウクライナを全部かっさらおうと思ったのかもしれない。

だが個人的には、そういう理性的な計算と打算だけではないと思う。第4期の、ウクライナ侵略関連の演説はかなり変だとぼくが考える理由はすでに説明した。文章の中で、論理的な対応がついていない。かつてのプーチンではあり得なかったことが、繰り返し生じているのだ。

世間的には、この考え方はあまり人気がないようだ。プーチンはコロナで引きこもりになり、だれにも会わないうちにボケたか発狂したのではないか、という説も、侵攻初期には出回った。だがその後、その説はかなり下火になった。侵攻の正気とは思えない部分はマッドマンセオリー、つまり「こいつは頭が変だからヘタに刺激すると何をするかわからない」と思わせて、相手が強気に出ないようにする手段なのだ、という話がなんとなく主流になったように見える。

だが、ぼくはこの演説の流れを見る限り、発狂/ボケ説は捨てられないと思ってはいる。それは全面的な発狂やボケではない。ウクライナの話が各種被害妄想と一体化して、その部分だけ変な歪みが生じているように思える。

ちなみに多くの人は、頭のおかしい人や妄想に囚われた人について誤解している。発狂したりボケたりすると、あらゆる言動がおかしくなる、と思っている。あるいはテレビや映画などでは、ごく普通の人が、その話題になったとたん、目つきも態度も一変する、というような描かれ方をする。だが実際にはそんなことはない。さっきまで、AV女優はだれがいいか、目玉焼きは醬油かソースか等の下世話で普通な話をしていた相手が、まったく何の変化もなく、小室哲哉が自分を監視して、時のアイドルと自分が結ばれて救世主になるのを阻止している、という話に移行する。何の変化もない。彼らにとって、それは完全に連続した当然の世界像で、むしろそれを理解できないぼくたちのほうが変だ。変なカルトや妄想を治すのがむずかしいのは、おかしな部分というのが突出して、そこだけ交換すればいいというものではないからだ。彼らにとって、それは日常性のあらゆる部分と密接に絡み合った不可欠な一部だ。それを換えるには、彼らの世界観すべてを改めねばならないのだ。

「地方への社会経済支援」での演説を見ると、きわめてしっかりした正気の部分は確実に残っている。だから、どっかでハッと目をさまして、反省はしないだろうけれど、もっと計算ずくの小ずるいプーチンに戻って、いまのあまり先がなさそうな戦争から足ぬけする方策を考案してくれるのでは、と思ってしまう。が、ここから考えて、それはなさそうだ。

ロシアの将来

さて、プーチンがウクライナに関してある種の妄想に陥っているとしても、それ自体は彼個人の病理だし、憶測してもどうなるわけでもない。

ただ、もしこの見通しに多少なりとも妥当性があれば、何かお話し合いで平和を、理性的な交渉で、といった話はあまり期待できないだろう。また特に侵略の初期には、一部の「平和」主義者が、ドンバスさえくれてやればプーチン様が停戦してくれるんじゃないか、と勝手な妄想にふけって西側に陳情したりしていた。それ以外にも、なんかプーチンの面子が立つような譲歩をしてやれば、おとなしく帰ってくれるのでは、といった希望的観測もいまだにあちこちに残っている。でも、それはないんじゃないか。一番のこだわりであり、長期的な狙いであり、被害妄想とからみあって完全な妄想にまで発展したこだわりが、とにかくウクライナを征服併合支配するということであれば、ドンバスをくれてやっても、引き下がるとは思えない。特にロシアは、すでにドンバスは盗ったつもりでいるんだから。

そして今回、最初に全面攻撃に出てしまったことで「虐殺があって仕方なく派兵しただけで、これ以上やるつもりはありませんよ、領土的野心なんかとんでもない、いやホント」という弁明は断たれた。第4期まとめの冒頭で述べた、「だるまさんがころんだ」式の小出し戦略であれば、そういう逃げも打てた。だがいまはもう、やるところまでやるしかないんじゃないだろうか？

すると……。

もう打つ手はないということ？　モスクワまでプーチンをおいつめて逆さ吊りにでもしないと、特別軍事作戦は終わらないということだろうか？

そうでもないかもしれない。

ここから先は、まったく無責任な放言なので、お笑いだと思って欲しい（ここまでがお笑いでなかったというわけでもないが）。が、プーチンがウクライナがらみの妄想に囚われているということは、ウクライナに関する限り、彼はきちんとした損得計算ができなくなっているということだ。すると、ウクライナがらみでちょっとでもよさげ（つまりは征服につながる）な材料をプーチンの目の前にちらつかせれば、ロシアにとって大損となる、かつてのプーチンなら絶対に飲まなかったような交渉でも飲むかも知れない、ということだ。つまりロシアの足下を徹底的に見た取引ができるということだ。

日本はもう、西側とともにウクライナ支援でロシア徹底抗戦を表明してしまったので、この状況で儲けるのはむずかしい。が、「グローバルサウス」と呼ばれる国々はちがう。こうした国々は、ウクライナ支援を表明していないといって非難されたり、あるいはロシア側からは西側の横暴を世界が支持していない証拠だとしてプロパガンダに使われたりしている。が、ほとんどの国は別にロシアの侵略を応援しているわけではない。適度にリップサービスをしておいて、ロシアから安く資源を融通してもらえれば御の字、という程度の話だ。

そしてもっと大きい国は、もっといろいろプーチンにつけこむ余地があるはずだ。もちろん、まっ先に頭に浮かぶのは中国だ。2023年3月の習近平モスクワ訪問で、中国がロシアと手を組み、莫大な支援をして戦局が一気に変わるのでは、といった懸念も出た。だがそれは可能性が低いのではないか。

というのもロシアがここで勝っても＝ウクライナを占拠しても、中国的には特にメリットもなさそうだからだ。ウダウダ戦争を長引かせたほうが、西側も手がふさがり自分たちの様々な活動に割く余力が減るだろう、というくらいの計算は中国もしているのではないか。そしてプーチンがおかしくなっているなら、手玉に取る余地はぐっと増える。たぶん実際に会うことで彼らもそのあたりの見極めをつけたのではないだろうか……と書いたところで、何やらドンバスの併合は認めないぞ、と発言したりしているので、そこまでおだてる気もないようだが、彼らのそこらの深い計算は、山形ごときでは読み切れないところ。

だが一つのやり方として、適当にロシアを支援するよ、打倒アメリカ一極体制、我々は新世界秩序の旗手ですよねー、とプーチンには言っておいて、ウクライナへのこだわりを刺激してちょっとした武器弾薬支援と引き換えに極東ロシアやシベリアの利権を二束三文でかすめとり、さらに折を見てそのあたりの分離独立運動でも後押ししつつロシア本体と離反させる手はあるだろう。中国でなくてもインド、あるいはNATOと二股をかけているトルコも、類似の策はいろいろ使えるはず。

そこらへんがうまくプーチンを翻弄するのに成功し、シベリアや極東アジアとの、何らかの切り離しが実現するか、あるいはロシアの他の虎の子を譲り渡すよう騙せれば、プーチンが心の拠り所とする残りのヨーロッパロシアとでも言うべき部分は大した力を持てなくなるし、あまり利用価値もなくなり、その頃にはロシアも完全に体力を失いそうだ。するとモスクワやサンクトペテルブルクは変なロシアノスタルジーのテーマパークとして残り、ソローキン『テルリア』(邦訳河出書房新社)で描かれたような変な民族混合世界が次第に実現し、プーチンは(生きていれば)その後継者たちが生け贄に差し出すか、あるいはそのテーマパークに幽閉された変な絶対君主として見世物にできるかもしれない。もちろんこれは時間もかかるし、今回の戦争を超えた話になりそうだが……が、これはただの妄想。

プーチンがそっちに向かわない道というのはあったんだろうか？　ウクライナ侵略の開始時、いやそれ以後にもずっと出たのは、「プーチンの侵略はNATO拡大が悪い」というわけのわからない議論だった。プーチン様を追い詰めたのが悪い、もっとプーチンに気を遣ってご機嫌うかがいをしていれば、こんな戦争は起きなかったという説だ。それをやらなかったんだから、西側が悪い、だってこの両者の関係では西側のほうが強いんだから融通きかせてやれよ、というわけだ。

たぶんそれは完全なまちがいではない。が、こうした彼の発言を読む限り、そういう手口が有効だったのは、たぶん2010年頃までだろう。その時点で彼は西側にもはや絶望し、被害妄想をつのらせていた。そして攻撃的な活動を行うための、様々なサウンディングを始めている。ヨーロッパ首脳に対するぞんざいな扱い、ミュンヘン会議での挑発的で敵対的な物言い。

そこで相手が、もっと激しい反発を見せていたら、ひょっとしたら動きはちがったかもしれない。あるいは、そこでプーチンをおだてて、要求を少し聞いてあげていたらまだ引き戻せたのかも。あるいは、2014年にクリミアやドンバスについてもっと強い対応をしていたら、プーチンの計算は変わっていただろう。

でもたぶん第4期に入った頃にはもはや何もこの路線を変えられなかっただろう。すでに合理的な損得勘定とは別の回路に入っていたから。


それにしても、ではある。

現在のロシアという国自体がソ連崩壊の断末魔／余震、という説は何度か見かけた。もともと不安定で、一時的な構造だったんだよ、というわけだ。それはその通りだとは思う。だがその断末魔をどうまとめるか、という選択肢はあった。そのまま崩壊して、変なんとかスタン国家の集合体になる道もあっただろう。完全な失敗国家に向かう手もあった。ほどほどのところで、ほどほどに国家の体を維持しつつ横ばいを続ける道もあったし、西側はその程度が実現できれば御の字と思っていただろう。そしてプーチンはそこのところ、異様にうまくやってくれた。経済はものすごくよくなった。国も安定した。それは西側も十分に評価している。かの人気テレビドラマ『24』（2001）の頃には、ロシアから怪しいテロリストが核兵器を持ち出して……というのは定番の設定だった。でも、いまはもうそういう設定はできなくなっている。それは、ロシア、ひいてはプーチンに対する信頼の反映でもある。

地政学的な立ち回りでプーチンは発言力も高めた。変な圧政者とイチャイチャするのは顔をしかめるところだけれど、それがその連中に対する交渉の窓口として有用であることは否定できない。それだって、もっと上手に使う道はあっただろう。それができていれば、ヨーロッパのトップクラスの影響力は持ち続けられ、今世紀半ばにはソ連崩壊後の中興の祖としてプーチンが讃えられる世界も十分にあったはず。

それがいまや、国力も、経済力も、国際的な発言力も、すべて賭けに出て完全にすってしまうという大ポカをやらかすとは。あとはもうジリ貧しかなさそうだ。中国の属国、しかないという見方をする人もいる。本当に、ソ連崩壊の断末魔になるとは。

なお、この本ではプーチンの大統領就任以降の文章しか見ていない。幼少期から大統領になる前のKGBを含む経歴や、大統領になってからの話についても、もっと総合的な記述・分析にご興味があれば、2023年に邦訳が刊行された決定版プーチン伝、フィリップ・ショート『プーチン』(上下巻、山形浩生、守岡桜訳、白水社)を参照してほしい。

いくつか話題になっていたプーチンの論説や関連文書を、興味本位でいくつか訳したついでに、他の演説も追加であれこれ読んで、その中でなんとなく感じていた印象を、もう少しきちんと検討したいと思って裏付けもかねて翻訳しているうちに、こんなものができた。だから自分にとっては、間に挟んだ自分の考えに力点があるけれど、でも読む側にとっては、ぼくの印象はどうでもいい部分だろう。プーチンが何を言ってるのかな、という健全な興味/好奇心で手に取る人が大半だろう。そしてそれを読んで、みんなが自分自身の印象を作ればいい。ぼくは本書に入れた演説を見て、世のプーチン専門家とかロシア専門家とか地政学専門家の言うことが、その通りだなと思うこともあれば、結構こいつ怪しいなと思うこともあった。雑な印象でも、少しでも何か根拠をもって言う人が増えるのが重要なのだ。

ロシア大使館が、プーチン様の偉大なるお言葉を広めたお礼に友好勲章くらいくれてもいいと思うんだが、まあ無理か。

ちなみに個人的に興味があるが、プーチンの言葉だけではよくわからないこと。彼は特に最近になって、ウクライナでネオナチ政権が人民を虐殺し——みたいなことをたくさん言っている。最初、あれはプーチンのオリジナルなのかと思っていて、さすがにここまで荒唐無稽だとロシア国民からも距離を置かれてしまうのでは、と心配したが、どうもちがうようだ。そう思ったのが、ソ連ＳＦの重鎮の一人イワン・エフレーモフが１９６８年に発表した『丑の刻』（邦訳・早川書房）。これがどういう話かと言うと……。

全宇宙が歴史的必然で共産主義になっている中、一部の狂信集団が分離してネオナチ国家の惑星を作っていた。輝く共産主義の旗手たる主人公たちは、ネオナチの暴虐から人々を救うため、その星に出かけてプロパガンダ転覆工作を仕掛け……。

いやはや、60年代のソ連時代のＳＦだが、いまプーチンが主張してやっていることとまったく同じ！　ちょっと偶然とは思えなかった。するとあれはプーチンの独創などではなく、むしろロシアには昔からこの手の、自分たち以外は全部ネオナチで、といった発想の系譜が続いているのか？　プーチンのあの主張を聞くと、イカレたとしか思えない。でもロシアでは世間的な支持が得られるくらいには広まっている発想なのか？

さらにこの本、ソ連時代には発禁状態だったらしい。ソ連東欧ＳＦに圧倒的な強さを見せていたファンジン『イスカーチェリ』にも「本書を発禁にするソ連の悪辣な検閲と弾圧は許せん、日本ではこの名作を自由に読めるのだ」というような紹介が確か出ていた。うーん、名作かなあ。いま読むとゾッとするけど、当時（発表時も邦訳が出た1980年も）は共産主義プロパガンダを真面目にやりすぎて、むしろ滑稽な愚作だったと思う。だがそれ以前に、なぜ発禁になるのかわからない。ソ連で弾圧されるSFというと、密告収容所国家の戯画や批判などだ。こんな共産主義翼賛小説がなぜ弾圧されるべきなのか？

あまりに愚作で貴重な紙の無駄（当時神保町のナウカで本を漁った人ならご存じのように、ソ連では本当に紙は貴重だった）と思われたのか、ネオナチの描写自体がソ連の戯画と解釈されたのか、それともひょっとすると、この手の話を読んで変なネオナチ陰謀論（西側ネオナチの逆ですな）に走って暴れるバカが当時のソ連では本当に問題になっていたから？　そしてまさかプーチン自身がこの手の本を子供時代に読んで、テレビドラマでKGBに憧れたようにこれがずっと記憶にあり……

まあそれはないか。が、ロシアは陰謀論への親和性が高い場所だし、それがプーチン的な発想や政策的な動向、およびロシアでの受容に与えた影響というのは、掘ってみるとおもしろいテーマなんじゃないかなー、とは思う。ロシアでは、マデリン・オルブライトとテレパシー通信してロシア分割の企みが明かされた、などという珍説が真面目に取り沙汰されたりしてるそうだ。[*1] 他にもたくさんあると思う。このオルブライト説を書いているフォーブスの記事は、ロシアの西側観に注目しているけれど、陰謀論そのものもいろいろ知りたい……。が、それは余談。いつか、一人くらいこの本をきっかけに、プーチンやロシアのもっとディープな話を掘り下げてくれる人が出るといいな、とは思う。

なお本書の原文は、おおむねクレムリンの公式サイトに出た公式の英語版をもとにしている。この公式英訳自体がときどきロシア語原文とくいちがっているという話も聞く。そうしたずれや、その他の誤植、誤変換などがあれば、是非編訳者までご一報いただければ幸いだ。明らかになった誤りはサポートサイト（https://genpaku.org/PutinInHisWords/）で随時公開する。

まったくの趣味で作ったこの論説集に注目して、商業出版の声をかけてくださった星海社の片倉直弥氏には、大いに感謝する。また、プーチンおよびその治世下のロシアについて、付け焼き刃の編訳者とは比べものにならない俯瞰的で深い知見を対談でご提供いただいた黒

＊1　P. R. Gregory "The Albright Declaration," Forbes, 2015/7/16　https://www.forbes.com/sites/paulroderickgregory/2015/07/16/the-madeleine-albright-declaration-origins-of-a-kremlin-lie/

井文太郎氏にも、心から感謝するものである。ありがとうございました！

2023年4月1日　山形浩生

hiyori13@alum.mit.edu

解説対談

専門家に聞くプーチンの言葉と思想

黒井文太郎×山形浩生

2人がプーチンに関心を持ったきっかけ

山形　今回『プーチン重要論説集』を編訳することで、彼自身の言葉からプーチン像が見えてきたように思うのですが、それがどれくらい正しいのか、昔からプーチンを追っていらっしゃるジャーナリストの黒井文太郎さんのご意見をお聞きしたいと思います。

僕とプーチンとの関わりをお話ししますと、毛沢東やポル・ポトといった独裁者の伝記を書いているフィリップ・ショートというジャーナリストがプーチンの伝記を出すというので、彼の前著を訳している関係でプーチン伝も訳すことになったんです（白水社より『プーチン』上・下として刊行）。去年（2022年）の1月に「そろそろ原稿が仕上がるから送るよ」と言われたんですが、去年の1月はロシアとウクライナの国境で紛争があり、ドンバスでも騒ぎがあって、「書き終わったの？　大丈夫なの？」と思っていました。やがて2月の半ばに完成稿が送られてきました。そのときの原稿の締めは「プーチンはやることはやり終えたから、あとは引退だけだねえ」という非常に牧歌的なものでした。しかしその翌週には、彼の人生の中で一番大きなエピソードが始まってしまったのです。

このフィリップ・ショートのプーチン伝は、かなりプーチンに同情的なんです。「プーチンは頑張ったけど、西側がロシアを軽視して言うことを聞かなかったし、NATO不拡大の約束は破ってどんどん侵食するし、プーチンがテロ対策が大事だと言っても無視するし、無視されたプーチンはやがてキレて傍若無人になったのである」と。しかしこれを訳しながらウクライナ情勢の変化を見ていくと、この見方は変ではないか、プーチン伝で部分的に引用されるプーチンの言葉を、前後の流れも含めて見ていくと違う見方にもなるのではないかと思ったんです。

特に気になったのがウクライナ侵攻の捉え方で、ショートは「クリミア紛争はただのワンチャン狙いで、プーチンが前の週に思いついて急にけしかけたもの。一番の目的は領土ではなく、ウクライナをNATOに加盟させないための口実作りだったけど、たまたま運よく併合できてしまったのだ」と解釈していました。そして、他の本を見ても「クリミア紛争の主目的はウクライナのNATO加盟阻止だ」という見解は主流のようです。しかし、今のウクライナ侵攻を踏まえると、クリミア紛争の時点からロシアは領土を狙っていたと考える方が整合性があるのではないかと思ったんです。そこで、プーチンの言動をたどったら彼の考え方がわかるのではないかというのがこの論説集です。

プーチンの発言をまとめてみて感じるのは、自分で訳しておいてなんですが、やはりショートのプーチン伝とは違う見方も十分できる、ということです。そこで、プーチンを長らく追ってきた黒井さんと、プーチンの発言を検証していければと思っています。

黒井　僕がロシアの取材をするようになったのはゴルバチョフ時代の末期でした。それまでは他の海外の紛争地帯の取材をしていたのですが、湾岸戦争が終わった頃、「ソ連を取材するので一緒に来ないか」と人に誘われてソ連を訪れました。それで現地のコネができまして、当時難しかったソ連の取材ができるようになり、2年ほどモスクワに住んでロシア情勢や北方領土問題などについて記事を書いていたんです。エリツィンへの政権交代前後です。その後、日本に帰ってからも現地の人脈を活かしてロシア関係の報道に携わっています。

プーチンについては、FSBの長官になった頃には注目していて、首相から大統領代行になった時期から、雑誌『軍事研究』のインテリジェンス関係のニュースコーナーでかなり取り上げていました。2001年の9・11同時多発テロがあってからはイスラームのテロ組織の取材が忙しくなり、そちらに主軸を移していたのですが、2011年からのシリア紛争でロシアが暗躍していたことがわかり、もう一度本格的にプーチンを追いかけ始めました。

発言から見えるプーチンの思想

山形　そもそも黒井さんは今回のウクライナ侵攻をどうご覧になっていますか。ショートの考えだと「プーチンが平和に引退を考えていたら、アメリカ大統領に就任したバイデンはアフガン撤兵でもうまくいっていないし、これは他国への干渉はなさそうだと思って、もともとはドンバス地方くらいで満足しておこうと考えていたところ、ウクライナ全土の侵略に計画を切り替えた」というんですね。ただ私は、クリミアも今回も偶然で説明するよりり、プーチンはもっと長期的な計画を持ってずっと虎視眈々と狙っていたと考えた方が妥当だと思うんです。黒井さんもご著書で、プーチンは昔からウクライナを狙っていたと書かれていましたが、この点いかがでしょうか。

黒井　山形さんの訳者解説で一番腑に落ちた言葉は「メイク・ロシア・グレート・アゲイン」で、これはプーチンの行動原理をよく表した言葉だと思います。ソ連崩壊後に没落したロシアをプーチンは立て直していきましたが、ジョージアやウクライナに侵攻したのも、強いロシアを対外的に再建するという点で一貫しているように見えます。昔はプーチンも今より慎重だったなど、過去と現在で異なる点もありますし、2000年の大統領就任時は国内掌握が優先でしたから「いつかウクライナを取ろう」と考えていたわけではないと思われますが、国際社会の反応などをうかがいつつ、そのときどきで「メイク・ロシア・グレート・アゲイン」のためにできることをしてきたのがプーチンです。

2014年のクリミア侵攻はプーチンにとってはイレギュラーでした。マイダン革命時、ネオナチ系の右派セクターが暴れているという国際報道が流れたのを懸念してか、セヴァストポリ港の黒海艦隊を守ろうとして「アメリカも弱腰なオバマ政権だからいけるんじゃないか」とクリミアに侵攻したら、棚ぼた的にうまくいってしまったのです。しかし、そのままウクライナ全土に攻め込むのは大変だったので、恐らくはGRU主導で「ドンバスで暴れたい」と言っていたネズミ講の親分を使ってドンバスでさらに紛争を起こそうとし、ミンスク合意などを使って少しずつウクライナでの権益を増やそうとしました。ミンスク合意をまとめていた時は、ウクライナをいっぺんに全部取ってしまおうというノリではなかったと思います。論説集にも収録されている論文「ロシア人とウクライナ人の歴史的一体性について」で2021年の7月に「ウクライナは俺のものだ」と唐突に宣言しますが、それまでウクライナへの領土的野心をはっきり表明してはいないんです。それまでもウクライナのNATO加盟には何度もネガティブな反応を示してきましたが。

プーチンはめちゃくちゃなことをする一方で自分の言葉に責任を取る、理屈をつけて自己正当化をする傾向があります。僕はこれはソ連の官僚主義の名残りだと思っていますが、プーチンが何かやるときは過去の言動と結びつけて「これは前から言っていたことだ」という形を取りがちです。2021年7月の論文は、何か急にアリバイを作り始めた印象はありました。もちろん、それ以前からロシアの栄光を取り戻すためには手段を選ばず、政敵の暗殺やシリアやチェチェンでの残虐行為をやってきたので、ずっと前から一貫しているとはいえます。そして、自己正当化をするうちに「アメリカが悪いんだ」という陰謀論に自らが飲まれていったのと、メンツを重視する性格の2つが作用して、どんどん野望が大きくなっていったのです。

今回の論説集を読んで一番「おお」と思ったのは、エリツィンに政権を禅譲されてから最初の演説で、プーチンが首相になって間もないのに国家のビジョンが確固としていたことでした。彼はKGB時代の仲間と一緒に自らのビジョンを現実化させていくわけですが、最初はプリマコフ派など国内のライバル、大統領になってからは新興財閥であるオリガルヒ、国内ではチェチェンの独立派との戦いに力を入れていました。彼はソ連崩壊さえ否定的に捉えていたので、さらにロシア国内が分裂することは許せなかったのです。やがて2003年頃からは経済力が復活し、経済や軍事で強いロシアを取り戻しました。とはいえアメリカがタカ派のブッシュ政権だったのでしばらくはおとなしくしていたのですが、ブッシュ政権がイラクで失敗をすると、アメリカへの反抗心を隠さない言動が増えていきました。

プーチンの経歴はざっとこの通りですが、「プーチンはずっと前からウクライナを狙っていたのか」という問いに直接答えるのは難しいですね。最初からその計画があったわけでは恐らくないと思います。ただし、2005年の連邦議会での「ソ連崩壊は間違いだった」というコメントや、この本に収録されている2007年のミュンヘン会議での好戦的な言動に象徴される「強いロシア」への意思は当初からあったと思います。

山形　これまでプーチンが攻めるときは、ジョージアの南オセチア紛争では「向こうが先に攻めてきて、こっちは応援に行っただけだ」と言い、クリミア紛争では「俺は命令を出していない、みんなが勝手にやったんだ」とか「大統領がこっちに逃げてきて、クリミアに行ってくれと言ったんだ」とか「いや、やったのは後方支援だけだよ」と二転三転しながらもその時点ではもっともらしい逃げ口上はあり、「おまえらがコソボでやったことよりマシ、俺たちは悪くないんだぜ」という口実は作って体面を保っていました。しかし今回のウクライナ侵攻ではいきなりキエフに攻め込んでしまって言い逃れができておらず、ずいぶん拙速な印象があります。ドネツクとルガンスクの2州で、クリミアと同様に独立承認からの国民投票、併合というルートを取っていれば、なあなあで黙認されていたかと思うんですが、いきなりキエフに攻め込んだから国際社会が反応しました。実際、プーチンはウクライナの全面侵攻を急ぐ必要はあったのでしょうか。

黒井　確実なことは言えませんが、さまざまな報道を総合すると、簡単にウクライナを占領できるという報告がプーチンに上がっていて、彼自身そう信じて侵攻に踏み切った、拙速というよりはインテリジェンスが間違っていたと言った方が正しいのではないかと思います。実際にはウクライナが予想以上に抵抗したものの、メンツを大事にするプーチンは「正しい戦争なんだ」と言い続けている、と。

山形さんは「今回のプーチンの自己正当化の理論は粗いのではないか」と指摘されていますが、私もそう思います。ウクライナ侵攻の数日前に私は将来予想を立てていたんですが、そこではまず「ロシア系住民を助ける」という名目でドンバスに攻め入って、迎撃に来たウクライナ軍を叩くという口実でキエフに攻め込む、二段階作戦を取るのではないかとしていました。私の予想は外れましたが、以前のプーチンのような緻密な自己正当化をするには、このような正当防衛のロジックが必要なはずなんです。しかし、ウクライナ侵攻に際してのプーチンの演説は、ドンバスのロシア人を助けるという話と、ウクライナという国はもともと独立国家ではないのだという話をごちゃ混ぜにしている、非常に分かりにくいものでした……。

また、別の要因としては、プーチンが最も気にしていたアメリカの姿勢の変化もあります。バイデンが軍事介入をしないと明言したり、侵攻10日前の2月14日にキエフのアメリカ大使館が引き揚げてアメリカの軍事顧問もいなくなってしまったりと、バイデン政権の弱腰が今回の事態のきっかけとはいえるでしょう。

山形　クリミア侵攻でも今回のウクライナ侵攻でも、西側では「NATOを拡大した西側が悪い」「欧米の対ロ強硬姿勢がプーチンの反発を招いた」といった意見が見られました。「西側はこれまでプーチンを不当に扱ってきたからキレるのは理解できるよね、侵略してもいいってわけじゃないけど」という考え方はこれまで根強く存在してきましたが、これについて黒井さんはどうお考えでしょうか。

黒井　まず大前提として、ロシアが侵略行為をしているのは許されません。NATO拡大についても、アメリカが無理に行ったわけではなく各国の意思に基づくものです。しかしながら、プーチンにはアメリカが勢力拡大のためにNATO加盟国を増やしているように思えてしまったのでしょうね。

山形　プーチンは「各国がNATOに加盟したいと思うのは勝手だけど、NATOがそれを受け入れる必要はなかったじゃん」と言うんですよ。それはあんたの知ったことじゃねえよ、という気も若干するんですが。

黒井　私が最も注視しているのはプーチンのパーソナリティです。一言で言えばメンツ重視で、安全保障上の議論もさることながら「自分がNATO拡大はいけないと言ったのに無視された」とか、そのレベルの話が大事なんです。プーチンは国内的にも対外的にも「ナメんなよ」意識が非常に強く、覇権国として振る舞おうとしてきました。最初からリーダー像としてマッチョなイメージを押し出しています。

山形　シリア紛争などで分かるように、プーチンはアサドのようなろくでもない独裁者であっても、誰も統治者がいないよりはいいという考え方ですよね。これにはアメリカ式の「とにかく爆撃して政権を倒し、選挙をすればいい」という考え方への反発という面もあるのでしょうか。

黒井　シリア紛争でのアサド支援の背景には、西側の人道第一主義を「弱さ」と捉える旧KGB流の冷徹な戦術眼と、使える駒はなんでも使っていこうというプラグマティックな考え方があるでしょうね。

プーチンの価値観について、他の専門家と私の見方は少し違います。通説では、37歳のときに東ドイツの崩壊を実地で目の当たりにしたのがプーチンの思想に大きな影響を与えたと言われていますが、私はエリツィン時代の影響が大きいと思っているのです。ロシアが世界からバカにされる、人々がメシを食えない、自由になったはずなのにエリツィンと近い人間だけが豊かになる、そういう国がグチャグチャになった時代への憤りがプーチンなりのモラルだったと考えています。エリツィン時代は汚職がひどかったですから、その頃から幕末の志士のように世直しを目論んでいたのではないかと思います。プーチンが大統領の座に就いたのは棚ぼたですが、エリツィン辞任に伴う大統領代行就任時の演説を見ると、就任時には既にしっかり準備ができていたことは確かです。

その後のプーチンの行動は早かったですね。プーチンの大統領代行就任から1年間を追った『プーチンより愛を込めて』という映画があって、当時のロシア政府公式の記録映像を作っていた、今では亡命した人が監督なんですが、それを見るとプーチンの率直なスタンスが見えて面白いです。2000年3月の大統領選でプーチンは当選するんですが、当時の選挙陣営はメドベージェフ以外はみんなエリツィン派で、KGBの仲間もいないからプーチンは改革派のように映っているんです。ところが当選が決まった途端、エリツィンがお祝いの電話をかけてきても相手にしない。「後でかけ直す」と伝言したきり、かけ直さないんです。エリツィンを相手にしないという姿勢が最初から鮮明で、おそらく数カ月前から「プーチン派の仲間たちとやっていこう」と決めていたんでしょうね。

このような姿勢を見ていると、プーチンは就任当初の演説だけを見ているとまともなことを言っているように思えますが、問題は彼が自分の目的のためには手段を選ばないことです。それもまた旧KGBのメンタリティですよね。だから、強引に邪魔者を消したりしても、それを悪いこととも思っていなかったでしょう。映画の中でプーチンがソ連の国旗と国歌を復活させて、その映画の監督と議論になるんですが、プーチンとしてはひどいエリツィン時代よりもソ連時代の方がよかったという思いがあって、選挙までは改革派として振る舞って共産党と戦っていたのに、当選後は旧守派を優遇するんですよね。このような振る舞いの延長線上にウクライナ侵攻があったと言えるでしょう。

なぜ歪曲されたプーチン像が流布するのか

山形　日本におけるプーチン報道についてもお聞きできますか。ウクライナ戦争の開戦直後、日本のロシア専門家と言われる人たちの発言は情けなかったと思います。これまで北方領土問題でも、プーチンが「引き分け」と言っただけで二島返還論を示唆したという報道が出たりしました。まず外務省や政府筋に「こう話を持っていきたい」という意向があって、それに忖度する人が重用されるうちに内輪の構図ができてしまったのではないか、と見ているのですが、黒井さんは日本のプーチン報道をどうご覧になっていますか。

黒井　日本の報道の中心の中心は、実は僕はよく知らないんですよ。たまに呼ばれて「北方領土は返ってきませんよ」などと言って、変なことを言っていると思われていたくらいでした（笑）。

北方領土に関しては、外務省は「北方領土返還交渉はいけます」と言っていますが、モスクワの大使館ではロシア高官の思惑を調べますから、無理だと分からないはずがありません。ただし、そう言わなければいけない、「島は返ってこないんじゃないか」とは言いにくい空気がありました。返還の機運が高まっているのになんてことを言うんだ、という圧力です。そんな外務省に報道も引きずられていった、という流れでしょう。

しかし外務省は立場があって仕方ないとしても、報道がそれを批判的に検証しないのは問題ですよね。新聞は政治部の力が強いですが、日本の政府高官に話を聞きにいくとそのような報道になってしまうのかもしれません。テレビの人は新聞を見て番組を作りますから、政府報道と新聞、テレビがロシアに忖度した報道をしてしまうのは、そんな構図だと思います。あとは外務省にも大手メディアにも先輩後輩の関係があり、先輩が間違っていたとは言いにくい、という事情もあるでしょうね。僕が「プーチンは北方領土を返す気がない」との論点の企画を提案しても、メディアで「今までのわが社の報道と反対のことは書けない、然るべき人が言えば別だけど」と、なかなか話が通らなかったこともありました。必ずしも情報分析が間違っていたという理由だけでなく、マスコミのしがらみで正しい情報が伝えられない、ということもあったのかもしれません。

山形　日本以外の、欧米のメディアや知識人についてはどうですか。ウクライナ戦争の1週間前、アメリカの情報筋が「ウクライナで戦争が起きるんじゃないか」という観測を出していて、その予想は早すぎて外れてしまったのですが、そのときヨーロッパのメディアが「ロシアに近い俺たちヨーロッパの方がロシアのことは分かってるんだぜ、戦争なんてあるわけないって」という報道をたくさん出しました。それが翌週にはひっくり返ったわけですが、ヨーロッパとアメリカでは温度差はあるのでしょうか。サルコジやメルケルといったヨーロッパの首脳は結果的にせよプーチンに手玉に取られたし、ヨーロッパのメディアもロシアの思惑に絡めとられていった印象があります。地理的に近いのでヨーロッパはロシアに配慮しないといけないのか、あるいはプーチンの工作がうまくいっていたのか、何か事情はあるのでしょうか。

黒井　ドイツやフランスは、ロシアとはエネルギーの絡みがありますね。ロシアを全肯定するような意見はほとんどありませんが、北風と太陽の話で、ロシアと殴り合うのか懐柔するのか、くらいの違いはあります。僕はヨーロッパではほぼイギリスのメディアしか見ていませんが、プーチンを評価する人はメインストリームにはまずいません。僕はプーチン批判の論考をたくさん書いていますが、あれは基本的には欧米のメインストリームをそのまま持ってきています。日本ではそのスタンスがマイノリティだったので変なやつだと思われましたが。欧米では、２０１４年のクリミア侵攻やノビチョクを使った亡命ロシア工作員暗殺未遂の頃からプーチンはヤバいやつだという認識が一般的になりました。プーチンにどう対峙するかというときに、アメリカとイギリス、ドイツとフランスで温度差の違いはありますが、プーチンの肩を持つというスタンスではありません。

プーチンが次になにをするか、アメリカとイギリス――この両国はインテリジェンスを大体一緒にやるんですが――は通信傍受・ハッキングによって情報を持っていた、それ以外の国はあまり情報がなかったのではないかと思います。

ウクライナ戦争について、アメリカは正確な情報をずっと出しているんですよね。今回はそれでいこうと決めたようです。これは推測ですが、不正確な情報でプーチンを追い詰めるのは後々よろしくないという判断でしょう。逆に誇張した情報でプーチンを牽制したり挑発したりしているのはイギリスで、これは役割分担をしているのではないかと思います。少なくとも今回に限っては「ヨーロッパの情報は間違ったものも多いし、アメリカのインテリジェンスやホワイトハウスから裏が取れる、『ニューヨーク・タイムズ』『ワシントン・ポスト』が信頼できるね」というメディア状況になっています。

イギリスは国防省が毎日SNSで情報を出すんですが、今回は本当にあやしいんですよ。戦況の情報は合っているんですが、クレムリン内部の動向などはだいぶ外していて、「プーチンはガンで死ぬ」などと言っています。ロシアから亡命したジャーナリストがバルト三国でかなり活動していて、参考になる情報もあるんですが、クレムリン周りの情報はかなり間違っている、そしてそういう情報がイギリス系に出てくることが多いんです。イギリスとアメリカのインテリジェンスは共通していることが多いので、おそらく英米は裏で示し合わせているはずです。

「悪いのはロシアではなく欧米だ」というミアシャイマーのような人もいますが、そういう人はあまりインテリジェンスに強くなく、反米イデオロギーが最初にあるから見誤ってしまうのではないかと思います。日本でもそうですよね。情報源の選択を間違えて、イラク戦争時のようにアメリカの情報を疑っていると、今回のウクライナ戦争は正しく理解できません。

現在の親ロシア派は反米主義者とトランプ支持者などのディープステート陰謀論者に大別できますが、反米主義者はこれまでのイデオロギーで今の世界を見てしまっていて、陰謀論者は根本的に頭が悪いんです。私はイデオロギー闘争には関心がありませんが、親ロ派の論拠は間違っていることが多いですね。プーチンは「ドンバス地方でロシア系住民が虐殺されている」と言っていますが、虐殺されていません。今年の教書を見ても、今やプーチンは陰謀論しか言わなくなりました。裏を取れよと思いますが、あの間違った情報をもとに判断してしまうと親ロ派になってもおかしくない、とは感じます。カオスな情報がたくさん流れてきますが、短絡的に信じてしまうのはよくありませんね。

山形　プーチンは相手の顔色を見てあれこれ言ってきますよね。オリバー・ストーンにインタビューを受けたときも、ストーンのアメリカ批判に「きみの反米をぼくに押し付けないでくれたまえ」と言いながら、後で「アメリカが悪いよね、マレーシア機を撃ち落としたのもウクライナの連中でぼくは知らないよ」と、自分に都合のいい嘘につなげていきました。ストーンもストーンで「そうだよな、ディープステートが悪いよな」と勝手に話を広げて納得したりして。かつてはプーチンの戦略的な振る舞いだったのかもしれませんが、今では他に言うこともないし、陰謀論まみれになっている印象を受けます。

ウクライナ戦争の今後はどうなる

山形　プーチンのパーソナリティからしても「やっぱやめます」でウクライナから撤退するわけにもいかないわけで、今後の情勢はどうなるんでしょうか。膠着状態になるのか、あるいは他の可能性もあるのか……。

黒井　プーチンはメンツを大事にする人なので、今さら自分の言ったことを撤回できず、できることは陰謀論をひたすら言い続けるくらいしかないと思っています。停戦は最初から無理だと判断していました。かといってウクライナ側も自国からロシアを追い出すまでは停戦できないわけで、公式な停戦は難しいでしょう。山形さんのおっしゃるように膠着状態になるのが現実的な見通しかと思います。ウクライナの人もいつまでも戦争に耐えられませんから、押し返すことが大切です。ウクライナからすれば開戦前、2月24日のラインまでは持っていきたいでしょう。そこまできたら、NATO公式の支援はロシアを刺激するので難しいとしても、いろいろな国が二国間での支援という形でなし崩しでウクライナに入っていって停戦を既成事実化する、というのが現実的なところでしょうか。ただ、時間がかかる話ではあります。

それからプーチンが「西側のこういう行為はけしからん」と表明したことをやってしまうと、メンツを潰されたプーチンが立場上報復をしないといけなくなるので、ロシアの動きには注目しておく必要があります。プーチンの手には核兵器がありますから。

山形　「ロシアは経済制裁で物資がなく、ジリ貧になっている」という楽観論も出てきていましたが、この見立ては甘いのでしょうか。

黒井　軍事面でロシアのあなどれない点は二つあって、まずは火力です。ハイテクなミサイルのストックは減っても、昔ながらの誘導しない砲弾などを作る力は低くありません。そして戦車など、ソ連時代のストックが山ほどあります。火力はウクライナの何倍もあり、継戦能力はまだまだあります。逆にウクライナは戦車はあっても弾薬が不足していたりします。

もう一つは空軍力ですね。この点ではロシアの戦力はウクライナの10倍くらいあります。

なので、現在でもウクライナが一方的に勝てているわけではなく、ロシア軍もまだまだ強いといえます。

山形　もし停戦が実現したとして、その後のロシアは国際社会でどのような立ち位置になると思われますか。

黒井　それは戦争の趨勢次第ですよね。ウクライナ側に立って戦うロシア人の部隊、自由ロシア軍団のスポークスマンが先日「プーチンを倒さないとこの戦争は終わらない」と言っていて、確かにそうだと思いました。プーチンが権力を握っていて戦況が互角の間は先細りしつつも現状維持でしょう。戦況が不利になると、地方のヤバい国として中国など他国の擁護も減って孤立していくと思いますが。

プーチン政権が倒れてロシアが敗戦したら、状況が変わるのは確実ではありますが、どうなるかは誰にも予測できません。それより今後しばらくは、プーチン体制が存続し、中国、イラン、シリア、北朝鮮ら独裁政権の陣営が連携するという脅威に世界は備える必要があると思います。

山形　プーチンの後継者、ということを考えるとどうでしょうか。一時期はメドベージェフが後継者になるかとも思われましたが……。

黒井　メドベージェフはサンクトペテルブルク時代からのプーチンの子分なんですよね、主人であるプーチンに一生懸命付き従う奴隷のような。現在のナンバー2はパトルシェフですが、同世代なので後継者という感じではありません。今のプーチンの側近は昔からの人ばかり、レニングラード時代のKGBの仲間と、サンクトペテルブルク副市長時代に闇ビジネスをやってきた仲間ばかりです。

山形　新しいのはショイグくらいですよね。

黒井　ショイグはイエスマンなので、プーチンに意見できる立場ではないんですよね。ラブロフもそうです。結局みな子分ではあるけど、後継者かというと疑問の余地があります。憲法上、何かあったときに大統領の代理を務めるのは首相ですが、今の首相のミシュスチンはただの経済官僚で、有事に動くのはパトルシェフでしょうね。もっともパトルシェフはプーチン以上に好戦派です。

山形　いずれにせよ、今後のロシアがどうなるかはプーチン政権がどう終わるか次第、ということですね。

（2023年6月6日、Zoom上で収録）

出典

新千年紀を迎えるロシア（1999年）
https://www.ng.ru/politics/1999-12-30/4_millenium.html

9・11同時多発テロをめぐって：アメリカABC放送インタビュー（2001年）
http://en.kremlin.ru/events/president/transcripts/21392

モスクワ・ドゥブロフカ劇場占拠事件後の大統領TVメッセージ（2002年）
http://en.kremlin.ru/events/president/transcripts/21760

ベスラン学校襲撃事件制圧後のTV演説（2004年）
http://en.kremlin.ru/events/president/transcripts/22589

ミュンヘン安全保障会議での演説と質疑応答（2007年）
http://en.kremlin.ru/events/president/transcripts/24034

ミュンヘン演説などをめぐる記者会見（2007年）
http://en.kremlin.ru/events/president/transcripts/24041

ヴァルダイクラブ会合：ジョージア戦争をめぐって（2008年）
http://archive.premier.gov.ru/events/news/1897/

プーチン首相論説1「力をつけるロシア：迫る課題に立ち上がれ（2012年）
http://archive.premier.gov.ru/eng/events/news/17755/

プーチン首相論説2「ロシア：その民族問題」（2012年）
http://archive.premier.gov.ru/eng/events/news/17831/

プーチン首相論説7「ロシアと変化する世界」（2012年）
http://archive.premier.gov.ru/eng/events/news/18252/
シリアという代替案（2013年）
http://en.kremlin.ru/events/president/news/19205
マイダン革命とクリミア情勢：プーチン記者会見（2014年）
http://en.kremlin.ru/events/president/news/20366
われ、クリミアを併合せり：大統領演説（2014年）
http://en.kremlin.ru/events/president/news/20603
「ウラジーミル・プーチン直通電話」抜粋：クリミア計画、緑の男、スノーデン（2014年）
http://en.kremlin.ru/events/president/news/20796

国際連合第70次総会演説：ISIL、難民、経済協力（2015年）
http://en.kremlin.ru/events/president/news/50385

ロシア人とウクライナ人の歴史的一体性について（2021年）
http://en.kremlin.ru/events/president/news/66181

ロシア連邦大統領演説：ウクライナ侵略前夜（2022年）
http://en.kremlin.ru/events/president/transcripts/speeches/67828

ウクライナ侵略の辞：大統領演説（2022年）
http://en.kremlin.ru/events/president/transcripts/speeches/67843

地方への社会経済支援をめぐる会議の開会の辞（2022年）
http://en.kremlin.ru/events/president/transcripts/67996

予備役動員します：大統領演説（2022年）

http://en.kremlin.ru/events/president/transcripts/speeches/69390

原文は明記したものを除き kremlin.ru と archive.premier.gov.ru より。kremlin.ru コンテンツは CC BY 4.0 International、archive.premier.gov.ru は CC BY 3.0 International. 翻訳は CC BY 4.0 International.

プーチン重要論説集《じゅうようろんせつしゅう》

二〇二三年九月一九日 第一刷発行

編訳 山形《やまがた》浩生《ひろお》
©Hiroo Yamagata 2023
発行者 太田《おおた》克史《かつし》
編集担当 片倉《かたくら》直弥《なおや》
発行所 株式会社星海社
〒一一二-〇〇一三
東京都文京区音羽一-一七-一四 音羽YKビル四階
電話 〇三-六九〇二-一七三〇
FAX 〇三-六九〇二-一七三一
https://www.seikaisha.co.jp
発売元 株式会社講談社
〒一一二-八〇〇一
東京都文京区音羽二-一二-二一
(販売)〇三-五三九五-五八一七
(業務)〇三-五三九五-三六一五
印刷所 凸版印刷株式会社
製本所 株式会社国宝社

アートディレクター 吉岡《よしおか》秀典《ひでのり》(セプテンバーカウボーイ)
デザイナー 五十嵐《いがらし》ユミ
フォントディレクター 紺野《こんの》慎一《しんいち》
図版 ジェオ
校閲 鷗来堂《おうらいどう》

●落丁本・乱丁本は購入書店名を明記のうえ、講談社業務あてにお送り下さい。送料負担にてお取り替え致します。なお、この本についてのお問い合わせは、星海社あてにお願い致します。●本書のコピー、スキャン、デジタル化等の無断複製は著作権法上での例外を除き禁じられています。●本書を代行業者等の第三者に依頼してスキャンやデジタル化することはたとえ個人や家庭内の利用でも著作権法違反です。●定価はカバーに表示してあります。

ISBN978-4-06-533265-8
Printed in Japan

272
SEIKAISHA SHINSHO

次世代による次世代のための

武器としての教養
星海社新書

星海社新書は、困難な時代にあっても前向きに自分の人生を切り開いていこうとする次世代の人間に向けて、ここに創刊いたします。本の力を思いきり信じて、みなさんと一緒に新しい時代の新しい価値観を創っていきたい。若い力で、世界を変えていきたいのです。

本には、その力があります。読者であるあなたが、そこから何かを読み取り、それを自らの血肉にすることができれば、一冊の本の存在によって、あなたの人生は一瞬にして変わってしまうでしょう。思考が変われば行動が変わり、行動が変われば生き方が変わります。著者をはじめ、本作りに関わる多くの人の想いがそのまま形となった、文化的遺伝子としての本には、大げさではなく、それだけの力が宿っていると思うのです。

沈下していく地盤の上で、他のみんなと一緒に身動きが取れないまま、大きな穴へと落ちていくのか？　それとも、重力に逆らって立ち上がり、前を向いて最前線で戦っていくことを選ぶのか？

星海社新書の目的は、戦うことを選んだ次世代の仲間たちに「武器としての教養」をくばることです。知的好奇心を満たすだけでなく、自らの力で未来を切り開いていくための〝武器〟としても使える知のかたちを、シリーズとしてまとめていきたいと思います。

2011年9月

星海社新書初代編集長　柿内芳文

SEIKAISHA SHINSHO